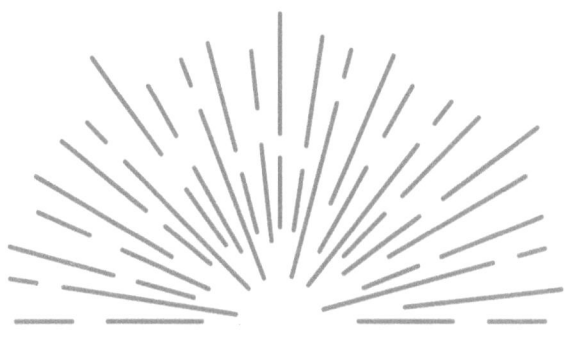

BUSCAR EL DOMINGO

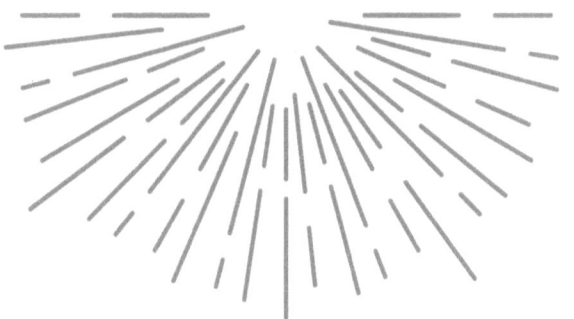

Hablan de *Buscar el Domingo*

Mientras lees *Buscar el Domingo*, no solo sentirás la inspiración de Held Evans, sino también, creo, del Espíritu Santo, a quien sentí muy cercano, a la mano, mientras daba vuelta estas páginas.
—Lauren F. Winner, autora de *Wearing God y Still: Notes on a Mid-faith Crisis*

Rachel Held Evans irrumpió en la escena hace algunos años como una joven y prometedora escritora. En *Buscar el Domingo*, cumple la promesa al escribir con belleza, intuición, madurez, humildad y bastante humor. Si necesitas que un libro te pastoree, sea tu amigo, te sujete y sacuda el polvo, e incluso te dé un beso espiritual en la mejilla y una patada devocional en el trasero, lo has encontrado.
—Brian D. McLaren, autor y orador (brianmclaren.net)

Si ya tuviste suficiente de la iglesia o estás a punto de arrojar la toalla, entonces *por favor, por favor, por favor* lee este libro. Es una meditación valiente, irónica y exquisitamente escrita por alguien que sabe exactamente cómo te sientes. Amé cada palabra.
—Ian Morgan Cron, autor éxito de ventas, orador y sacerdote episcopal

Rachel Held Evans ha escrito una guía de viaje espiritual para fugitivos religiosos. Nos lleva con ella de una manera hermosa mientras deja su casa, deambula, cuestiona, sufre y luego regresa. Pero la iglesia a donde regresa es tan verdadera, cruda y bellamente difícil como la escritora misma. Como alguien que también se fue, se enojó, extrañó, y luego volvió a la iglesia, amo este libro. Amo como Rachel no rehúye de lo desagradable en su búsqueda de lo que es bello tanto en ella misma como en la iglesia.
—Pastora Nadia Bolz-Weber, autora de *Santos Accidentales y Desvergonzada*

Oh, Dios mío, este es el mejor libro de Rachel hasta ahora —y esto es decir mucho. De manera honesta y esperanzadoramente irónica, Rachel habla por muchos de nosotros. Creo que sus palabras encarnizadas sanarán muchas heridas. Un libro que debe leer todo aquel que ame a Jesús pero que lucha con amar, comprender o encontrar su lugar en la Iglesia.

—Sarah Bessey, autora de *Jesús Feminista*

Evans ha escrito un libro muy ocurrente. Está enraizada en las cosas profundas de la fe. Escribe con un estilo vívido y traspone declaraciones de fe en narrativas persuasivas y concretas. Su libro es una invitación vigorosa a reconsiderar que la fe ha sido mal entendida como un paquete de certezas en lugar de una relación de fidelidad.

—Walter Brueggemann, Seminario Teológico de Columbia

En *Buscar el Domingo*, la lucha honesta y esperanzadora de Rachel desgarró mi cinismo acerca de las trampas de la religión organizada y me llegó al alma al recordarme por qué vale la pena luchar por este hermoso corazón de novia dolorosamente roto.

—Michael Gungor, músico, compositor, y autor de
The Crowd, the Critic, and the Muse: A Book for Creators

Siempre es reconfortante escuchar la dolorosa verdad sobre la vida conflictiva de la fe desde otra cristiana estadounidense en recuperación. Con todo, es incluso aún más sanador atestiguar cómo, no obstante, nuestras convulsivas verdades humanas contaminadas con el pecado pueden llevarnos a la única Verdad que lo contiene todo. En estas páginas hay lugar para la duda sagrada y los berrinches santos porque, en última instancia, el amor y la gracia de Dios nos acogen a todos a ese lugar.

—Enuma Okoro, oradora nigeriana-estadounidense y escritora premiada por
Reluctant Pilgrim: A Moody Somewhat Self-Indulgent Introvert's Search for Spiritual Community

RACHEL HELD EVANS

BUSCAR EL DOMINGO
Amar, Dejar y volver a Encontrar la Iglesia

JUANUNO1
EDICIONES

Bestseller del New York Times

Copyright © 2015 by Rachel Held Evans.

BUSCAR EL DOMINGO
Amar, Dejar y volver a Encontrar la Iglesia
de Rachel Held Evans. 2020, JUANUNO1 Ediciones.

Título de la publicación original: "Searching for Sunday"
This translation published by arrangement with Thomas Nelson, a division of HarperCollins Christian Publishing, Inc.
Esta traducción es publicada por acuerdo con Thomas Nelson, una división de HarperCollins Christian Publishing, Inc.
Spanish Language Translation copyright © 2020 by JuanUno1 Publishing House, LLC.

ALL RIGHTS RESERVED. | TODOS LOS DERECHOS RESERVADOS.
Published in the United States by JUANUNO1 Ediciones,
an imprint of the JuanUno1 Publishing House, LLC.
Publicado en los Estados Unidos por JUANUNO1 Ediciones,
un sello editorial de JuanUno1 Publishing House, LLC.
www.juanuno1.com

JUANUNO1 EDICIONES, logos and its open books colophon, are registered trademarks of JuanUno1 Publishing House, LLC.
JUANUNO1 EDICIONES, los logotipos y las terminaciones de los libros, son marcas registradas de JuanUno1 Publishing House, LLC.

Library of Congress Cataloging-in-Publication Data
Name: Evans, Rachel Held, author
Buscar el domingo: amar, dejar y volver a encontrar la iglesia / Rachel Held Evans.
Published: Miami : JUANUNO1 Ediciones, 2020
Identifiers: LCCN 2020949693
LC record available at https://lccn.loc.gov/2020949693

REL012120 RELIGION / Christian Living / Spiritual Growth
REL012040 RELIGION / Christian Living / Inspirational
REL077000 RELIGION / Faith

Paperback ISBN 978-1-951539-44-3
Ebook ISBN 978-1-951539-56-6

Créditos Foto de Rachel Held Evans utilizada en portada:
Maki Garcia Evans

Traducción: Ian Bilucich
Corrector/Editor: Tomás Jara
Diagramación interior: María Gabriela Centurión
Director de Publicaciones: Hernán Dalbes

First Edition | Primera Edición
Miami, FL. USA.
-Diciembre 2020-

*Para Amanda —la pequeña hermana a la que admiro,
y la persona que me da más
esperanzas sobre el futuro de la iglesia.
Y para la comunidad del blog —escribí
cada palabra de este libro para ustedes.*

Prefiero una Iglesia accidentada, herida y manchada por salir a la calle, antes que una Iglesia enferma por el encierro y la comodidad de aferrarse a las propias seguridades… Más que el temor a equivocarnos, mi esperanza es que nos mueva el temor a encerrarnos en las estructuras que nos dan una falsa sensación de seguridad, dentro de las normas que nos vuelven jueces implacables, en las costumbres donde nos sentimos tranquilos, mientras afuera hay una multitud hambrienta y Jesús nos repite sin cansarse: "Denles ustedes de comer".
—Papa Francisco[1]

CONTENIDO

Prefacio por Glennon Doyle Melton 13
Prólogo: Alba 15

I. BAUTISMO

1. Agua 25
2. Bautismo del creyente 27
3. Desnuda en Pascua 37
4. Conejito regordete 43
5. Suficiente 52
6. Ríos 55

II. CONFESIÓN

7. Cenizas 63
8. Voten sí a la uno 66
9. Ropa sucia 84
10. Lo que hemos hecho 91
11. Meet the Press 96
12. Polvo 105

III. ÓRDENES SANTAS

13. Manos 113
14. La Misión 115
15. Error épico 125
16. Pies 129

IV. COMUNIÓN

17. Pan 135
18. La comida 138

19. Baile metodista 146
20. Brazos abiertos 153
21. Mesa libre 156
22. Vino 163

V. CONFIRMACIÓN

23. Soplo 169
24. Altares al lado del camino 172
25. Gigante Tembloroso 187
26. Duda de Oriente 191
27. Con la ayuda de Dios 193
28. Viento 199

VI. UNGIR A LOS ENFERMOS

29. Aceite 205
30. Sanación 207
31. Tedio evangélico 218
32. El asunto del coche fúnebre 223
33. Perfume 228

VII. MATRIMONIO

34. Coronas 235
35. Misterio 236
36. Cuerpo 243
37. Reino 246

Epílogo: Oscuridad 251
Agradecimientos 253
Notas 255
Sobre la autora 263

PREFACIO

Cuando quiero darme un buen susto, imagino qué le pasaría al mundo si Rachel Held Evans dejara de escribir.

Mientras arraso con las páginas de *Buscar el Domingo*, me doy cuenta de que estuve esperando toda mi vida por algo así. El Jesús que Rachel ama tanto es el mismo del cual me enamoré hace mucho tiempo, antes de haber dejado que la hipocresía de la iglesia y mi propio corazón lo arruinaran todo. *Buscar el Domingo* me ayudó a perdonar a la iglesia y a mí misma, y a enamorarme de Dios una vez más. Fue como si, con el tiempo, se hubieran establecido barreras en el camino entre Dios y yo; al leer este libro sentí cómo las palabras de Rachel las eliminaban una por una hasta, al llegar al final, volver a encontrarme cara a cara con Dios.

El cristianismo de Rachel es una disciplina diaria de gracia ilimitada para ella misma, para la iglesia y para aquellos que la iglesia deja afuera. La fe que describe en *Buscar el Domingo* es menos un club al cual pertenecer y más una corriente a la cual entrar —una que, continuamente, la lleva hacia las personas y lugares que le habían enseñado a temer. Rachel no solo ama a estas personas, sino que aprende que ella es estas personas. En *Buscar el Domingo*, nos convence de que no hay ningún *ellos* y *nosotros*; solo somos *nosotros*. Esta idea es tan reconfortante como un poco aterradora. Tengo el presentimiento de que así debería ser la fe: reconfortante y terrorífica.

Buscar el Domingo es, lisa y llanamente, mi libro favorito de mi escritora favorita. De aquí en más, cuando las personas me pregunten sobre mi fe, solo les daré este libro. Amado Jesús, estoy agradecida por Rachel Held Evans.

— Glennon Doyle Melton, autora del éxito de ventas del New York Times *Carry On, Warrior and founder of Momastery.com and Together Rising*

PRÓLOGO

ALBA

Diré cómo el sol nació -
en cintas sucesivas -
—Emily Dickinson

El teólogo alemán Dietrich Bonhoeffer escribió que "las horas más tempranas de la mañana le pertenecen a la Iglesia del Cristo resucitado. Al romper la luz, recuerda la mañana en que la muerte y el pecado se postraron derrotados y se le dio una nueva vida y salvación a la humanidad".[2]

Esta es una noticia desafortunada para alguien como yo, que apenas puedo recordar quién soy al "romper la luz", y mucho menos reflexionar sobre las implicaciones teológicas de la resurrección. No soy lo que se dice una persona mañanera y, de hecho, preferiría ser de las que permanecen postradas y derrotadas en horas tan tempranas. La alegría de ver el amanecer sigue siendo para mí solo otro de los regalos inaccesibles del universo, como la aurora boreal y el cabello naturalmente rizado. Sin duda, habría ahuyentado a la pobre María Magdalena con un suave gruñido amortiguado por la almohada si me hubiera pedido que la ayudara a llevar las especias funerarias a la tumba esa fatídica mañana hace dos mil años. Hubiera dormido durante todo el evento principal.

Históricamente, los religiosos nos observaron con algo de rabia a nosotros, los búhos nocturnos. Mi libro horario estipula que las oraciones matutinas han de hacerse entre las 4:30 y las 7:30 a. m. El concepto de que debo hablar con Dios en un horario en el que ni siquiera puedo hablar de forma coherente con mi esposo me excede. Sin embargo, se dice que los santos más venerados de la iglesia eran madrugadores y recuerdo bien que, mientras crecía, los pastores hablaban con reverencia sobre sus tiempos de quietud por las mañanas, como si Dios tuviera estrictos horarios de oficina. Incluso las catedrales más grandiosas del mundo están construidas con sus entradas en dirección al oeste y sus altares hacia el este. Los antiguos cementerios europeos, minados de lápidas erosionadas por el viento, aún reflejan la costumbre de enterrar a los muertos con los pies hacia el sol naciente como señal de esperanza y con la expectativa de que, cuando Jesús regrese a Jerusalén en la segunda venida, los fieles se levantarán y lo mirarán a los ojos. Solo puedes esperar que esto suceda en algún momento luego de las nueve de la mañana, hora estándar del este.

Si las horas tempranas de la mañana pertenecen a la iglesia, entonces mi generación se quedó dormida.

En los Estados Unidos, 59 por ciento de las personas jóvenes de entre dieciocho y diecinueve años con un trasfondo cristiano han abandonado la iglesia. Entre aquellos de nosotros que llegamos a la mayoría de edad alrededor del año 2000, una sólida cuarta parte afirma no tener afiliación religiosa en absoluto, lo que nos hace significativamente más desconectados de la fe que los miembros de la generación X en un momento comparable de sus vidas y dos veces más desconectados que los *baby boomers* cuando eran adultos jóvenes. Se estimó que ocho millones de adultos dejarán la iglesia antes de su trigésimo cumpleaños.[3]

A los treinta y dos, tan solo clasifico como milenial (solo vamos a decir que todavía tengo varios episodios de *Friends* grabados en VHS). Pero a pesar de tener un pie en la generación X, tiendo a identificarme más con las actitudes y el ethos de la generación milenial y, siendo esto así, a menudo se me pide que les hable a los líderes de la iglesia del porqué los jóvenes adultos están dejando la iglesia.

Podría escribir volúmenes enteros alrededor de esa pregunta, y, de hecho, muchos lo hicieron. No puedo hablar exhaustivamente sobre las corrientes sociales e históricas que moldearon la vida religiosa estadounidense o sobre las fuerzas que arrastraron fuera a tantos de mis pares de la fe. Los problemas que acechan al evangelicalismo estadounidense son diferentes de aquellos que acechan las líneas principales del protestantismo; diferentes de aquellos que afectan a las parroquias católicas y episcopales y diferentes de aquellos que influencian al cristianismo en partes del mundo donde este florece constantemente —a saber, el Sur y el Este global.

Pero te puedo contar mi propia historia, la cual los estudios sugieren que es una cada vez más común.[4] Puedo contarte sobre lo que es crecer como evangélica, sobre dudar de todo lo que creía acerca de Dios, sobre amar, dejar y anhelar la iglesia, sobre buscarla y encontrarla en lugares inesperados. Y puedo compartir las historias de mis amigos y lectores, personas jóvenes y ancianas cuyos comentarios, cartas y correos electrónicos se leen como postales de sus propios viajes espirituales, despachadas desde la frontera poscristiana. No puedo proveer las soluciones que los líderes de la iglesia buscan, pero puedo articular las preguntas que muchos de mi generación se están haciendo. Puedo traducir algo de su angustia, y algo de su esperanza.

Al menos eso es lo que traté de hacer cuando, recientemente, se me pidió explicarles a tres mil jóvenes servidores evangélicos reunidos para una conferencia en Nashville, Tennessee, las razones por las que los milenials como yo están dejando la iglesia.

Les dije que estamos cansados de la guerra cultural, del cristianismo que se enreda con partidos políticos y con el poder. Los milenials queremos ser conocidos por lo que apoyamos, dije, no solo por aquello a lo que nos oponemos. No queremos escoger entre la ciencia y la religión o entre nuestra integridad intelectual y nuestra fe. En vez de eso, anhelamos que nuestras iglesias sean un lugar seguro para dudar, para hacer preguntas y para decir la verdad, incluso cuando es incómoda. Queremos hablar de las cosas complicadas —la interpretación bíblica, el pluralismo religioso, la sexualidad, la reconciliación racial y la justicia social— pero sin conclusiones predeterminadas o respuestas simplistas. Queremos atravesar las puertas de la iglesia con todo nuestro ser, sin dejar nuestros corazones y mentes atrás, sin usar máscaras.

Expliqué que cuando nuestros amigos gay, lesbianas, bisexuales y transgénero no son bienvenidos a la mesa, entonces nosotros tampoco nos sentimos bienvenidos, y que no todo joven adulto se casa o tiene hijos, así que necesitamos dejar de construir nuestras iglesias alrededor de categorías y empezar a construirlas alrededor de la gente. Y les dije que, contrario a la creencia popular, no podemos recuperar lo perdido con bandas de adoración más modernas, cafeterías elegantes o pastores que usan pantalones ajustados. A los milenials se nos ha bombardeado con anuncios comerciales durante toda nuestra vida, así que podemos oler la mier... desde kilómetros. La iglesia es el último lugar donde queremos que se nos venda un producto, el último lugar donde queremos ver un programa de entretenimiento.

Los milenials no estamos buscando un cristianismo *más hipster*, dije. Estamos buscando un cristianismo *más real*, un cristianismo *más auténtico*. Como toda generación anterior y posterior a nosotros, estamos buscando a Jesús —el mismo que puede ser encontrado en los lugares extraños en donde siempre pudo ser encontrado: en el pan, el vino, el bautismo, en la Palabra, en el sufrimiento, en la comunidad, y entre los más pequeños de estos.

No se requieren cafeterías y máquinas de humo.

Claro, dije todo esto desde el centro de un escenario gigante equipado con luces, trampolines, y, en efecto, una máquina de humo. Nunca estoy del todo cómoda en estos eventos —no porque mis palabras no sean bienvenidas o sean falsas, sino porque me siento descolocada diciéndolas. No soy ninguna erudita o estadista. Nunca lideré un grupo juvenil ni pastoreé una congregación. La verdad es que ni siquiera me molesto en levantarme de la cama muchas mañanas de domingo, especialmente en días en los que no estoy segura de mi fe en Dios o cuando hay algún invitado interesante en algún programa de televisión. Para mí, hablar de la iglesia frente a un montón de cristianos significa aproximarme al micrófono e intentar explicar la relación más importante, complicada, hermosa y desgarradora de mi vida en treinta minutos o menos sin gritar, llorar o decir malas palabras. A veces, desearía que encuentren a alguien un poco más emocionalmente distante para dar estas exposiciones, alguien que no tenga que partirse en dos y desangrarse por todo el recinto cada vez que alguien pregunta, inocente: "entonces, ¿te has congregado últimamente?".

Quizás esta es la razón por la cual no quería escribir este libro... al menos no al principio. Traté de salirme de él. Le di vueltas, balbuceé y le presenté un montón de propuestas alternativas a mi publicador, con la esperanza de que los editores cambiaran de opinión. Escribirlo tomó el doble del tiempo de lo que habíamos planeado. Incluso derramé una gran taza de té sobre mi computadora portátil justo en medio de la redacción del primer borrador y, pensando que había perdido la mitad del manuscrito, decidí que Dios tampoco quería que escribiera un libro sobre la iglesia (pudimos recuperar la mayor parte del manuscrito, pero la tecla *mayus* todavía se traba de tanto en tanto).

No quería publicar la historia de mi iglesia porque, la verdad, todavía no conozco el final. Estoy en la adolescencia de mi fe. Ha habido portazos, desacuerdos —con revoleos de ojos incluidos— y declaraciones desafiantes que incluyen la frase "¡te odio!" lanzadas a cada persona u organización que represente a la iglesia institucionalizada. Estoy enojada y me siento insolente, esperanzada e ingenua. Intento hacer mi propio camino, pero todavía no averigüé como lograrlo sin exorcizar lo viejo, sin gritarlo y hacer un espectáculo, sin declarar mi independencia y luego salir corriendo lo más rápido posible en la dirección opuesta. Los libros de la iglesia están escritos por personas con un plan y diez pasos, no por cristianos que apenas resisten mientras se aferran del borde con las uñas.

Y aun así, estoy escribiendo. Lo hago porque sospecho que la adolescente extraña de la foto del anuario todavía tiene algo para decirle al mundo, algún tipo de esperanza para ofrecerle; al menos, unas cien páginas de "yo también". Escribo porque a veces estamos más cerca de la verdad en nuestra vulnerabilidad que en las certezas de nuestra zona de confort, y porque, a pesar de todas mis dudas e inseguridades, de mi impulso férreo de dormir las mañanas de domingo, he visto las primeras cintas de la luz del alba filtrarse a través de la ventana de mi habitación, y hay un resplandor tenue y esperanzador que besa el horizonte. Incluso cuando no creo en la iglesia, creo en la resurrección. Creo en la esperanza del domingo por la mañana.

Me pareció apropiado organizar el libro en torno a los sacramentos porque fueron ellos los que me llevaron de regreso a la iglesia después de haberme dado por vencida. Cuando mi fe se había vuelto poco más que una abstracción, un conjunto de proposiciones para ser afirmadas o negadas, lo concreto, la naturaleza táctil de los sacramentos me invitaron a tocar, oler, saborear, escuchar, y ver a Dios en las cosas de la vida diaria una vez más. Sacaron a Dios de mi cabeza y lo pusieron en mis manos. Me recordaron que el cristianismo no está destinado solo a ser creído; está destinado a ser vivido, compartido, comido, hablado y representado en la presencia de otras personas. Me recordaron que, por más que lo intente, no puedo ser cristiana por mi propia cuenta. Necesito una comunidad. Necesito a la iglesia.

Como lo expresa Barbara Brown Taylor: "en una época de sobrecarga de información… lo último que cualquiera de nosotros necesita es más información sobre Dios. Necesitamos la práctica de la encarnación, por la cual Dios salva las vidas de aquellos cuyo conocimiento intelectual los ha vuelto secos como el polvo, que se han quedado espantosamente escasos del pan de vida, que desfallecen por *conocer más Dios* en sus cuerpos. No más *sobre* Dios. Más *Dios*".[5]

Así que voy a contar la historia de mi iglesia en siete secciones, a través de las imágenes del bautismo, la confesión, las órdenes sagradas, la comunión, la confirmación, el ungimiento de los enfermos y el matrimonio. Estos son los siete sacramentos nombrados por las iglesias católicas romanas y ortodoxas, pero uno no debe considerarlos los únicos. Podría hablar sin ningún problema del sacramento de la peregrinación, del lavado de pies, de la Palabra, del de hacer pollo a la olla o cualquier otro número de señales externas de gracia interna. Mi objetivo al emplear estos siete sacramentos no es ideológico o eclesiológico, sino más bien literal. Son las estacas de la tienda que sujetan a la tierra mi pequeño tabernáculo de historia. Los escogí porque ellos tienen algo de cualidad universal, porque incluso en las iglesias que no son expresamente sacramentales, las verdades de los sacramentos suelen compartirse.

La iglesia nos dice que somos amados (bautismo)
La iglesia nos dice que estamos quebrantados (confesión)
La iglesia nos dice que somos encomendados (órdenes santas)
La iglesia nos alimenta (comunión)
La iglesia nos da la bienvenida (confirmación)
La iglesia nos unge (ungimiento de los enfermos)
La iglesia nos une (matrimonio)

Obviamente, la iglesia también miente, injuria, daña y excluye, y este libro explora sus rincones oscuros tanto como sus espectaculares vitrales. Pero, para una generación que lucha por encontrarle el sentido al propósito de la iglesia, espero que estos siete misterios nos recuerden "probar y ver que el Señor es bueno" (Salmo 34: 8) y, quizás, no darse por vencido. Espero que nos recuerden cuánto nos necesitamos unos a otros.

En estas páginas presento historias de iglesias de una variedad de tradiciones —bautistas, menonitas, anglicanas, católicas, pentecostales, no denominacionales— y me he inspirado mucho en los escritos de cristianos que van desde Alexander Schmemann (ortodoxo) a Nadia Bolz-Weber (luterana); de Will Willimon (metodista) a Sara Miles (episcopal). He incluido las historias de laicos y pastores, amigos y lectores de blogs, los que asisten a la iglesia y los que no. Esta es mi historia, pero también es la historia de muchos otros.

Este libro se titula *Buscar el Domingo*, pero es menos sobre buscar un domingo de *iglesia* y más sobre buscar el domingo de *resurrección*. Se trata sobre todas las formas extrañas que Dios tiene para darle vida a lo que estaba muerto. Se trata sobre rendirse y empezar de nuevo. Se trata de por qué, incluso en los días en que sospecho que toda esta charla sobre Jesús, la resurrección y la vida eterna son un montón de tonterías diseñadas para mimarnos a través de una existencia esencialmente sin sentido, todavía me gustaría ser enterrada con los pies mirando hacia el sol naciente.

Solo por si acaso.

BAUTISMO

- I -

UNO

AGUA

> *... por la palabra de Dios, existía el cielo y también la tierra, que surgió del agua y mediante el agua*
> —2 Pe 3:5

En el principio, el Espíritu de Dios sobrevolaba las aguas. Las aguas eran oscuras y profundas y, por todas partes, dicen los antiguos, reinaba un mar interminable.

Entonces, Dios separó las aguas, empujando parte de ella hacia abajo para formar los océanos, ríos, las gotas de rocío y los manantiales, y encerrando en una bóveda el resto de los torrentes, detrás de un firmamento vidrioso, con puertas que se abrían para la luna y ventanas para dejar salir la lluvia. En la cosmología del cercano oriente, toda la vida estaba suspendida entre estas aguas, vulnerable como un feto en el útero. Con un suspiro del Espíritu, las aguas podrían estrellarse hacia adentro y alrededor de la tierra, ahogando a sus habitantes en un momento. La historia del diluvio de Noé comienza cuando "se rompieron todas las fuentes del gran abismo, y las compuertas del cielo fueron abiertas" (Génesis 7: 11). El Dios que había separado las aguas al principio quería volver a empezar, así que Dios lavó el planeta.

Para las personas cuya supervivencia dependía de los humores inescrutables del Tigris, el Éufrates y el Nilo, el agua representaba tanto la vida como la muerte. Los océanos estaban llenos de monstruos, espíritus indómitos y peces gigantes que podían tragarse a un hombre entero. Los ríos rebosaban de posibilidades veleidosas —producir cosechas, impulsar el comercio, sequías. A este mundo Dios habló con el lenguaje del agua al convertir el río de los enemigos en sangre, al hacer brotar manantiales de entre las rocas, al jugar al casamentero alrededor de los pozos de agua y al prometer un futuro en donde la justicia fluiría como agua, como una corriente inagotable. Y el pueblo respondió al buscar pureza de mente y cuerpo a través de baños ritualistas luego de eventos como el nacimiento, la muerte, el sexo, la menstruación, los sacrificios, los conflictos y las transgresiones. "Purifícame con hisopo, y quedaré limpio —escribió el poeta David—. Lávame, y quedaré más blanco que la nieve" (Salmo 51: 7).

Es ingenuo pensar que todas estas visiones antiguas son verdades literales. Conocemos, como lo hicieron nuestros ancestros, tanto el peligro como la necesidad de agua. El agua nos une al vientre de nuestras madres, nuestro fantasmagórico tejido inhala y exhala el líquido embrionario que hace crecer nuestros pulmones, huesos y cerebros. El agua fluye por nuestros cuerpos y también hace que nuestro planeta sea azul. Es el agua la que levanta autos como hojas cuando un tsunami arrasa la costa; agua que en un momento puede tragarse un barco y durante eones tallar un cañón; agua que buscamos como chimpancés a insectos, con equipos de miles de millones de dólares que hurgan en Marte; agua que dejamos caer en calvas cabezas de bebés para nombrarlos hijos de Dios; agua con la que torturamos; la misma que lloramos; agua que lleva enfermedades invisibles que hoy matarán a cuatro mil niños; agua que, si se calienta unos pocos grados más, inundará la tierra... y nos lavará a todos.

Como el agua llevó a Moisés a su destino por el Nilo, así llevó a otro bebé desde el cuerpo de una mujer a un mundo expectante. Ahora envuelto en carne, el Dios que una vez aleteaba sobre las aguas fue sumergido en ellas por un predicador del desierto de mirada salvaje. Cuando Dios emergió, habló del agua viva que satisface por siempre y sobre nacer de nuevo. Fue a pescar y lavó los pies de sus amigos. Tocó a la impura. Escupió en la tierra. Lanzó demonios al océano y paseó por un mar embravecido. Tuvo sed. Lloró.

Luego de que el gobierno se lavara las manos de él, Dios colgó en una cruz donde la sangre y el agua brotaron de su costado. Como Jonás, fue tragado por tres días.

Luego, venció a la muerte. Dios se levantó de las profundidades y respiró aire una vez más. Cuando encontró a sus amigos en la costa, les dijo que no temieran, sino que fueran a bautizar a todo el mundo.

El Espíritu que una vez se movía por las aguas, las había habitado. Ahora cada gota es sagrada.

DOS

BAUTISMO DEL CREYENTE

Toda el agua tiene una memoria perfecta y siempre está tratando de volver a donde estaba.
—Toni Morrison

Fui bautizada por mi padre. Su presencia a mi lado en el bautisterio, con el agua hasta la cintura, marcó otra de las ventajas de tener un padre que fue ordenado pero no que no era pastor, capaz de participar en mi vida espiritual sin arruinarla. Déjame decirte que las expectativas hacia una hija de profesor bíblico universitario son mucho más laxas que hacia un hijo de pastor, y principalmente involucran sugerencias gentiles de redirigir algunas de las preguntas que realizaba en la escuela dominical a la única persona en mi vida que sabía hebreo antiguo y que, mientras desayunábamos, podía explicarme exactamente cómo se las había arreglado Dios para crear la luz antes que el sol.

Así que, cuando mi padre me aseguró que no iría al infierno por esperar hasta los trece para bautizarme, le creí casi totalmente a mi padre. *Casi totalmente.* Sabía que estaba jugando al límite de la "edad de imputabilidad", el punto en el cual los niños ya no comen gratis en

O'Charley's ni entran al cielo sobre la base de la fidelidad de sus padres, y sabía que algunos cristianos creían que tenías que estar bautizada para ser salva. En una tosca presentación de las realidades del denominacionalismo, un compañero de quinto grado me informó que, aunque le hubiera pedido a Jesús que entrara en mi corazón cuando estaba en el jardín de infantes, necesitaba sellar el trato y bautizarme rápidamente antes de que un accidente automovilístico o una desagradable caída desde un tobogán alto me llevaran directamente con el diablo.

"Mi pastor dice que tienes que bautizarte con agua antes de que puedas ser bautizado con el Espíritu", explicó el niño, que estaba del otro lado del pasamanos en el patio de juegos, como un médico general que me recomendaba a un especialista—. "Quizás deberías ocuparte de eso".

"Bueno, mi papá fue al seminario y dice que no necesitas bautizarte para entrar al cielo", repliqué.

(Debo mencionar que fui a una primaria cristiana donde "la hermenéutica de mi papá le puede ganar a la del tuyo" funcionaba como una burla legítima).

Muchos de los niños de Parkway Christian Academy fueron a la iglesia pentecostal al otro lado de la calle y, durante el tiempo de petición de oración, entregaban relatos numinosos de demonios que se infiltraban en sus habitaciones por la noche y encendían las luces o tiraban de la cadena del baño. Se tomaban la guerra espiritual súper en serio y consideraban liberales a mi familia por pedir dulces en "el feriado de Satán". Mi padre decía que los demonios estaban en el negocio de las tentaciones y no en el de jalar cadenas de baño, pero sus afirmaciones no me detuvieron de temblar debajo de mis sábanas algunas noches, con miedo a abrir mis ojos y enfrentar la presencia densa de lo que sabía que era un ángel caído asomado sobre mi cama, esperando capturar la presa fácil de una chica que había ido a pedir dulces y no se había molestado en bautizarse. Para el momento en que llegué a la edad de imputabilidad, había visto suficiente diversidad doctrinal dentro de la iglesia como para cubrir todas mis posibilidades, así que empecé a trabajar en más preguntas sobre el bautismo en nuestras conversaciones cotidianas en la mesa de la cena, con la esperanza de que mis padres hicieran una cita con el pastor. Cuando aprendí que algunos niños eran bautizados incluso antes de que les salieran los dientes, me encrespé de envidia.

Nuestra iglesia creía en la Biblia, así que practicábamos la inmersión. "El bautismo del creyente", lo llamábamos. De haber vivido en la Suiza del siglo XVI, quizás nos habrían matado por tal convicción, ahogados simbólicamente o tal vez quemados por los queridos protestantes que consideraban herejía el "segundo bautismo" de los reformadores radicales. (Dato divertido: fueron más los cristianos martirizados entre ellos mismos en las décadas luego de la Reforma que los martirizados por el Imperio Romano).[6] Si hubiera nacido en una familia ortodoxa, de bebé hubiera sido sumergida tres veces —la primera en el nombre del Padre, luego en el nombre de Hijo, y luego otra vez en el nombre del Espíritu Santo— antes de ser colocada, aturdida y escupiendo, en los brazos de un padrino. Si mi familia hubiese sido católica, me habrían puesto una suave bata de bautismo blanca y un sacerdote habría vertido agua bendita sobre mi cabeza calva de bebé para eliminar la mancha del pecado original. Si hubiéramos sido mormones, dos testigos se hubieran parado en cada lado de la fuente para asegurarse de que todo mi cuerpo se sumergiera totalmente en el agua. Si hubiéramos sido presbiterianos, algunas salpicadas simbolizando mi lugar en la familia del pacto de Dios hubieran sido suficientes. Afortunadamente, aunque abundan los desacuerdos con respecto al método del bautismo, en estos días los cristianos prefieren mirarse mal los unos a otros en vez de condenarse a la hoguera.

No creo que importe mucho. De todos modos, "el bautismo del creyente" me parece un nombre poco apropiado, que sugiere mucha más voluntad en esta circunstancia de la que la mayoría tenemos. Ya sea que te encuentres con el agua como un bebé que se retuerce en los brazos de un sacerdote nervioso o como un adulto sumergido en un río por un predicador del avivamiento, lo haces de la mano de aquellos que primero te reciben en la fe, las personas que te han —o lo harán— presentado a Jesús. "En el bautismo —escribe Will Willimon— el destinatario del bautismo es solo eso: el destinatario. No puedes bautizarte a ti mismo. Alguien debe hacerlo por ti".[7] Es una adopción, no una entrevista.

La iglesia que me adoptó era evangélica del sur; en consecuencia, obsesionada con el fútbol colegial. Bajo el liderazgo de Gene Stallings, el Alabama Crimson Tide avanzaba hacia su duodécimo campeonato nacional, por lo que los domingos por la mañana después del día del juego, los bancos tradicionales de la *Bible Chapel* [Capilla Bíblica] en Birmingham estaban adornados con moños rojos y blancos, corbatas, chaquetas deportivas y blusas: los accesorios sagrados de la segunda religión de Alabama (o la primera, según a quién le preguntes).[8] Había algunos fanáticos de Auburn que asistían, pero eran casi tan escurridizos como los demócratas. Una sola familia italiana, los Marino, conformaba nuestra diversidad étnica. Nos reuníamos bajo un techo de pino de Alabama y, como buenos protestantes, nos poníamos de frente a un púlpito pesado y sin adornos. Eran los ochenta, así que mis primeros recuerdos de Jesús huelen a fijador para el cabello.

En esa época, no tenía ningún concepto del evangelicalismo como una expresión única y relativamente nueva del cristianismo con raíces en el pietismo del siglo XVIII y los grandes despertares estadounidenses. En su lugar, entendía a los *evangélicos* como un adjetivo, sinónimo de "real" o "auténtico". Estaban los *cristianos*, y luego estaban los *cristianos evangélicos* como nosotros. Solo los evangélicos tenían asegurada la salvación. Todos los demás eran tibios y estaban en peligro de ser vomitados de la boca de Dios. Nuestros vecinos católicos estaban condenados. A mil quinientos kilómetros, en Princeton, New Jersey, mi futuro esposo estaba ganando trofeos de carreras de autos de madera en la *Montgomery Evangelical Free Church* [Iglesia Evangélica Libre de Montgomery], que durante muchos años creyó que era una iglesia libre de evangélicos, como goma de mascar libre de azúcar. "Pero ¿no es que los evangélicos son los buenos?", recuerda preguntarle a su madre.[1] Qué rápido aprendemos a identificar a nuestras tribus.

Nuestro pastor en la *Bible chapel* —el pastor George— provenía de Nueva Orleans y te lo hacía saber con su floreciente acento de pantano y sus corbatas a rayas, moradas y doradas. Robusto, juguetón y un verdadero contador de historias, sus ilustraciones de sermones favoritas incluían historias interminables sobre peces que se escaparon y caimanes que casi lo devoran. A veces, luego del servicio, mi madre lo molestaba diciéndole que era tan malo como los Gedeones, un grupo de distribuidores de Biblia cuyos relatos de encuentros bíblicos milagrosos (había uno sobre un perro que entregó una Biblia Gedeón rota a su dueño que vivía en la calle antes de morir en sus brazos) nunca creyó.

Me perdí todos los famosos sermones del pastor George, excepto algunos, porque con mi hermana pequeña, Amanda, solíamos ir a la iglesia de niños después de los anuncios y los himnos. Mi madre es una maestra de tercera generación de escuela primaria y una defensora acérrima de la educación apropiada para la edad, con poca tolerancia hacia las personas que hacían permanecer a sus hijos en la predicación y les daban el boletín de la iglesia para que lo garabatearan, mientras un predicador hablaba sin cesar sobre la expiación sustitutiva. Habiendo sido forzada a hacer eso cuando niña —a menudo, tres a cuatro veces a la semana en una estricta iglesia bautista independiente— le dejó en claro a mi padre, y a cualquier otra persona que preguntara, que solo asistíamos a la iglesia dos veces por semana: los domingos por la mañana y los miércoles por la noche. Éramos conservadores, no legalistas.

Pero incluso de niña aprendes bastante rápido que la iglesia no empieza ni termina con los horarios de servicio publicados en el letrero. No; la iglesia se prolonga como la última hora del día escolar, mientras

---

1 La confusión de Dan se relaciona con los anuncios en los productos de dieta. "Sugar free" (libre de azúcar), "Fat free" (libre de grasas). De niño, al leer que su iglesia era "Evangelical Free", malentendió que esta era "libre de evangélicos". (N del T.)

con papá esperábamos en el auto caliente hasta que mamá terminara de socializar en el salón comunitario. La iglesia persistía en las doradas tardes de domingo cuando Amanda y yo jugueteábamos alrededor de la casa, casi desnudas, solo con unos vestidos blancos, como pequeñas novias. La iglesia se aparecía con pollo a la olla cuando toda la familia se enfermaba de gripe, y llamaba luego de medianoche para pedir oración y llorar. Contaba chismes a la salida de la escuela y nos cuidaba los viernes a la noche. Se burlaba de mí y me tiraba de mis coletas. También me enseñó a cantar. La iglesia organizó una gran fiesta sorpresa para mi papá por su cumpleaños número cuarenta, y permitió que me enterara antes de tiempo. La iglesia vino a mí mucho más de lo que yo fui a ella, y estoy contenta.

Dado el horario normal de la familia Held, fue extraño entrar por el largo camino de grava bordeado de árboles de *Bible Chapel* un domingo temprano al atardecer para nuestro servicio de bautismo. Amanda y yo estábamos calladas, nerviosas y atadas al asiento trasero de nuestro Chevy Caprice. Parte de la razón por la que retrasamos mi bautismo fue para que ambas nos pudiéramos bautizar el mismo día, lo cual considero otro ejemplo de la extraña capacidad de Amanda para adelantarme en madurez, a pesar de que le llevo tres años. Precoz y con hoyuelos, con piel aceitunada y ojos profundos y musgosos que hasta el día de hoy delatan instantáneamente cualquier alegría o dolor que esté obrando en su corazón, Amanda podría sacarle una sonrisa incluso al anciano más áspero de la iglesia. Ella era confiada, impresionable, transparente, y buena —la última persona en el mundo a la que alguien quisiera hacer llorar.

El pastor George llamó a Amanda "Miss Awana", porque era excelente en las clases de memorización bíblica a las que asistíamos cada miércoles a la noche. Awana,[2] que significa Approved Workmen Are Not Ashamed [Obreros Aprobados No Son Avergonzados], es mucho menos socialista de lo que suena y, de hecho, involucra ganar insignias y prendedores por la recitación exitosa de versículos impresos en unos

---

[2] Awana (Oansa en Latinoamérica) es un programa internacional de discipulado para niños que hace énfasis en la memorización de la Biblia.

cuadernillos anillados. El edificio de la organización tenía un aroma intenso a galletas de azúcar y al papel recién laminado de nuestros libros de memorización; aroma que Amanda traía a casa cada semana, junto a un montón de medallas y trofeos. Pero más que alardear, me ofrecía compartir sus botines conmigo. A veces, al notar que llegaría a casa con las manos vacías, silenciosamente deslizaba uno de los prendedores de plástico en forma de corona que se había ganado, destinados a representar las coronas que algún día recibiremos en el cielo por memorizar tantos versículos de la Biblia. Me asustaba su admiración, cuánto confiaba en mí y me apoyaba cuando no lo merecía. Fui una buena hermana mayor hasta que llegué a la pubertad y, con la consiguiente crisis existencial, empecé a tener resentimiento de cuán fácil resultaba amarla. Una vez, cuando sentí que no la habían culpado adecuadamente por un percance que habíamos tenido en casa, la llamé santurrona y me burlé de ella cantando el himno "Santo, Santo, Santo", abucheándola despectivamente. Es lo más cruel que le hice a una persona. Lejos. El suyo era un espíritu tan tierno, que supe instantáneamente que había herido algo precioso solo por gusto, y que era capaz de hacer un mal más grande del que jamás había imaginado. Ni siquiera las aguas del bautismo podían lavar ese pecado, estaba segura.

El día de nuestro bautismo, seguimos a mi madre al desolado salón nupcial del santuario, donde nos pusimos finas túnicas bautismales sobre camisetas y pantalones cortos de jean. Me sentía nerviosa por mis senos. Mis "piedras de tropiezo" habían emergido temprana y generosamente, y me sentía como la prostituta de Babilonia cada vez que descubría a un compañero de clase dominical con sus ojos puestos en ellas (no aprendí a deconstruir la cultura de la modestia hasta después de la universidad, y para ese momento ya era muy tarde). Las ropas mojadas no me iban a hacer ningún favor, lo sabía. Afortunadamente, se suponía que cruzáramos los brazos delante de nosotras antes de que nos sumerjan, y mamá me había puesto un sostén de entrenamiento, una camiseta interior y otra camiseta gruesa de algodón. Pasó un cepillo por mi lacio cabello castaño, que colgaba como hilos de trapeador a los lados de una maraña que pretendía ser un flequillo, y vi sus ojos marrones escanear el eccema de mis brazos, mis hombros encorvados, el espacio entre mis dientes. Me negaba a usar maquillaje, y eso la volvía loca, especialmente en un día donde cualquier rastro de color en mi cara pálida se disolvía por la túnica blanca. Amanda, obviamente, lucía angelical con su cabello rizado y recogido en coletas elásticas y asimétricas: una muñeca de colección al lado de una fantasma tetona y asustada.

"Buenas noticias —dijo mamá. Su alegría se manifestó contra la tensión nerviosa—. Recordé traer un secador de cabello".

Bueno, era un alivio.

Con mi padre supervisando mi desarrollo teológico, a mi pobre madre le quedó la tarea de guiarme a través de los matices sociales de la vida de la iglesia, misión que le hice considerablemente más difícil al tomar la primera mucho más en serio que la segunda. Una cosa es explicarle a una chica de once años que no hay ninguna manera de saber si Ana Frank fue al cielo o al infierno, otra muy distinta es explicar por qué tal pregunta podría haber sido inapropiada para una despedida de soltera, frente a las damas de la iglesia. Pero esa era la naturaleza de mis conversaciones triviales. Si hubiera heredado la belleza y el encanto de mi madre o compartido algunas de las virtudes de mi hermana, tal vez me hubiera salido con la mía; pero, en cambio, luché a través de las trampas de la cultura religiosa sureña, donde se espera que una buena niña cristiana al menos fuera capaz de hablar sobre el clima o el fútbol antes de llegar a la condenación eterna. Como introvertida de toda la vida, nunca dominé el arte de la charla. No conforme con eso, desafiaba a mi madre a propósito al negarme a usar lápiz labial, llevar cartera o al no darle importancia a mi vestimenta para ir la iglesia, precisamente porque sabía que estas cosas le importaban. Me gustaba pensar de mí misma como una chica poco femenina (como mi heroína, Laura Ingalls Wilder), pero sin interés en deportes competitivos o en la naturaleza. Afortunadamente, mi madre tiene una debilidad por apoyar a los desamparados, así que nunca dudé de su sostén.

Recuerdo muy poco del servicio del bautismo, excepto que el santuario se veía muy diferente desde lo alto del bautisterio, como si lo estuviera mirando a través de una lente de gran angular. Y recuerdo lo reconfortante que fue encontrarme allí con mi padre y sumergirme en el agua tibia; brazos familiares guiándome hacia adentro, manos familiares apretando mi nariz, una voz familiar diciendo algo sobre el Padre, el Hijo y el Espíritu Santo, una fuerza familiar que me empujaba hacia abajo y me levantaba de nuevo, como cuando me mecía en sus brazos. Y recuerdo lo encantada que estaba de ver a mi madre esperarme con los brazos abiertos para envolverme en una toalla, y cómo observamos juntas cuando Amanda tomaba su turno y se metía, con el agua mucho más profunda alrededor de sus pequeños hombros. Luego hubo una recepción y alguien hizo huevos rellenos porque sabía que eran mis favoritos.

Pero, sobre todo, recuerdo preguntarme por qué no me sentía más limpia, por qué no me sentía más santa, liviana o más cerca de Dios cuando acababa de nacer de nuevo... *de nuevo*. Me preguntaba si quizás mis clases de pentecostés estaban en lo cierto y necesitaba un segundo bautismo del Espíritu Santo, o si no había sido lo suficientemente solemne o no me había preparado adecuadamente para que el bautismo funcionara. Todavía no había entendido que uno tiende a salir de los grandes momentos —la boda, la firma del libro, un viaje, la muerte, el nacimiento— como la misma persona que entró; y la sorpresa más extraña de la vida es que estas cosas le siguen sucediendo a tu *yo de siempre*.

Se dice que cuando Martín Lutero se deslizaba a alguno de sus lugares oscuros (lo cual pasaba mucho, el tipo era totalmente bipolar), se confortaría diciéndose "Martín, calma, estás bautizado". Sospecho que su consuelo no venía de recordar el momento del bautismo en sí mismo ni de depender del rito como una especie de hechizo mágico, sino de recordar qué significaba: su identidad como hijo amado de Dios. Porque, en definitiva, bautismo es nombrar. Cuando Jesús emergió de las aguas del Jordán, una voz de los cielos declaró: "Este es mi Hijo, a quien amo; estoy complacido con él". Jesús no empezó a ser amado al momento de su bautismo, tampoco dejó de serlo cuando el bautismo se volvió un recuerdo. El bautismo solo le puso nombre a una realidad preexistente y eterna: su condición de ser amado. Como lo expresa mi amiga Nadia: "Identidad. Siempre es el primer movimiento de Dios".[9]

Del mismo modo es con nosotros. En el bautismo, somos identificados como hijos amados de Dios, y nuestra adopción en la familia extensa, bella y disfuncional de la iglesia es celebrada por quien sea que esté parado en la costa con un secador de cabello y huevos rellenos. Esta es la razón por la que el bautisterio está cerca de la entrada de la iglesia. El pasillo central representa el viaje del cristiano a través de la vida hacia Dios, un viaje que comienza con el bautismo.

La buena noticia es que eres un hijo amado de Dios; la mala noticia es que no te toca elegir a tus hermanos. Nadia es una sacerdotisa luterana que creció en una tradición de iglesias cristianas fundamentalistas que, como la mía, prohibía que las mujeres se hicieran pastoras. Cuando se convirtió al luteranismo, le pidió a su mentora luterana que la rebautizara. Su mentora sabiamente declino, recordándole que un acto de Dios no puede ser deshecho o rehecho. Aunque había dejado la actividad y los caminos de su primera iglesia, no pudo borrarlos de su genealogía espiritual. Ellos eran su familia sin importar lo que pasara.

Como Nadia, he luchado con la tradición evangélica en la que fui criada, a menudo sin mucha gracia. He tratado de escurrir las aguas de mi primer bautismo de mis ropas, sacudirla de mi cabello, y pedir que se haga todo de nuevo en alguna otra comunidad donde haya mujeres ordenadas, voten a los demócratas y crean en la evolución. Pero Jesús tiene este hábito extraño de permitir que las personas comunes y estropeadas lo representen, así que, de este modo, fueron las personas comunes y estropeadas las primeras en decirme que era una hija amada de Dios; fueron las que primero me llamaron cristiana. Algo que nunca va a cambiar.

Fui bautizada por mi padre. Y por mi madre. Por el pastor George, por mi maestra de escuela dominical, por mi hermana, por ese vendedor de autos usados que cantaba una versión evangélica de "En el Monte Calvario" cada Pascua, por ese niño que puso mocos en mi pelo, por la pequeña niña en la silla de ruedas que no podía hablar. Fui bautizada por Alabama, por Reaganomics,[3] por el evangelicalismo, por Parkway Christian Academy y por *Bible Chapel*. Fui bautizada por Martin Luther King Jr. y George Wallace y Billy Graham. Fui bautizada por el tipo de personas que transformaban historias de pescas en sermones, escuchaban a Rush Limbaugh y a veces me amaban de las maneras equivocadas. Fui bautizada por agua y por espíritu y por este extraño haz de átomos, genes y experiencias que Dios ha reunido, deleitado y, en un acto de absurda misericordia, llamó *Amada*.

TRES

DESNUDA EN PASCUA

Cuán audaz se vuelve uno cuando está seguro de ser amado.
—Sigmund Freud

A comienzos de los años veinte, arqueólogos que exploraban las ruinas del desierto de DuraEuropos, una antigua ciudad romana limítrofe con la Siria moderna, descubrieron una serie de frescos crudos en las paredes de un hogar romano. Los frescos rodeaban una

---

[3] Reaganomics es una contracción de las palabras "Reagan" y "economía" que se usa para describir la política económica del gobierno de Estados Unidos presidido por Ronald Reagan durante la mayor parte de la década de 1980, basada en las teorías propugnadas, entre otros, por el Nobel de Economía, Milton Friedman. (N. del T.)

piscina de baño y representaban muchas escenas distintas: un pastor que llevaba un cordero en sus hombros, una mujer en un pozo, dos figuras que cruzan el mar mientras sus camaradas observan desde un barco, tres mujeres aproximándose a una tumba. Los arqueólogos habían descubierto el bautisterio de lo que queda del edificio iglesia, hasta ahora, más antiguo en el mundo.

Aproximadamente hace dos mil años atrás, una mañana de Pascuas justo antes de que el sol se elevara, la luz parpadeante de la lámpara habría iluminado los dibujos mientras los nuevos conversos al cristianismo se arrodillaban, completamente desnudos, en el agua del bautisterio. Uno por uno, los hombres separados de las mujeres, cada uno afirmaba públicamente los principios de la fe y renunciaba a Satanás y sus demonios antes de ser sumergido tres veces en el agua fría, en el nombre del Padre, del Hijo y del Espíritu Santo.

"¿Renuncias a Satanás y a todos sus ángeles, a todas sus obras, a todos sus servicios y a todo su orgullo?", les preguntan los sacerdotes ortodoxos a los conversos adultos hasta el día de hoy.

"Si, renuncio", dice el converso.
"¿Te unes a Cristo?".
"Lo hago".
"Inclínate ante él".
"Me inclino ante el Padre, el Hijo, y el Espíritu Santo".

Luego del bautismo, a los conversos se les daban túnicas blancas para significar su nueva vida en Cristo y se los ungía con aceite, marcándolos como miembros del sacerdocio real. Luego, se unían a sus compañeros creyentes para celebrar la comida eucarística por primera vez. El proceso se repetía cada año, luego de varios días de ayuno en la culminación de la solemne vigilia de Pascua.[10]

En estos días, la mayoría de las iglesias no comienzan el domingo de resurrección con un montón de personas mojadas y desnudas renunciando a Satán y a sus demonios a las seis de la mañana. Este enfoque atraería a muchos menos visitantes que las elaboradas obras de teatro o las búsquedas de huevos de Pascua que prometen premios en efectivo. Sin embargo, a nivel histórico, la vida cristiana empezaba con el reconocimiento público de las dos realidades incómodas —maldad y muerte— y, con el bautismo, el cristiano hace la audaz afirmación de que ninguna de los dos tiene la última palabra.

Ahora, cada vez que leo una nota sobre exorcismos de demonios, me siento tan incómoda como un conductor de Honda que escucha la NPR,[4] lee en el *New York Times* y es progresista. Cuando me topo con esos relatos en el Nuevo Testamento, me inclino a tomar un abordaje sofisticado y asumo que las personas a las que se les sacaron los demonios eran sanadas de enfermedades mentales, epilepsia o algo así (lo cual, cuando lo piensas, solo requiere intercambiar una historia altamente inverosímil por otra). Pero, últimamente, me he estado preguntando si esto deja algo importante afuera, algo verdadero sobre la forma y naturaleza del mal, lo cual, como lo expresa Alexander Schmemann, no es meramente ausencia del bien, sino "la presencia del poder oscuro e irracional".[11]

Desde luego, nuestros pecados —odio, miedo, avaricia, celos, lujuria, materialismo, orgullo— a veces pueden tomar formas tan distintas en nuestras vidas que los reconocemos de forma grotesca en los rostros de las gárgolas que guardan las puertas de la catedral. Y estos pecados se unen a un coro —quizás, hasta podrías decir a una legión— de voces atrapadas en una batalla sin fin contra Dios para reclamar nuestra identidad, para convencernos de que les pertenecemos, que tienen derecho a nombrarnos. Donde Dios llama *amada* a la persona bautizada, los demonios la llaman *adicta, puta, pecadora, fallada, gorda, insignificante, farsante, fracasada*. Donde Dios la llama su *hija*, los demonios la atraen con ser *rica, poderosa, bonita, importante, religiosa, estimada, exitosa, correcta*. No es ninguna coincidencia que cuando Satán tentó a Jesús luego de su bautismo, empezó sus conjuros diciendo "*Si* eres el Hijo de Dios…". Todos anhelamos que alguien nos diga quienes somos. La gran lucha de la vida cristiana es apropiarnos

---

4 National Public Radio [Radio Pública Nacional] es una emisora de Estados Unidos. Aloja dos de los programas de noticias más populares del país.

del nombre que Dios nos dio, creer que somos amados y creer que eso es suficiente.

Ya sea que provenga desde adentro o afuera nuestro, ya sea que representen distintas personalidades o pecados y sistemas que compiten por nuestra lealtad, los demonios son tan reales como las identidades competidoras que buscan poseernos. Pero, más que expulsarlos de nuestras iglesias, tendemos a invitarlos. Una vez allí, nos dicen que seremos hijos de Dios *cuando*...

- venzamos la adicción.
- firmemos las declaraciones doctrinales.
- ayudemos con el ministerio de niños.
- hagamos las cosas bien y nos organicemos.
- diezmemos.
- cumplamos las reglas.
- creamos sin dudar.
- estemos casados.
- seamos heterosexuales.
- seamos religiosos.
- seamos buenos.

Pero "el primer acto de la vida cristiana —dice Schmemann— es una renuncia, un desafío". En el bautismo, el cristiano se para desnudo sin vergüenza ante todos estos demonios —todos estos impulsos y tentaciones, pecados y fallas, discursos de venta vacíos y etiquetas retorcidas— y dice "soy una hija amada de Dios y renuncio a lo que sea o a quien sea que diga lo contrario".[12] En algunas tradiciones ortodoxas, los conversos literalmente escupen en la cara del mal antes de sumergirse en el agua.

Es algo desafiante y que requiere agallas. Y los cristianos lo deberían hacer más seguido, si no en nuestro bautismo, entonces cuando lo recordamos. O, quizás, cada vez que nos duchamos.

Además de proclamar el poder de Dios por sobre los principados, el bautismo más antiguo declara el poder de Dios sobre la muerte.

Muchas de las primeras fuentes bautismales estaban moldeadas como ataúdes, y el bautismo tomaba lugar justo antes del amanecer de la mañana de pascua, para recordar el triunfo de Cristo sobre la tumba. El descenso cristiano hacia las aguas representa una rendición, una muerte, a la forma antigua de vivir. Emerger representa una resurrección, un comienzo nuevo.

"¿Acaso no saben ustedes que todos los que fuimos bautizados para unirnos con Cristo Jesús en realidad fuimos bautizados para participar en su muerte?", escribió el apóstol Pablo a los romanos. "Por tanto, mediante el bautismo fuimos sepultados con él en su muerte, a fin de que, así como Cristo resucitó por el poder del Padre, también nosotros llevemos una vida nueva" (Romanos 6: 3-4). Cirilo de Jerusalén les dijo a los nuevos bautizados que "por esta acción, murieron y nacieron, y para ustedes el agua salvífica al mismo tiempo fue una tumba y el vientre de una madre". Lutero describió el bautismo como el ahogamiento del viejo y pecador yo, del cual nota que es "un poderoso nadador", y el predicador argentino Juan Carlos Ortiz ha sido conocido por usar una fórmula bautismal sorprendente: "Yo te mato en el nombre del Padre, y del Hijo, y del Espíritu Santo, y te hago nacer en el Reino de Dios para que sirvas y agrades a Jesucristo".[13]

Muerte y resurrección. Es la imposibilidad alrededor de la cual orbita toda otra imposibilidad de la fe cristiana. El bautismo declara que Dios está en el negocio de traer lo muerto de nuevo a la vida, así que si quieres estar en los negocios de Dios, mejor que te prepares para seguirlo a todos los rincones de este mundo que tocan fondo, esos de tierra quemada y muerte —incluyendo aquellos que están en tu corazón—, porque ahí es donde él trabaja, allí arma su jardín. El bautismo nos recuerda que no hay ninguna escalera para trepar hacia lo sagrado, ningún plan de superación personal para seguir. Es solo muerte y resurrección, una y otra vez, día tras día, mientras Dios se adentra en nuestras tumbas más profundas y, con el mismo poder que resucitó a Jesús de entre los muertos, nos arranca de nuestro orgullo, nuestra apatía, nuestro miedo, nuestro prejuicio, nuestra ira, nuestro dolor y nuestra desesperación. Algunos días no sé qué es más difícil de creer para mí: que Dios reanimara las funciones cerebrales de un hombre con tres días de estar muerto o que pueda traer a la vida todas las cosas hermosas que hemos matado. Ambas me resultan bastante improbables.

En estos días, todos tienen una opinión sobre por qué las personas están dejando la iglesia. Algunos desean resolver el problema haciendo al cristianismo un poco más sabroso —ya sabes, cortarle todas las cosas raras y míticas sobre el pecado, los demonios, la muerte y la resurrección, y reemplazarlas con libros de autoayuda, política, sistemas teológicos elegantes o cafeterías modernas. Pero, a veces, creo que lo que más necesita la iglesia es recuperar algo de su rareza. No tiene ningún sentido obligarla a hacer un montaje de cambio de imagen típico de protagonista de una película de cine cuando siempre será la chica extraña y rara que solo consigue ser invitada al baile de graduación porque alguien perdió una apuesta.

En el ritual del bautismo, nuestros antepasados representaron la extraña verdad de la identidad cristiana: somos personas totalmente expuestas al mal y a la muerte y las declaramos impotentes contra el amor.

No hay nada de normal en eso.

CUATRO

CONEJITO REGORDETE

Debe ser asombroso tener diecisiete y saberlo todo.
—Arthur C. Clarke

Fui al colegio el día siguiente a la masacre de Columbine, aunque la mayoría de mis compañeros faltaron.

"Es la oportunidad perfecta para testificar —le dije a mi madre de camino a tomar el autobús—. Todos están asustados".

El colegio Rhea County en Dayton, Tennessee, estaba exactamente a 1300 km del colegio Columbine, donde el día anterior, el 20 de abril de 1999, Eric Harris y Dylan Klebold sacaron dos rifles de asalto, noventa y nueve explosivos, y dos escopetas de debajo de sus gabardinas negras para matar a una docena de sus compañeros y a un profesor, antes de suicidarse. Había escuchado en las noticias que, antes de dispararles, a algunas de las víctimas se les había preguntado si creían en Dios, así que con la primera luz de la mañana que brilló sobre el bus, oré a Dios para que me diera la fuerza para afirmar mi fe en caso de un temido escenario similar que tenía a tantos padres, estudiantes y maestros preocupados esa mañana.

Como responsable y presidenta del club bíblico, sentí que era mi deber guiar el avivamiento que intuía que la tragedia seguramente encendería entre los estudiantes de todos los colegios a lo largo del país. Había estado buscando un avivamiento desde que ingresé al sistema de escuelas públicas cuando nos mudamos a Tennessee dos años después de mi bautismo; un plan que se hizo considerablemente más difícil por el hecho de que casi todos en Dayton —casa del famoso Juicio del Mono Scopes en 1925—[5] ya se identificaban como

---

[5] El juicio de Scopes fue un caso legal en Estados Unidos que puso a prueba la Ley Butler, que establecía que era ilegal en todo establecimiento educativo del estado de Tennessee "la enseñanza

cristianos. Hubo oradores antes de cada juego de fútbol y versículos bíblicos en todas las marquesinas de los negocios. McDonald y Hardee presentaron cantos gospel para los veteranos los jueves por la noche y luego erigieron una estatua de bronce de William Jennings Bryan, legendario defensor del fundamentalismo, para proteger el césped del juzgado. Tuvimos que formar un círculo doble alrededor del asta de la bandera para *See You At the Pole [Te veo en el Mástil]*[6] porque muchos de nosotros nos presentamos para defender a Jesús. El avivamiento, como una niebla, encontró a Tennessee Valley mucho antes de que yo llegara.

Aun así, fui a la escuela determinada a transformar a todos los cristianos de allí en cristianos *evangélicos* y encenderlos para Dios. Cobré ánimo por la mañana con música cristiana de DC Talk y Audio Adrenaline. Escribí "DIOS ES IMPRESIONANTE" con marcador mágico en una tira de cinta adhesiva roja y lo pegué en mi mochila como una pegatina. Busque maneras de redirigir las conversaciones sobre el partido de fútbol a discusiones sobre la muerte expiatoria de Jesucristo por nuestros pecados. Debatí la evolución con mi compañera de laboratorio. Y el día siguiente a la masacre de Columbine, me encontré compitiendo con Julie Andrews y el elenco de *The Sound of Music* (debería haber sabido que veríamos películas todo el día) mientras le susurraba a la animadora, ubicada dos asientos delante de mí: "¿Sabes dónde pasarías la eternidad si murieras hoy?". Si no hubiera sido tan sincera, tan genuinamente dedicada al bienestar eterno de mis semejantes, me habría merecido la mirada que me devolvió. Pero la mayoría de mis compañeros de clase eran pacientes conmigo, incluso amables. Algunos de ellos, en su mayoría chicos que ahora sospecho que tenían intereses debido a mis "piedras de tropiezo", me complacieron y aparecieron en mi casillero entre clases para hablar sobre los méritos de la fe y para saber si planeaba estar en el baile de bienvenida del

---

de cualquier teoría que niegue la historia de la Divina Creación del hombre tal como se encuentra explicada en la Biblia, y reemplazarla por la enseñanza de que el hombre desciende de un orden de animales inferiores". (N. del T.)

6 Una reunión anual de miles de estudiantes cristianos en los mástiles de la escuela, las iglesias e Internet con fines de adoración y oración. (N. del T.)

sábado por la noche. Había exactamente dos ateos declarados en mi clase de graduación, y me complace decir que convertí a uno de ellos.

Bueno, en realidad lo llevé al grupo de jóvenes; fue Brian Ward quien lo convirtió. Brian Ward era un pastor de jóvenes tan popular que los adolescentes de las iglesias de todo el condado asistían a "El Planeta" en *Grace Bible Church* [Iglesia Bíblica de Gracia] los miércoles por la noche para sentarse en el suelo y escucharlo tocar la guitarra y hablar de Jesús. Brian era alérgico al *cristiañol*, así que nunca se le ocurrió hablar sobre su caminar con el Señor o sobre cómo se creía estar llamado a hacer esto o aquello porque había sentido algo en el corazón. Fanático de los Bulldogs de Georgia y con un marcado acento de Atlanta, Brian llevaba gorra de béisbol y camisetas desgastadas, cantaba como Eddie Vedder y, de vez en cuando, maldecía. Sospechábamos que solía meterse en problemas con nuestros padres, lo cual solo elevaba su mística. Cuando molestábamos a Brian porque estaba perdiendo su cabello, él nos recordaba una historia oscura de la Biblia en la que Dios mandó dos osas a devorar a cuarenta y dos jóvenes que se atrevieron a burlarse del profeta Eliseo por su calvicie. "Dos osas", dijo. "Está en la Biblia, lo juro. Fíjense".

Fue idea de Brian llamar a nuestras reuniones de miércoles por la noche "el Planeta" y moverlas del santuario de la iglesia a un local en el centro para que no sintiéramos como que estábamos yendo a la iglesia. Fue su idea incluir estudiantes en el liderazgo, en la banda, y en las decisiones importantes sobre el futuro del grupo de jóvenes. Veía los mismos programas de televisión que nosotros y se reía de lo mismo que nosotros. Su esposa, Carrie, era hermosa, dulce y sensible, y conocía su pequeña casa junto al río tan bien como conocía las casas de mis mejores amigas.

Brian se las arreglaba para hacer que la iglesia fuera atractiva sin recurrir a las estrategias desesperadas y tensas de los pastores de jóvenes de otras áreas que intentaban hacer que el cristianismo fuera "relevante para los jóvenes". Sabía que no se podía poner una red de voleibol, rock cristiano y esperar que los deportistas y los nerds de las bandas, los góticos y las porristas, los pandilleros y los niños de iglesia dejaran de lado sus diferencias y disfrutaran todos juntos en el espíritu de Jesús; apenas ocultaba su desdén por los líderes juveniles desesperados que intentaban algo de eso. En su lugar, equipó nuestro local en el centro con sillones súper cómodos en una esquina, una mesa de futbolín en la otra, videojuegos en una habitación lateral, un escenario gigante en la parte trasera, porterías de baloncesto y una red de voleibol en el estacionamiento, y consideramos un éxito tener alrededor de setenta adolescentes juntos en el mismo espacio durante tres horas a la semana, con o sin momentos *del estilo de El Club de los Cinco*.[7] Brian había conseguido ser la razón de ser de todo adolescente pasado, presente y futuro: era *cool* sin tratar de serlo. Lo adorábamos.

Incluso a los chicos de los asientos del fondo les agradaba Brian, aunque fingían que no mientras se metían las manos en los bolsillos durante la adoración y jugueteaban con la alfombra durante la lección. Brian iba a pescar y a jugar bolos con ellos, compartían bromas internas y, muchos años después, oficiaría en sus bodas. Con todo el tiempo que dedicó a ministrar a los chicos de la última fila, pensarías que más de ellos se acercaría al frente de la sala durante la adoración para unirse a aquellos que estábamos encendidos por Dios.

"No es mi trabajo cambiar a las personas", me dijo Brian cuando intenté fastidiarlo con respecto a eso de "solo amar a las personas".

Supuse que eso significaba que estaba jugando algún juego a largo plazo, abriéndose paso en sus vidas antes de reclutarlos al avivamiento. Nunca se me ocurrió que, probablemente, había ocasiones en las que Brian solo estaba amándome a mí también.

Recuerdo muy poco sobre la iglesia fuera del grupo de jóvenes por aquellos días, excepto que las mañanas de domingo podía ver a los chicos del grupo con sus bonitas camisas de cuello y que ellos me pudieron ver a mí con faldas (para entonces, había dejado el papel de Laura Ingalls Wilder y me había puesto un poco de lápiz labial). Nos sentábamos juntos en las últimas cuatro filas de *Grace Bible Chruch* —

---

[7] Película juvenil de 1985 protagonizada por jóvenes llenos de clichés y de los estereotipos de la época, que terminan entablando una relación a pesar de sus marcadas diferencias. (N. del T.)

un edificio con techo de bóveda y sin ventanas que, desde el exterior, parecía un planetario. *Grace Bible Chruch* era la iglesia bíblica no denominacional más grande del pueblo y había salido recientemente de las guerras de adoración de los años noventa con algunas heridas menores y un acuerdo en el que la mitad de la congregación, de alrededor de doscientas personas, usaba el himnario y la otra mitad, el retroproyector. Nuestro pastor era un viejo amigo de la familia que había ido al seminario con mi padre. Se habían hecho juntos el examen físico para el ejército, y aunque no los habían convocado, recordaban el evento como viejos compañeros de guerra. El pastor Doug era un predicador más académico y exegético que el pastor George y era un fanático del equipo de béisbol de St. Louis. Nuestros boletines incluían detalles delineados de su sermón, a menudo con subtítulos que comenzaban con la misma letra: Salvación, Santificación, Significado. Yo llenaba cada espacio en blanco, a veces, adivinando el siguiente punto (¡Servicio!) mientras los muchachos de la última fila me lanzaban bolas de papel ensalivadas a la cabeza.

No muchos niños van al grupo de jóvenes para suavizar su religiosidad, pero el estilo relacional de Brian ayudó a moderar mi complejo de soldado de la cruzada. Él vio que tenía una facilidad para enseñar y liderar en un establecimiento eclesial, y en más de una ocasión me invitó a dar una clase (un privilegio desconocido para una jovencita en ese contexto). También me convenció de que no arruinara la fiesta del Supertazón con una llamada al altar de medio tiempo y de que me relajara y disfrutara a mis amigos en todos esos viajes en furgoneta llenos de baches y ventanas abiertas a conciertos y retiros de jóvenes que dejaban mi cabello enredado y mi mente de chicos guapos.

Uno de esos viajes me traía de regreso a Alabama cada año para un proyecto de servicio de fin de semana en el campamento Maxwell en Haleyville. El campamento Maxwell recibía a niños desfavorecidos durante el verano, pero cada primavera invitaba a niños privilegiados de grupos de jóvenes de todo el sureste a verter cemento, desenterrar troncos y romper tuberías de agua para Jesús. Todas las chicas compraban nuevos pantalones de trabajo para la ocasión. En las tardes, nos juntábamos en un centro de reuniones al aire libre para adorar, temblar y escuchar los sermones de fuego y azufre de hombres cuya teología Brian corregía gentilmente para nosotros en el viaje en camioneta a casa.

Fue en estas reuniones del grupo jóvenes de *Grace Bible Chruch*, que llegamos a apreciar nuestro propio excepcionalismo, y nos propusimos demostrarlo cada año, llevándonos a casa el codiciado premio "Válvula de Descarga". El premio lucía exactamente como suena, una válvula de descarga de inodoro montada en una placa de madera, y se lo llevaba cualquier grupo que acumulara la mayor cantidad de puntos durante el fin de semana por ganar en deportes, juegos, acertijos bíblicos y el importantísimo espectáculo de talentos. La mayoría de estas actividades eran fáciles de ganar para *Grace Bible Chruch* debido a su diversidad. Nos jactábamos de tener músicos, atletas, nerds bíblicos y raritos de teatro en igual medida. Un año, recibimos una ovación de pie en un espectáculo de talentos en el que llevamos a cabo una producción miniatura de Stomp,[8] con miembros de la línea de tambores de la escuela secundaria que martillaban botes de basura vacíos.

Nuestra debilidad era el ministerio de los juegos. Ahora, tienes que entender, los *juegos* en el contexto de un grupo de jóvenes significan algo totalmente diferente que la misma palabra en cualquier otro contexto. Sospecho que, a finales de los noventa, los juegos del grupo de jóvenes fueron responsables de millones de brotes de gripe, miles de huesos rotos, docenas de descomposturas estomacales e incontables horas de terapia, ya que por lo general implicaban colocar a adolescentes inseguros y cargados de hormonas en una situación tan físicamente incómoda y al límite de peligro como fuera posible, de preferencia acompañada de comida, en un esfuerzo equivocado

---

[8] Stomp es un grupo de percusión originario de Brighton, Reino Unido, que utiliza el cuerpo y los objetos ordinarios para crear un espectáculo de teatro físico utilizando ritmos, acrobacias y pantomima. (N. del T.)

por "romper el hielo", que invariablemente resultaba en que alguien vomitara o tuviera una erección.

Había ejercicios de confianza, carreras de relevos, apuestas, versiones a alta velocidad de PatoPatoGanso, sillas musicales, quemados y (hasta que fue prohibido porque creo que en realidad mató a algunas personas) Red Rover.[9] Jugábamos a las sardinas (se meten a veinticinco jóvenes en el mismo escondite oscuro durante una hora), "Retiene y Sopla" (pasar una tarjeta de crédito entre personas en círculo usando solo la succión de la boca) y a "El trago de los dos dólares" (tenías que tragar un medio galón de leche sin vomitar y ganabas dos dólares). Había uno en el que tenías que sacar las barras de Snickers de un inodoro lleno de limonada, otro en el que tenías que comer un plátano con un par de pantimedias sobre la cabeza y uno en el que arrojabas bollos de queso en la cara de tu pareja cubierta de crema de afeitar. Fue un circo perpetuo de deleite para nosotros los introvertidos, obviamente.

Recientemente, intercambié historias de guerra de grupos con algunos de mis lectores en Twitter, y sus relatos fueron aterradores:

"He visto a personas tomar licuados de menús infantiles de McDonald".
"Una vez vi a uno lamiendo crema de maní de la axila de otro".
"Tomamos a los estudiantes de secundaria más pequeños y los pegamos con cinta adhesiva a la pared. Ganaba el equipo cuya persona permanecía adherida más tiempo".
"Roba el tocino con vaselina y sandías".
"Tres estudiantes con conmociones cerebrales y un líder juvenil con un pezón desprendido".
"Cuatro palabras: voleibol con luz estroboscópica".
"Tuve que comer una cebolla como si fuera una manzana. No recuerdo por qué".[14]

Por suerte para el grupo de jóvenes de *Grace Bible Chruch*, Brian

---

9 Un juego donde uno de los jugadores debe lograr, usando fuerza brusca, que un grupo de personas agarradas de las manos se suelten. (N. del T.)

poseía algo de ansiedad moderada y, por lo tanto, odiaba los juegos de grupos de jóvenes tanto como nosotros, por lo que nuestra exposición a ellos se debió principalmente a eventos juveniles como el del campamento Maxwell, donde vimos con horror y como algo normal que los adolescentes intentaran quitar goma de mascar de la suela de una zapatilla de tenis sucia, usando los dientes.

En la fría noche en cuestión, el juego que estaba en disputa entre nuestro grupo de jóvenes y el premio Válvula de Descarga era, obviamente, el conejito regordete. El conejito regordete es un juego en donde varios "voluntarios" se meten la mayor cantidad de malvaviscos en la boca e intentan decir "conejito regordete" sin vomitar ni ahogarse hasta morir. La persona que pudiera hacer eso con la mayor cantidad de malvaviscos en su boca ganaba el juego.

Ahora, nuestro grupo de jóvenes odiaba este juego. Éramos demasiado geniales como para el conejito regordete. Estábamos al tanto de la insidiosa farsa que representaba. Pero necesitábamos a alguien que lo jugara en nuestro nombre para ganar el premio y poner a los demás grupos en su lugar.

Mientras la competencia enviaba a sus delegados al escenario con ovaciones, nosotros nos sentamos en silencio en nuestras cinco filas de bancos de madera, arrastrando el aserrín con los pies.

"¡Necesitamos a un voluntario de *Grace Bible Chruch*!", gritó alguien con demasiadas pulseras de goma en el brazo.

Se susurraron nombres. Se evitó el contacto visual. Brian nos miraba con miedo.

Entonces, desde atrás, llegó una voz calmada y segura.

"Yo lo haré".

Todos volteamos.

Mike era un chico del fondo como nunca hubo. Alto y colorado, tenía una lengua inteligente, un espíritu temerario y tendía a dividir su tiempo entre la detención y la sala de emergencias. Cuando no le gustaba algo, te lo hacía saber, y a Mike no le gustaban mucho la iglesia, la escuela ni el campamento Maxwell. Sin embargo, sus ojos siempre delataban un suave brillo y tenía un ingenio tan irónico y puntual que incluso a los nerds de la Biblia nos agradaba. Sé que no era la única chica que disfrutaba de dibujar una sonrisa en sus labios obstinados, en ese rostro pecoso, esa mandíbula fuerte y esas mejillas anchas… mejillas hechas para jugar conejito regordete.

Sin más palabras, Mike caminó por el pasillo y tomó su lugar entre una chica con un mono holgado de Birmingham y un niño aterrorizado de secundaria de Huntsville. Le hicieron usar una bolsa de basura como babero. Fue nuestra Katniss Everdeen, nuestro voluntario para el tributo. Ganamos el premio Válvula de Descarga por tercer año consecutivo.

Así es como la chica que fue al colegio preparada para morir por su fe terminó gritando de alegría cuando Mike, el chico del fondo, se atragantó con malvaviscos en busca del premio. Le atribuyo cierto rastro de perspicacia social en mi vida a Brian Ward y a mis días en el grupo de jóvenes de *Grace Bible Chruch*. En un tiempo donde la mayoría de mis pares luchaban para encontrar una identidad, yo sabía exactamente quién era: la chica de la iglesia, la que siempre tuvo un lugar en su familia del grupo de jóvenes, la que estaba encendida por Dios. No estoy segura de alguna vez poder calcular el valor de esa comunidad, ese sentimiento de pertenencia y de ser amada.

Ni siquiera se me podía ocurrir que un fuego como ese pudiera ser apagado.

CINCO

SUFICIENTE

Nunca conocí a nadie más emocionado por su bautismo que Andrew.

"¡Solo trece días más! —cantaba el chico de diecinueve años, como si estuviera contando los días para graduarse o casarse— ¿Quieres venir?".

"¿Tengo que ir hasta Tennessee? —Me mostré reacia, y le pasé la mitad más grande de un brownie que acababa de partir—. No es un viaje corto hasta St. Louis".

Estábamos sentados en una mesa plegable redonda en el sótano desierto de una iglesia metodista en Columbia, Missouri, salteándonos la sesión vespertina de la conferencia a la que asistíamos con tal de actuar como críticos culinarios autoproclamados al probar los artículos de repostería que habían sobrado del almuerzo (si los bautistas tienen la fama de hacer el mejor chili casero —y es cierto—, entonces los metodistas tienen los mejores pasteles. Nunca me he encontrado con una barra de limón metodista que no me guste). Nos habíamos encontrado después de mi presentación esa mañana, cuando Andrew —un estudiante universitario con hoyuelos y cabello color arena y fiel lector de mi blog— me sorprendió en el auditorio con un abrazo de oso gigante y un ataque de risa juvenil. "Está bien —les aseguré a los perplejos espectadores—, nos conocemos por *Internet*".

"Honestamente, pensé que nunca me iba a bautizar —me confesó Andrew mientras estudiaba su mitad de brownie—. Nunca pensé que sería lo suficientemente bueno".

"¿En qué tipo de iglesia creciste?", le pregunté.

En respuesta, Andrew sacó su teléfono inteligente, se deslizó por las imágenes por un momento, encontró lo que estaba buscando, y me pasó el aparato. En la pantalla agrietada estaba la imagen de la página editorial de un boletín de la iglesia. Amplié la imagen y pude ver que el artículo se trataba de relaciones sexuales entre personas del mismo sexo, las cuales el autor describía como enfermizas. A la izquierda del título, un hombre de cabello gris de traje y corbata me miraba con unos ojos que me resultaban familiares.

"Ese es mi papá —dijo Andrew—. Es pastor, y publicó esto justo después de que yo salí del clóset".

Mi corazón se desplomó. Así como había adolescentes como yo que solo conocimos amor y aceptación al crecer en la iglesia, también había adolescentes como Andrew que se sentían como extraños en los bancos de las iglesias, extraños incluso en sus propios hogares.

Como el sexto de siete hijos, Andrew creció en una iglesia pequeña y fundamentalista presbiteriana del sur, donde su padre servía como pastor. Había muchas cosas que Andrew amaba de su unida comunidad de fe —su énfasis en la Escritura, su compromiso con el evangelismo, su atmósfera familiar—, pero conforme empezó a atravesar sus años de adolescencia, se encontró en desacuerdo con algunas de las enseñanzas más legalistas de la iglesia, particularmente con la prohibición de su padre de la música cristiana contemporánea y la insistencia en que solo usara la versión King James de la Biblia en la iglesia y el estudio. Mientras que su padre enfatizaba en la reverencia, la rectitud y el autocontrol, Andrew, en cambio, siempre había mostrado un espíritu tierno y abierto y una conexión emocional con Dios. Garabateaba sin cesar en su diario de oración durante los sermones de su padre, conversando con Dios como con un amigo cercano. Aunque ocasionalmente se revelaba (la primera vez que vio una película en un cine, tenía dieciocho años y se escapó con amigos para ver *Los juegos del hambre*), Andrew amaba a Jesús profunda y apasionadamente.

Lo cual hacía su secreto mucho más pesado.

Para el momento en que sus amigos empezaron a hablar sobre chicas, Andrew empezó a fijarse en los chicos. Al haber sido criado para creer que la orientación sexual era una elección y las relaciones sexuales entre personas del mismo sexo era una abominación, temía que sus impulsos fuesen resultado del pecado; pecado del cual rogó a Dios que lo purgara noche tras noche y día tras día.

Un registro del diario de oración de Andrew reza:

> Estoy tan asustado. No quiero ser un marginal… ¿Acaso te importa lo que estoy atravesando, Dios? ¿Por qué me hiciste así? ¿Qué me estás tratando de enseñar? Alzo mis manos hacia ti. Estoy en tus manos… ¡Dame fe! ¡Por favor! No puedo resistir mucho más.

Pero nada pudo cambiar la orientación sexual de Andrew; ni la oración, ni el estudio bíblico ni la autodisciplina. Finalmente, luego de luchar con oleadas de depresión y desesperación, llegó a término con su sexualidad. Dejó su hogar para asistir a la universidad de St. Louis y encontró una nueva iglesia que lo aceptaba tal y como era. Su nueva comunidad de fe incluso hizo los arreglos para que se bautizara, una experiencia que ansiaba desde la niñez.

"Siempre se me negó el bautismo y la comunión mientras crecía —dijo Andrew—. Mi papá me dijo que no estaba manifestando los frutos del Espíritu tanto como debería. Quería que esperase hasta que fuera lo suficientemente bueno, lo suficientemente santo".

Andrew salió formalmente del clóset ante su familia en las vacaciones del día de acción de gracias en su primer año de universidad. No salió nada bien. Ahora vivía en su residencia, aislado de su familia y trabajando para pagarse la educación por su cuenta. La última vez que habló con su padre, le dijo que se iría al infierno.

Pero Andrew no estaba solo durante las dificultades del día de acción de gracias. Todo un equipo de personas de su nueva iglesia se habían comprometido a orar por él durante esos cuatro días. Él sabía que contaba con apoyo a través de todo momento doloroso.

"Ninguna iglesia es perfecta —dijo—, pero han sido buenos conmigo".

Ahí es cuando entendí por qué Andrew me había invitado a su bautismo. Era parte de la única familia que tenía. Su adopción en la familia de Dios había sido mucho más tumultuosa y dolorosa que la mía, pero él quería que yo fuera parte de ella simplemente porque estaba entre aquellos que no iban a darle la espalda; porque lo amaba tal como era. A veces, la iglesia debe ser un refugio incluso para sus propios refugiados.

No pude ir al bautismo de Andrew, pero oré por él aquel día y vi el video que la iglesia hizo para recordar el evento. En su testimonio antes del bautismo, Andrew dijo: "Pospuse el bautismo porque sentía que estaba en un estado de pecado, como si no fuera lo suficientemente bueno o apto para ser bautizado. Pero luego me di cuenta de que el bautismo se realiza al principio de tu viaje de fe, no en el medio o al final. No tienes que tener todo calculado y bajo control para ser bautizado… Solo tienes que aferrarte a la gracia de Dios. La gracia de Dios es suficiente".

SEIS

RÍOS

Tenemos la tendencia de huir del silencio salvaje y de la salvaje oscuridad, de empacar nuestros dioses y refugiarnos detrás de las murallas de la ciudad y convertir nuestros dioses en ídolos… Y cuando estamos en los templos, entonces, ¿quién oirá la voz que clama en el desierto? ¿Quién oirá la caña agitada por el viento?
—*Chet Raymo*

Siempre puedes distinguir a Juan el Bautista de entre una línea de santos.

Entre los patriarcas severos vestidos con túnicas, él es el de los ojos salvajes y el cabello enredado, costillas que sobresalen a través de la piel bronceada por el sol, manos que sostienen un bastón en forma de cruz o un pergamino que dice "Arrepiéntanse, porque el reino de los cielos se ha acercado". Básicamente, es el tipo que no te quieres cruzar en el estacionamiento del supermercado.

El niño milagroso de Elizabet y Zacarías, Juan, probablemente miraba a su padre realizar limpiezas espirituales como sacerdote del templo en el primer siglo en Jerusalén. La ley levítica mandaba que los judíos se limpiarán de sus impurezas contraídas por cuestiones como la menstruación, enfermedades de la piel o el contacto con cadáveres, y muchos judíos hacían peregrinaciones al templo para ser sumergidos en aguas a fin de prepararse para los festivales y días santos. Amigos y familia probablemente esperaban que Juan siguiera los pasos de su padre y se convirtiera en sacerdote. Pero él no se quedó en el templo. Dejó la ciudad por el campo y abandonó las piscinas de baños ceremoniales por los ríos que fluyen libres.[15]

Subsistiendo a base de langostas y miel, llamando a las personas a un bautismo único y dramático para simbolizar un corazón reorientado, Juan encarnaba el imaginario del profeta Isaías sobre una voz que clamaba en el desierto, declarando que Dios estaba en acción y que todo estaba por cambiar. Juan sabía que este movimiento de Dios no estaría confinado al templo, sino que "todo barranco será rellenado, todo monte y colina será rebajado, lo tortuoso se hará recto y las asperezas serán caminos llanos. Y todos verán la salvación de Dios" (Lucas 3: 5-6, BJ).

"Preparad el camino del Señor —le dijo al pueblo—. Enderezad sus sendas" (Marcos 1: 3, BJ).

Las personas ya no tenían que ir hasta Dios; Dios estaba yendo al pueblo. Y, en su amor incansable, no permitiría que ninguna montaña o colina —ninguna ideología, ritual, mandamiento o ley— obstruyera el camino. Los templos no podían contener a un Dios que aplana montañas ni los baños ceremoniales a un Dios que fluye como ríos. El arrepentimiento, entonces, significa reorientar la vida de uno a esta realidad. Significa arrepentirse de las viejas formas de obstrucción y unirse en la gran pavimentación del camino, en la demolición de todo impedimento creado por el hombre entre Dios y su pueblo, y en la celebración de la presencia salvaje y desinhibida de Dios que llena cada rincón de la tierra. Significa ser bautizado en los ríos y dejar que Dios haga lo que quiera. Después de todo, con suficiente fe, una persona puede mover una montaña… incluso una montaña que ella misma haya hecho.

"El reino no *está allí*; está *justo aquí* —dijo Juan—. Arrepiéntanse, porque el reino está a la mano. Preparen el camino del Señor. Enderecen sus sendas".

Me pregunto si esas palabras se cruzaron por la mente de Felipe cuando bautizó a uno de los primeros gentiles convertidos al cristianismo; un etíope eunuco.

Según cuenta la historia, después de que Jesús resucitó de entre los muertos e instruyó a sus discípulos para que fueran a practicar la resurrección en el mundo, el evangelista Felipe fue enviado por el Espíritu Santo al "camino del desierto" de Jerusalén a Gaza. Allí encontró a un eunuco de la realeza de la distante tierra de Etiopía, que estaba leyendo la Escritura hebrea en el asiento de atrás de su carruaje (Hechos 8: 26-40).

Como eunuco, este hombre hubiera sido estrictamente prohibido de siquiera entrar al predio del templo, mucho menos hubiera podido participar en sus rituales (Levítico 21: 20; Deuteronomio 23: 1). Era una minoría sexual y étnica y, como tal, hubiera sido totalmente excluido de la comunidad religiosa en Jerusalén, incluso si creía en el Dios de Israel. Si se hubiera acercado al templo para bautizarse, se le hubiera dado la espalda.

Aun así, este marginal religioso, este hombre a quien se le enseñó que estaba en un estado perpetuo de impureza, había podido conseguir un rollo sagrado y encontró un pasaje del profeta Isaías que resonaba profundamente con su propia experiencia:

Como oveja, fue llevado al matadero;
y como cordero que enmudece ante su trasquilador,
ni siquiera abrió su boca.
Lo humillaron y no le hicieron justicia.
¿Quién describirá su descendencia?
Porque su vida fue arrancada de la tierra.
Hechos 8: 32-33

Cuando Felipe escuchó al eunuco leer estas palabras en voz alta, se acercó a su carro y le preguntó si las entendía.

"¿Cómo puedo entenderlas a menos que alguien me guíe?", respondió el otro.

Felipe se subió al carro y, mientras recorrían el desierto, le contó acerca de Jesús —acerca de cómo, cuando Dios se convirtió en uno de nosotros, también sufrió.

Abrumado, el eunuco miró hacia el accidentado paisaje que los rodeaba y gritó: "¡Mira, aquí hay agua! ¿Qué me impide ser bautizado?".

No sabemos cuánto tiempo esa pregunta, rebosante de una alegría tan infantil que desgarra el corazón, quedó tan vulnerable como una gota de agua en el aire del desierto. En otro momento de su vida, Felipe habría señalado la etnia del eunuco, su anatomía o su no aptitud para obtener acceso a los baños ceremoniales que volvían limpia a una persona. Pero, en lugar de eso, sin nada que agregar a la conversación entre viajeros, el carro se detuvo pesadamente y Felipe bautizó al eunuco en el primer cuerpo de agua que encontraron. Pudo haber sido un río o un charco en el camino.

Felipe no se interpuso en el camino de Dios. Recordó que lo que hacía ofensivo al evangelio no es a quién deja afuera, sino a quién deja entrar. Nada podía impedir que el eunuco fuera bautizado, porque las montañas de la obstrucción habían sido aplanadas, las colinas habían sido suavizadas y Dios había despejado un camino. Había agua santa por todos lados.

Dos mil años después, el llamado de Juan sigue siguiendo un llamado al desierto, un grito desde las márgenes. Porque las personas religiosas somos muy buenas construyendo muros y retirándonos a los templos. Somos buenos creando montañas con nuestras ideologías, obstáculos con nuestras teologías, y colinas de nuestras nociones desastrosas sobre quién está adentro y quién está afuera, quién es digno y quién es indigno. Somos buenos metiéndonos en el camino. Quizás tenemos miedo de que, si nos movemos, Dios podría usar personas y métodos que no aprobamos, que las reglas podrían romperse y que las teologías se cuestionarán. Quizás estamos asustados porque si nos salimos del paso, esta cosa de la gracia podría salirse de control.

Bueno, adivinen qué: ya lo ha hecho.

La gracia se descontroló en el momento en que el Dios del universo pendía de una cruz romana y, con los brazos extendidos, miró a los que lo habían colgado allí y declaró: "Padre, perdónalos, porque no saben lo que hacen".

La gracia ya ha estado fuera de nuestras manos por más de dos mil años. Será mejor que nos acostumbremos.

Y así, el llamado persiste: *Arrepiéntanse. Reoriéntense. Preparen el camino del Señor*. Despejen el camino. Dios está derramándose en el mundo como agua que brota de la roca. No queda nada más que rendirse.

CONFESIÓN

- II -

SIETE

CENIZAS

Tan compasivo es el Señor con los que le temen como lo es un padre con sus hijos.
Él conoce nuestra condición; sabe que somos de barro.
—Salmo 103: 13-14

Estamos hechos de polvo de estrellas, dicen los científicos —el hierro en nuestra sangre, el calcio en nuestros huesos y el cloro en nuestra piel se forjó en los hornos de estrellas antiguas cuyas explosiones esparcieron los elementos por toda la galaxia. De las cenizas salieron nuevas estrellas y, alrededor de ellas, un sistema de planetas, asteroides y lunas. Un cúmulo de polvo se fusionó para formar la tierra y la vida emergió de los detritos de muertes de ocho mil billones de años.

Cenizas a las cenizas, polvo al polvo.

En la historia de la creación del Génesis, Dios moldea un hombre a partir del polvo de la tierra y lo anima con aliento divino. Luego sitúa al hombre en el jardín junto a un río y le enseña a cuidarlo. Cuando vio que el hombre necesitaba compañía para su trabajo, Dios creó a la mujer y, juntos a la par, aprendieron cómo vivir: plantar y podar, reír y hacer el amor, abrir frutos pegajosos y sacarse la tierra de debajo de las uñas, reconocer distintas melodías de aves y caminar con Dios durante el día. Vivieron a la sombra del Árbol de la Vida, estaban desnudos y sin vergüenza.

Pero cuando la vida no fue suficiente, cuando el hombre y la mujer quisieron más, buscaron sabiduría en el único árbol prohibido del jardín —el Árbol del Conocimiento del Bien y el Mal. Pensaron que su fruto los haría como Dios. Pero en su estrechez y rebelión, en su independencia y codicia, en cambio, aprendieron miedo, ira, juicio, culpa, envidia y vergüenza. Cuando Dios fue a caminar con ellos de nuevo, se escondieron en un arbusto, asustados. Así que los sacó del jardín, lejos del Árbol de la Vida, y entendieron que iban a morir.

"Te ganarás el pan con el sudor de tu frente, hasta que vuelvas a la misma tierra de la cual fuiste sacado —le dijo Dios al hombre—. Porque polvo eres, y al polvo volverás" (Génesis 3: 19)

Cenizas a las cenizas, polvo al polvo.

Cuando los descendientes de Adán hicieron guerra unos contra otros, los ejércitos quemaron las ciudades de sus enemigos hasta los cimientos. Los hijos de Adán y las hijas de Eva conocían bien el olor a cenizas, el dejo amargo del sabor del fruto prohibido. El residuo gris de la materia incinerada significaba destrucción, mortandad, aflicción y arrepentimiento. En el despertar de la tragedia o en la anticipación del juicio, nuestros ancestros cambiaron sus ropas más finas por cilicio tosco e incoloro y se untaron la cara con las cenizas de cosas quemadas. Ritualizaron su pequeñez, su dependencia, su complicidad.

"Vístete de luto, pueblo mío; revuélcate en las cenizas —dijo el profeta Jeremías—; llora amargamente, como lo harías por tu primogénito, porque nos cae por sorpresa el que viene a destruirnos" (Jeremías 6: 26).

Cenizas a las cenizas, polvo al polvo.

El árbol del conocimiento del bien y el mal no revelaba todo secreto. Incluso los más sabios encontraron pulverulentos sus frutos. Salomón declaró, "Realmente, todo es absurdo, y todo va hacia el mismo lugar. Todo surgió del polvo, y al polvo todo volverá" (Eclesiastés 3:19-20). Cuando Job demandó una explicación a su sufrimiento, Dios preguntó, "¿Dónde estabas cuando puse las bases de la tierra? ¡Dímelo, si de veras sabes tanto!" (38:4). Job se retiró a un montón de cenizas y lloró, "Reconozco que he hablado de cosas que no alcanzo a comprender, de cosas demasiado maravillosas que me son desconocidas" (Job 42:3)

Cenizas a las cenizas, polvo al polvo.

Una vez al año, un miércoles, mezclamos cenizas con aceite. Encendemos velas y nos confesamos unos a otros y a Dios que hemos pecado con lo que hemos hecho y con lo que hemos dejamos de hacer. Nos decimos la verdad. Luego, nos untamos las cenizas en la frente y juntos reconocemos la realidad única en la que todo católico y protestante, creyente y ateo, científico y místico podemos estar de acuerdo: "Recuerda que eres polvo y al polvo regresarás". Es lo único que sabemos con certeza: moriremos.

Cenizas a las cenizas, polvo al polvo.

Pero, hace mucho tiempo, una promesa fue hecha. Un profeta llamado Isaías dijo que un mensajero vendría a proclamar buenas noticias a los pobres y los quebrantados de corazón, "a darles una corona en vez de cenizas, aceite de alegría en vez de luto, traje de fiesta en vez de espíritu de desaliento". Aquellos que una vez se arrepintieron entre polvo y cenizas "serán llamados robles de justicia, plantío del Señor, para mostrar su gloria" (Isaías 61: 3).

No nos podíamos convertir en Dios, así que Dios se convirtió en nosotros.

Dios nos mostró cómo sanar en lugar de matar, cómo enmendar en lugar de destruir, cómo amar en lugar odiar, cómo vivir en lugar de anhelar más. Cuando clavamos a Dios en una cruz, él perdonó. Y cuando enterramos a Dios en el suelo, se levantó.

El apóstol Pablo luchó por explicar el misterio: "El primer hombre era del polvo de la tierra —dijo—, el segundo hombre, del cielo... así como hemos llevado la imagen de aquel hombre terrenal, llevaremos también la imagen del celestial" (1 Corintios 15: 47-49).

No nos libramos de la muerte, pero su poder ha sido vencido. La garra del pecado ha sido debilitada. Estamos invitados a compartir la victoria, a compartir el camino de Dios de regreso a la vida. Nos hemos convertido como en semillas que están a punto de transformarse, dijo Pablo. "Lo que tú siembras no cobra vida a menos que muera" (1 Corintios 15: 36).

Vida a la muerte, muerte a la vida —como las semillas, como el suelo, como las estrellas.

No es de extrañar que María Magdalena haya confundido a Jesús resucitado con un jardinero. Un nuevo árbol de la vida ha atravesado el suelo y se extiende hacia el sol.

OCHO

VOTE *SÍ* A LA UNO

Les arrojé piedras a las estrellas, pero se cayó todo el cielo.
—Gregory Alan Isakov

"**G**rande es tu fidelidad, oh padre mío". Entono las palabras con despreocupación superficial; mi mente ruge furiosa contra la tipografía Papyrus en la que están proyectadas en la pared. El baterista fija un ritmo de ¾ adormecedor, pero la congregación de *Grace Bible Church* canta más alto que antes, impulsada por la familiaridad de un himno viejo y simple. Quieren cantarla más lenta que el ritmo designado, y el baterista, un estudiante de último año de la escuela secundaria con una masa de cabello castaño rizado que oculta sus ojos, luchará contra ellos durante la primera estrofa antes de rendirse al zumbido lento y constante de doscientos cristianos perfectamente a gusto con tomarse su tiempo durante la "noche oscura, el sol y la luna, las estaciones del año también", del amor inmutable de Dios.

Para el momento que llegamos a la parte de las estaciones, ya me doy por vencida, mi voz falla en la segunda línea del himno: "Ni una sombra de duda tendrá".

Ni una sombra de duda. ¿No sería lindo?

Me siento culpable porque hay una sobreviviente al cáncer a mi derecha y, dos filas adelante, una mujer que enviudó hace poco; cada una de ellas canta con las manos elevadas y los ojos cerrados. Su fe no ha sido fácil, lo sé, pero me molesto con ellas por eso. Yo he hecho todo bien. He estudiado a los famosos apologetas y he tomado las clases correctas. No hubo ninguna gran tragedia personal que sacudiera mis cimientos, ninguna injusticia o traición que justificara mi tropiezo o alejamiento —solo unas pocas preguntas molestas que desenredaron mi fe como un ovillo de hilo y me dejaron aquí parada, sin poder cantar una canción que sé de memoria, helada por una sombra que nadie más puede ver.

Mi esposo de hace cinco años, Dan, está parado al lado mío, firme como un muelle atado a un barco a la deriva. Una vez en casa, nos arrastraremos a la cama —vestidos de iglesia, pero sin zapatos— y él me escuchará mascullar mi letanía de lamentaciones: el guiño político durante los anuncios, la charlatanería sobre el infierno, la interpretación simplista de un texto complicado, la teología violenta y masculina, las suposiciones —en apariencia compartidas— de que el fin de los tiempos está sobre nosotros porque acabamos de elegir a un presidente demócrata con un nombre que suena extranjero. Me aferro a estas ofensas no porque sean particularmente graves o, incluso, reales, sino porque me dan razones para odiar ir a la iglesia, sumado a mi propia y desagradable duda. Me dan alguien más a quién culpar. Quizás, diremos, sea el momento de abandonar todo esto. Démosle una semana más.

Hay programas de recuperación para personas que duelan la pérdida de un padre, hermano o pareja. Puedes comprar libros de cómo lidiar con la muerte de una mascota amada o de cómo tramitar la angustia de un aborto espontáneo. Hablamos abiertamente unos con otros sobre la congoja que acarrea un despido, una mudanza, un mal diagnóstico o un sueño postergado. Pero nadie te enseña cómo estar de luto por la pérdida de tu fe. En esa solo estás tú.

Para mí, el problema empezó cuando comencé a sospechar que Dios estaba menos preocupado que yo por salvar a las personas del infierno. Luego de graduarme de la secundaria, me inscribí en la Universidad Cristiana de Artes Liberales, donde mi padre enseñaba teología y, como era de esperarse, me senté en la primera fila de mis clases de cosmovisión bíblica y bebí apologética cristiana de la misma manera que la mayoría de los estudiantes universitarios ingieren cerveza barata. Y durante los primeros dos años me intoxiqué con certeza. Toda pregunta me llevaba a una respuesta fácil y satisfactoria, y me tragué completas todas esas respuestas. Me instalé en los placeres agradables de la vida universitaria: bromear con mis compañeros de cuarto, debatir teología con papas fritas frías en la cafetería, cargar antologías de Norton por todo el campus, como debería hacer un buen estudiante de inglés. Pero luego cayeron las torres gemelas, y una parte del mundo en la que había pensado poco ocupó la pantalla de mi televisión cada noche, mientras nuestro país ocupaba sus tierras. Cuando los informes de daños colaterales se deslizaron por las cadenas informativas, se me ocurrió que las mujeres y los niños muertos en la guerra civil de Irak eran, en su mayoría, musulmanes. No tanto por elección sino por nacimiento. Eran musulmanes porque había nacido en un país predominantemente musulmán y tenían padres musulmanes, así como yo era cristiana porque había nacido en un país predominantemente cristiano y tenía padres cristianos. ¿Se supone que debería creer que la misma bomba suicida que envió a un terrorista al infierno también envió a sus víctimas al mismo lugar? ¿Porque no eran cristianos evangélicos como yo? ¿Porque habían nacido en el lugar equivocado en el momento equivocado? ¿Y acaso este es el destino que aguarda a la mayoría de mis compañeros seres humanos, incluyendo a los millones que ni siquiera han escuchado de Jesús?

Era una universidad no denominacional, así que me topé con todo tipo de respuestas. Los arminianos decían que Dios *no podía* salvar a los perdidos sin sacrificar nuestro libre albedrío; los calvinistas decían que Dios *no salvaría* a los perdidos porque, bueno, simplemente no quería. Los pentecostales contaban historias alocadas sobre ángeles que aparecían en tribus apartadas de la jungla para distribuir el evangelio en hojas de plátano. Los estudiantes citaban a Karl Barth. Todos acordaban que, en cualquiera de los casos, todos merecíamos ir al infierno, así que era mejor que dejara de hacer preguntas y mostrara un poco más de gratitud.

Mis compañeros de clase parecían preocuparse únicamente cuando señalaba el hecho de que, según lo que habíamos aprendido en la escuela dominical sobre la salvación, los judíos asesinados en las cámaras de gas en Auschwitz fueron directamente al infierno, y los montones de anteojos y maletas abandonados que se exhiben en el museo del Holocausto representan a cientos de miles de almas que sufren una tortura sin fin a manos del mismo Dios a quien habían clamado por rescate. Esperaba algún tipo de reacción, pero solo me recordarán amablemente que, tal vez, las pijamadas en el dormitorio no eran el mejor momento para hablar sobre el Holocausto.

Esas primeras preguntas sobre el infierno me hicieron resbalar por la habitual pendiente enjabonada y, en poco tiempo, me encontré cuestionando todo lo que me habían enseñado sobre la salvación, el pluralismo religioso, la interpretación bíblica, la política, la ciencia, el género y la teología cristiana. El evangelicalismo me dio muchos regalos, pero la habilidad de distinguir entre creencias fundacionales, ortodoxas y las periféricas no estuvo entre ellos, así que mientras realizaba este inventario masivo de mi fe, arranqué todas y cada una de las doctrinas del armario y las puse al derecho y al revés sobre mis manos; el Credo de Nicea fue sometido al mismo escrutinio que el creacionismo de la tierra joven y la política republicana, porque todas me habían sido presentadas como componentes esenciales de una cosmovisión bíblica.

"Puedes creerle a la Biblia o puedes creer en la evolución —le dijo en una reunión matutina el profesor favorito al cuerpo estudiantil—, pero no puedes creer en ambas; tienes que escoger".

Esa *elección recurrente* —fe o ciencia, cristianismo o feminismo, Biblia o criticismo histórico, doctrina o compasión— seguía haciéndome tropezar como las raíces que se levantan en un camino en el bosque. Quería creer, claro, pero quería hacerlo manteniendo intacta mi integridad intelectual e intuición, con mi mente y corazón a bordo. Cuanto más se me pedía *elegir*, más fragmentada y deshilachada se volvía mi fe, más se desgarraba la telaraña de la fe que mantenía unida mi visión del mundo. Y ahí es cuando la duda real entró sigilosamente, como una especie invasora, como una enredadera en mi cerebro: ¿Qué si nada de esto es cierto? ¿Qué si todo es una gran mentira?

Como con la muerte de un ser querido, sentí la ausencia de mi fe más profundamente en esos momentos del día donde solía estar presente —en la iglesia, en oración, en el amplio azul de un cielo otoñal. Me convertí en una extraña para el Dios ocupado y paternal que procuraba espacios de estacionamiento para mis amigos y aceptaba peticiones de oración por el clima y resultados de las elecciones, mientras dejaba que treinta mil niños murieran cada día por enfermedades evitables. En su lugar, me quedaba despierta en mi dormitorio durante la noche, suplicando al fantasma amorfo de una deidad que me salvara de mis dudas y me ayudara en mi incredulidad. Leer la Biblia solo empeoraba las cosas, despertaba más preguntas, más problemas para resolver. Las letras de las canciones de adoración en la capilla sabían a cenizas en mi boca. Sentía que la fe se me esfumaba.

"Te cubriste de nube —dice el autor de Lamentaciones— para que no pasase la oración nuestra" (Lamentaciones 3: 44, RVR1960).

Mientras que mis padres siempre le habían dado la bienvenida a las preguntas y a las discusiones, mis amigos y profesores diagnosticaban la crisis de fe como un acto deliberado de rebelión. Luego de graduarme, los rumores de mi supuesta apostasía circularon por la ciudad, y me encontré en listas de peticiones de oración de iglesias a las que ni siquiera asistía. Mi mejor amiga me escribió una carta en la que comparaba mis dudas con un hábito similar al de uso de drogas y en la que me explicó que necesitaba distanciarse de mí por un tiempo.

Todavía tengo alrededor de una docena de copias de *El caso de Cristo* guardadas en mi ático.

Nadie podía creer que Rachel Held —alguna vez una joven evangelista tan prometedora— estuviera perdiendo fe. Sus prescripciones no se hicieron esperar:

> "Los caminos de Dios son más altos que los nuestros. Necesitas dejar de hacer preguntas y solo confiar en él".
> "Debe haber algún pecado en tu vida haciendo que tambalees. Si te arrepientes, tus dudas se irán".
> "Debes evitar leer cualquier cosa que no sea la Biblia. Esos libros tuyos te llevan por mal camino".
> "Debes venir a mi iglesia".
> "Necesitas escuchar a Tim Keller".
> "Necesitas revisar tu orgullo, Rachel, y someterte a Dios".

(Si me dieran un centavo por cada vez que un hombre evangélico me informa que tengo problemas con la sumisión, ¡podría bañar la luna en cobre!)

Quedó cada vez más en claro que mis queridos cristianos no me querían escuchar ni lamentarse conmigo ni acompañarme a atravesar este camino de temor. Querían *arreglarme*. Querían darme cuerda como a un juguete pasado de moda y enviarme de vuelta al redil con una sonrisa pintada en mi rostro y pequeños platillos en mis manos.

Al mirar hacia atrás, sospecho que sus reacciones tienen que ver menos con el desdén sobre mi duda y más sobre el miedo sobre las suyas. Como mi madre trató de decirme un millón de veces, no estaban rechazándome por ser diferente, me estaban rechazando por ser familiar, por decir en voz alta todas esas inquietudes silenciosas que la mayoría de los cristianos mantienen escondidas en los rincones oscuros de sus corazones y prefieren no mencionar. Pero, como la mayoría de los veinteañeros, no escuché a mi madre y en su lugar abordé mi duda del mismo modo en que me había aproximado a mi fe: evangelísticamente. Donde percibía un mar calmado, convocaba una tormenta. Donde encontraba una familia feliz navegando con su fe, sacudía el bote. Donde la paz fluía como un río, me transformaba en Poseidón. Captan la idea, ¿no?

Estaba tan sola en mis preguntas y tan desesperada por algo de compañía, que traté de forzar a las personas que amaba para que dudaran conmigo. Traté de *hacerlos* entender. Esto probó ser masivamente molesto para aquellos amigos que preferían disfrutar de una cena y una película sin el componente de crisis existencial —es decir, básicamente todos. Por momentos fui imprudente y ensimismada y, como resultado, todavía estoy restaurando algunas relaciones.

Cómo extrañaba a Brian Ward. Él y Carrie se mudaron a Dallas, Texas, algunos años después de que me graduara de la escuela secundaria. Habían ido a servir en uno de los grupos de jóvenes más grandes del país, en una megaiglesia. Seguimos en contacto, y a través de nuestra correspondencia nos dimos cuenta de que nos estábamos haciendo muchas de las mismas preguntas y cosechando mucho del mismo infierno, pero en contextos diametralmente diferentes. Brian me envió unas recomendaciones de libros por correo electrónico y descubrí a N. T. Wright, Barbara Brown Taylor, Shane Claiborne, y Scot McKnight —sirenas insólitas llamando desde otro mundo en donde los cristianos podían dudar, aceptar la evolución, tener mujeres pastoras y oponerse a la guerra. Leí *Tal como el Jazz* y *A New Kind of Christian* [Un nuevo tipo de cristiano]. Una luz tenue se filtró por las grietas de mi fe maltrecha. Usé mucho la palabra *posmodernidad*.

"Deberías volver a Dayton y empezar una iglesia emergente", le dije un día a Brian, en un correo electrónico.

"No creas que no se me ha pasado por la cabeza", me respondió.

No era mucho, pero, en las mañanas de domingo cuando no podía reunir la voluntad suficiente para salir de la cama y trasladarme a los bancos de la iglesia, aquellas palabras trabajaban en mi cabeza como el agua sobre las piedras. Luego, me cubría la cabeza con las mantas y murmuraba algo sobre no sentirme bien antes de volver a dormirme.

……

Nada te trae de regreso a la iglesia como sentar cabeza. Conocí a Dan en el primer año de universidad, cuando nos encontramos sentados uno al lado del otro en la clase de Psicología 101 del Dr. Jim Coffield a las 9 a. m. (La verdad: nos "encontramos" sentados uno al lado del otro porque, durante un periodo de dos semanas, me acerqué poco a poco a este oriundo de Nueva Jersey de un metro con ochenta, pensando que no se daría cuenta de mi sutil migración a su lado. Lo notó).

Dan es hijo de un expastor, y sus padres se divorciaron cuando él era adolescente, lo cual es todo lo que necesitan saber para entender por qué no enloquece con un poco de turbulencia religiosa. Se movía por el mundo con la madurez paciente de alguien que ya ha ajustado sus expectativas, que ya sabe que la fe es algo que encaras un día a la vez y no algo que ya tienes resuelto desde el inicio. Salimos durante cuatro años, largos pero felices, y en el otoño luego de mi graduación nos casamos en la New Union Baptist Church, un establecimiento local que tenía un santuario lo suficientemente grande para la prolífica familia de Dan, proveniente de Jersey, y medio pueblo de Dayton. Casarme con Dan fue la mejor decisión que tomé, y si fuera la única misericordia de Dios para mí en esta vida, me basta.

Luego de asegurarnos trabajo en Dayton (Dan como técnico en el Bryan College y yo como reportera para el periódico local), regresamos a *Grace Bible Church*, donde todavía asistían mis padres y un puñado de amigos de la escuela secundaria y la universidad. La congregación era acogedora, comprometida y bien educada. Un grupo de niños elegantemente vestidos se perseguía por los pasillos después del culto del domingo por la mañana. Estas fueron las personas que organizaron nuestra despedida de solteros, bordaron nuestras toallas de mano y nos prestaron sus herramientas eléctricas. Sus iniciales están estampadas en la base de platos que aún no hemos devuelto y, su letra a mano, garabateada a la mitad de mis recetarios.

Estábamos, como ellos decían, "enchufados" a la iglesia. Estar enchufado a una iglesia es estar cableado en un sistema altamente coreografiado e interconectado de relaciones, programas y eventos que, juntos, producen una sociedad lo suficientemente compleja para organizar un desfile navideño decente. La función de uno en lo colectivo está determinada por su edad, género, y estatus marital/procreativo. Así que, como mujer joven, casada y sin hijos, mi trabajo era ser anfitriona de *baby showers*, codirigir un pequeño grupo de recién casados, preparar comida para los convites e informar a las personas que no tenían por qué pedir que Dan y yo formáramos una familia "en el tiempo perfecto de Dios".

He sido testigo de primera mano de cómo tal entramado puede obrar milagros: un mes de cenas para una madre sometida a quimioterapia, un camino de entrada lleno de hombres listos para transportar muebles en el momento en que llega la camioneta de mudanzas, veinticuatro horas de oración y visitas rotativas durante una cirugía complicada, alacenas completamente abastecidas para los viudos y horas de cuidado infantil gratuito para padres con dificultades. Estas son las señales y las maravillas cotidianas de una iglesia viva que respira; y son poderosas, importantes y reales. Sin embargo, para una mujer a la que la mera mención de un "té de damas" suscita un sudor nervioso, a veces estar *enchufada* se sentía un poco como estar siendo *asimilada*. En esta sociedad había reglas, particularmente para las mujeres, y yo todavía no había aprendido mi lección de evitar el tema de la condenación eterna en los *baby shower*, eventos que, ahora, inexplicablemente, se encontraban bajo mi cuidado. Estaba mejor equipada para guiar un estudio bíblico o una discusión teológica, pero esas cosas sucedían en los desayunos masculinos (porque, aparentemente, solo a los hombres les gustan la teología y los desayunos). Así que, en lugar de eso, construí pasteles con forma de pañales, preparé jugo y escuché a las mujeres intercambiar historias horribles y detalladas sobre el nacimiento antes de volverse hacia mí para soltar un: "Entonces, ¿para cuándo podemos esperar un bebé Evans?".

Los domingos por la noche, Dan y yo nos encontrábamos con un grupo de cinco o seis parejas en nuestra casa para discutir un libro de casamiento cristiano aprobado por la iglesia. Aunque las enseñanzas del libro sobre los roles tradicionales de género me hacían gruñir de vez en cuando, a aquellos de nosotros que habíamos estado casados durante una suma total de tres años nos brindaba suficientes iniciadores de conversación para dispensar nuestra sabiduría conyugal superior sobre aquellos que habían estado casados por menos de dos. Pero lo realmente divertido sucedía luego de la discusión: nuestros amigos más cercanos se quedaban a cocinar palomitas de maíz, jugar al póker, debatir sobre política y discutir todo tópico imaginable hasta que alguien se daba cuenta de que eran casi las 2 a. m.

Fue en estas horas tardías que formamos algunas de las amistades más importantes de nuestras vidas, esas que van más allá de la charlatanería y de las discusiones teológicas y llegan hasta el poder contarse la verdad cruda e inédita. Nos confesamos nuestros miedos más profundos y nuestras dudas más grandes. Especulamos sin fin sobre nuestros futuros y compartimos las alegrías y decepciones de los demás. Discutimos y nos disculpamos. Escupimos chocolate caliente a carcajadas en la cocina y vimos repeticiones de *Arrested Development*. Esta era nuestra comunión, nuestra confesión. Esta fue la iglesia que hizo que nuestra pequeña casa de tres dormitorios y dos baños se volviera tan espaciosa como una catedral. En compañía de estos amigos, las preguntas y dudas se confrontaban con simpatía, no con miedo. Nadie sentía la necesidad de corregir, entender o aprobar. Tan solo escuchábamos, y era sagrado.

Incluso después de que la mayoría de nuestro grupo se graduó de uno de los muchos cursos para familias jóvenes, varios continuaron apareciendo los domingos por la noche, mucho después de que la duración de sus matrimonios y el tamaño de sus familias los descalificaran de la categoría de "recién casados". Una vez que terminamos el libro, no nos molestamos en escoger otro. Tan solo hicimos la casa a prueba de bebés para que los niños pudieran correr e invertimos en fichas de póker más lindas. No estoy segura de si todavía calificábamos como un pequeño grupo oficial, pero los domingos por la noche teníamos iglesia.

Por el otro lado, los domingos a la mañana no estaban yendo del todo bien. Allí, mi duda iba a la iglesia como un tercer miembro de la familia, caminando detrás de mí con los puños cerrados y el cabello despeinado, haciendo rabietas después de cada broma política despreocupada o referencia casual al infierno. Durante la semana, apaciguaba mi duda con libros, trabajo y televisión; pero los domingos a la mañana, en el nuevo santuario con estilo contemporáneo de *Grace Bible Church*, la duda sacaba una silla y emitía sus comentarios sin cesar.

"América es una nación cristiana", decía el hombre en los anuncios.
¿Lo es?
"Aquellos que no conocen a Cristo se separan de Dios por la eternidad en el infierno", decía el pastor Doug.
¿Ah, sí?
"Si la Biblia es la Palabra inspirada de Dios entonces debemos aceptarla como un hecho histórico".
¿Debemos?
"Dios nos ha llamado a pavimentar el estacionamiento".
¿Lo hizo?

Todas las dudas con la que luchaba durante la semana eran dadas por sentadas los domingos a la mañana, aceptadas como hechos autoevidentes. Esto me desalineaba mucho más. Alrededor de mí, las personas asentían y levantaban sus manos mientras murmuraban "amén"; en simultáneo, yo me rabiaba internamente con su confianza y su aceptación bíblica de las mismas doctrinas que me mantenían despierta por las noches. Estaba rodeada de las personas que más me conocían y amaban en el mundo, y aun así era la hora más solitaria de mi semana. Me sentía una intrusa, una farsante.

Nunca pudimos predecir qué momento del servicio iría a gatillar una crisis total de fe. Una vez, fue el coro de niños cantando "Solo de Jesús la sangre" durante un especial de música.

"Seguro que no soy la única que piensa que es muy raro escuchar todas esas pequeñas voces cantar sobre ser limpios con el fluir de la sangre de alguien", murmuré, mientras nos escapábamos con Dan por la puerta doble.

En otra ocasión, fue una oración para que Dios concediera a nuestras tropas la victoria sobre sus enemigos en Irak.

"¿No piensas que los iraquíes están igual de convencidos de que Dios está de su lado?", suspiré.

A veces era solo el modo en que las personas charlaban en la antesala sobre "esos liberales", como si ser feminista, demócrata o metodista no tuviera parte en el cristianismo.

En general, era la suposición de que las mujeres no eran aptas para hablar desde el púlpito o pasar la cesta de las ofrendas las mañanas de domingos, pero sí eran bienvenidas para servir a los hombres con su pastel de limón para el picnic de la iglesia.

Y, cielos, Dan tenía que escuchar todo mi descargo en el viaje en auto de regreso a casa… y en el almuerzo… y en la tarde… y luego de que apagáramos las lámparas de nuestras mesitas de luz a la noche. Los domingos se estaban volviendo cada vez más difíciles para él también.

Una sofocante mañana de verano en la que nos despertamos tarde, con apenas tiempo suficiente para entrar al estacionamiento de la iglesia, notamos media docena de letreros rojos, blancos y azules que se asomaban de la franja de césped entre la carretera y el asfalto recién pavimentado. Rezaban "VOTE SÍ A LA UNO" en la parte de arriba y "Matrimonio = 1 Hombre + 1 Mujer" en la parte de abajo. En el medio, había una familia con figuras de palitos tomados de la mano.

Gruñí.

No es ningún secreto que la legislación del estado de Tennessee se ha mantenido ocupada durante la última década en la producción de montañas de leyes totalmente innecesarias designadas a proteger lo que se considera el grupo demográfico más amenazado del estado: cristianos evangélicos blancos. Un proyecto de ley quiso convertir la práctica del islam en un delito grave, punible con quince años de prisión. Otro buscó prohibirles a los maestros de secundaria que siquiera mencionaran las relaciones homosexuales entre sus estudiantes. El proyecto House 368 (hecho ley en 2012) alienta a los profesores de las escuelas públicas a "presentar la debilidad científica" de la evolución y el cambio climático. En 2013, los rumores de pánico entre los legisladores acerca de que las renovaciones del edificio del capitolio incluían la instalación de un "baño de pies musulmán" se aplacaron cuando se reveló que el accesorio en cuestión era, de hecho, un fregadero.[16]

Ese verano en particular, los legisladores de Tennessee estaban ocupados en reformar la constitución local para incluir una prohibición para el matrimonio igualitario. Las iglesias y las organizaciones conservadoras a lo largo del estado han organizado una campaña para recordar a los votantes que, si querían decirle no al matrimonio gay, necesitaban votar por sí a la propuesta uno y a la Tennessee Marriage Protection Amendment [Enmienda de Protección del Matrimonio de Tennessee]. Casi todas las iglesias de la ciudad tenían varios letreros en sus jardines y, ahora, la nuestra también.

"También podríamos colgar una pancarta en la puerta que diga 'No se permiten personas gay'", murmuré.

No tenía muchos amigos gay en ese momento. No había conocido a Andrew ni a mis amigos Justin, Jeffry, Mathew y Kimberly. No había reconectado aún con aquellos compañeros de clase de la secundaria que, antes de salir del clóset, se fueron tan lejos de Rhea County como pudieron. No estaba ni siquiera segura de qué pensaba sobre las relaciones entre personas del mismo sexo en ese punto de mi vida, pero no tenía ninguna intención de votar por una propuesta porque no veía de qué manera mis preocupaciones religiosas deberían influir en si mis conciudadanos disfrutaban de los mismos derechos y privilegios que yo tenía por ley. Cuando creces a pocos kilómetros de la Iglesia Bautista de la Calle 16 en Birmingham,[1] y cuando te mudas a una ciudad situada en el antiguo Sendero de las Lágrimas, donde un hombre fue procesado y multado por enseñar la evolución, te vuelves un poco

---

1 Esta iglesia sufrió un atentado terrorista supremacista blanco en 1963, donde cuatro miembros del Ku Klux Klan plantaron diecinueve cartuchos de dinamita. En el ataque murieron cuatro niñas y entre catorce y veintidós personas más resultaron heridas. (N. del T.)

sensible con las enmiendas constitucionales diseñadas para restringir los derechos en lugar de protegerlos. Seguro; la enmienda de protección del matrimonio de Tennessee sonaba una buena idea para mucha gente en ese momento, pero ¿cómo sonará en veinticinco, cincuenta o cien años? No estaba convencida de que estuviésemos en lo correcto.

Lo que más me preocupaba era la forma en que estos letreros brotaban como malas hierbas en cada césped de las iglesias del condado. Si los cristianos del este de Tennessee querían enviar el mensaje de que las personas gay y lesbianas no se sentirían a gusto ni bienvenidas en nuestras iglesias, que su identidad sería reducida a su orientación sexual y su personalidad a una amenaza política, entonces estoy segura de que habíamos hecho un gran trabajo comunicacional. Habíamos rodeado nuestras iglesias con un montón de figuras de familias que, con brazos unidos y sonrisas vacías, custodiaban nuestras casas de adoración como centuriones. Si querías ingresar, tenías que saber cuál era tu lugar en la cadena. Tenías que asimilarte.

Durante los anuncios, un hombre que no reconocí nos invitó a asistir a la reunión de la noche para discutir la "agenda homosexual radical en Estados Unidos y cómo los cristianos debían responder a ella". Escupió la palabra *homosexual* del mismo modo en que otros escupen *liberal*, *feminista* y *evolucionista*, y en ese momento se me ocurrió que, quizás, no era la única en haber llevado un huésped no invitado la mañana de domingo. En una congregación tan grande, había una buena probabilidad de que las mismas personas que este hombre consideraba una amenaza a nuestro gran estilo de vida no estuvieran *afuera*, sino más bien *adentro* —quizás visitando a la familia, tal vez retorciéndose de incomodidad con el grupo de jóvenes en la parte de atrás, tal vez cantando en la banda de adoración al frente. Cuán solitarias se deben sentir, cuán paralizadas. Sentada con mi Biblia en las manos, retorciendo nerviosa el señalador de seda entre mis dedos, me di cuenta de que, así como yo me sentaba en la iglesia con mi duda, había quienes estaban sentados en el mismo lugar con su sexualidad, su raza, su género, su depresión, su adicción, sus preguntas, sus miedos, su pasado, su infertilidad, su desorden alimenticio, su diagnóstico de enfermedad, su renta perdida, el desastre de su matrimonio, sus pecados, su vergüenza, y todas las cosas que nos siguen a la iglesia el domingo por la mañana pero que no nos atrevemos a nombrar.

Las palabras del poema de Anne Sexton, "Pascua Protestante", flotaban en mi cerebro:

Jesús estaba en la Cruz.
Después de eso le pusieron clavos en las manos con un martillo.
Después de eso, bueno, después de eso,
todos llevaban sombrero.[17]

Y sonrisas. Y máscaras. Y tipografías fuertes.

No dejé de ir a la iglesia luego de la campaña "voten sí a la uno", pero sí dejé de estar presente. Me asustaba hablar en apoyo a las personas LGBTQ, así que ignoré mi consciencia y lo dejé ir. Jugué mi rol como buena chica cristiana y le ahorré a todos el drama de discutirlo. Sin embargo, la decisión de permanecer en silencio me partió por la mitad. Me convenció de que no podría ser yo misma en la iglesia, de que tenía que dejar mi corazón y mente en la puerta. Lamenté esa decisión por muchas razones, pero sobre todo porque a veces pienso que hubiese tenido una audiencia considerable. A veces creo que mi iglesia me hubiera amado a través del desacuerdo si solo hubiera sido lo suficientemente audaz para pedirles que lo hagan. Como en un matrimonio difícil, mi relación con la iglesia se hundió bajo el peso de años de suposiciones silenciosas. Así que me fui, primero en espíritu, luego en cuerpo. Cuando nuestros amigos más cercanos de las reuniones de los domingos por la noche se mudaron a California, nuestro interés en los eventos sociales comenzó a disminuir. Luego de algunos meses, Dan y yo empezamos a usar los domingos por la mañana para dormir.

Quizás no es ninguna coincidencia que descubriera el blog para la misma época y, junto con ello, toda una comunidad de personas de todas partes del mundo que me devolvieron la sonrisa en los pequeños avatares de la sección de comentarios y me otorgaron, como regalos envueltos en papel delicado, dos palabras muy poderosas: *yo también*. Resulta que no era la única que luchaba con la duda. No era la única que cuestionaba la posición de mi iglesia con respecto a la homosexualidad, los roles de género y toda una serie de otros asuntos. No era la única que se sentía sola los domingos por la mañana.

Claro que escribir estas cosas en un blog significaba poner de manifiesto mis opiniones impopulares como sujetadores rojos en un tendedero, lo que significaba esparcir un mal rumor, solo que amplificado. Me volví un tópico recurrente de conversación en las clases dominicales a las que no asistía (o así me dijeron). El rumor de que estaba cuestionando la inerrancia bíblica les llegó a mis padres. Recibí un mensaje de Facebook de una amiga que había escuchado de alguien, que había escuchado de alguien más, que me había hecho budista.

"¿Budista? —le contesté— No soy lo suficientemente disciplinada para ser budista".

"Orando por ti" es todo lo que recibí como respuesta.

Ahora, el pastor Doug hacía espacio en nuestra iglesia para las diferencias, la tensión, la diversidad y la gracia. Hacía lugar en su calendario para los ancianos y jóvenes, ricos y pobres, educados y no educados. Para aquellos que acordaban con él y para aquellos que no. Sin embargo, el pastor Doug no tenía espacio para el chisme. Simplemente no tenía paciencia para ello. Cuando una pareja prominente en la congregación anunció su divorcio y los susurros sobre los detalles se precipitaban por todo el pueblo como una inundación repentina, el pastor Doug se paró ante la congregación y, en un raro momento de franqueza contundente, nos dio órdenes directas: "Más oración. Menos charla". En lo que a Dan y a mí nos concierne, esto lo hacía un héroe.

Fiel a su carácter, el pastor Doug nos invitó a su oficina un día de la semana para discutir, en persona, nuestra llamativa partida. Cometimos algunos errores al dejar nuestra iglesia, pero quizás el más grande fue tratar de cerrar despacio la puerta trasera al salir. Pensamos que le estábamos haciendo un favor a todos al evitar un conflicto potencial, pero mis pastores amigos me dijeron que eso es como romper con un alguien dejando de devolverle las llamadas. Luego de quince años, le debía a mi iglesia una charla seria.

Luego de una conversación trivial extraña, el pastor Doug nos dijo que nos echaba de menos, pero que entendía que, a veces, cuando la fe de las personas cambia, también debe hacerlo su iglesia. Nos sentamos en las sillas gemelas frente a su escritorio, Dan tamborileaba sus dedos en sus rodillas mientras yo miraba la alfombra y trataba de no llorar. (Dan, dicho sea de paso, había estado lidiando con estas mismas dudas durante años, solo que con su característica falta de fanfarria). Alrededor de nosotros, las bibliotecas llenas de estantes con libros de comentarios y devocionales parecían llegar hasta el techo. Habíamos recibido asesoramiento matrimonial en esta oficina. Una vez, me escondí detrás de la puerta, durante uno de esos retiros cuando el grupo de jóvenes jugaba sardinas.

Cuando el pastor Doug me preguntó si había algo en específico a lo que pudiera hacer referencia, nos enfocamos en la declaración de catorce puntos doctrinales de la iglesia, que requería una firma para ser miembros plenos. Había sido idea de Dan empezar con algo concreto, algo en papel que pudiéramos delinear y nombrar. La *creencia*, después de todo, es el lenguaje del evangelicalismo. No el sacramento. No el espíritu. No la liturgia. No la tradición. No el discipulado. La *creencia*. Se nos había enseñado toda nuestra vida que era nuestra creencia compartida la que nos mantenía en esa comunidad de fe, así que simplemente asumimos que la diferencia de creencias nos dejaba al margen de ella.

Esto llevó a algo de discusión sobre qué significaba exactamente "inerrancia de las escrituras originales", "juicio y castigo eterno", y "el acto de creación como se relata en el libro de Génesis". Planteé algunas preocupaciones sobre la política de la iglesia en liderazgo femenino, que el pastor Doug confirmó, que impedía a las mujeres el liderazgo pastoral y la predicación. Nunca hablamos de todo el asunto de "voten por si a la uno". Discutimos nuestra despedida como si estuviéramos haciéndolo sobre los términos de un contrato que ya no podíamos firmar.

Cuando el sol entró fuerte y dorado a través de las persianas, supimos que era hora de irse. Dije algo sobre que necesitábamos espacio para resolver las cosas. Dan dijo algo sobre apreciar todo lo que la iglesia había hecho por nosotros a lo largo de los años. El pastor Doug, con el brillo de una lágrima en sus ojos, dijo que siempre seríamos bienvenidos en esta iglesia. *Siempre*.

Mientras caminábamos en silencio de regreso al auto, supe que no regresaríamos, al menos no como habituales. Dan sujetó mi mano, y sentí su tristeza también.

Tengo amigos que lucharon durante años para desenredarse de las iglesias autoritarias y abusivas, donde fueron públicamente avergonzados por hacer preguntas y pensar por sí mismos. Sé de otros que fueron echados por divorciarse o por ser gay. Esas son historias importantes para contar, pero no son mías. No tengo heridas graves para reportar, ninguna cicatriz profunda para revelar. Abandoné una iglesia de personas amables y generosas porque no podía pretender creer cosas en las que ya no creía, porque sabía que, sin importar cuan duro intentara, no podía ser como el dibujo de la mujer en el letrero de "vote por sí a la uno", parado como guardia en frente de las puertas. No quería serlo.

Cruzamos por el estacionamiento, que todavía olía a asfalto fresco, y nos arrastramos a la seguridad de nuestro auto. En cuanto las puertas se cerraron, apoyé la cabeza en mis manos y lloré, sobresaltada hasta las lágrimas por el egoísmo de mis propios pensamientos:

¿Quién traerá las fuentes de comida cuando tengamos un bebé?

NUEVE

ROPA SUCIA

Las iglesias deberían ser el lugar más honesto en el pueblo, no el más feliz del pueblo.
—Walter Brueggermann

En muchas iglesias, la hora más santa de la semana no ocurre en el santuario los domingos por la mañana sino en el sótano los martes por la noche, cuando un grupo desigual de directores ejecutivos y madres solteras, habitantes de los suburbios y veteranos sin hogar comparten la comunión de café fuerte y pasteles secos, y se involucran en el acto sagrado de decirse la verdad unos a otros.

Admiten su impotencia y dependencia. Llevan a cabo "inventarios osados y minuciosos" de ellos mismos. Se confiesan a Dios, a ellos mismos, y entre ellos, la naturaleza exacta de sus equivocaciones. Piden ayuda. Y bajo el parpadeo de las luces fluorescentes, entre lágrimas, toses nerviosas y el tenue olor a humo de cigarrillo, reúnen el coraje para exponer su oscuridad a la luz: "Mi nombre es Jeremy, y soy alcohólico".

He escuchado a muchos alcohólicos en recuperación decir que nunca encontraron una iglesia como Alcohólicos Anónimos. Nunca han encontrado una comunidad de personas tan honestas sobre su dolor, tan unidas en su quebrantamiento compartido.

"La marca particular de amor y lealtad que parece fluir tan fácilmente [en los encuentros de recuperación] no fue como nada que haya experimentado, dentro o fuera de la iglesia —dice Heather Kopp en sus memorias de cómo se mantuvo sobria—. Pero ¿cómo puede suceder algo así? ¿Cómo pudo un grupo de adictos y alcohólicos crear el tipo de compañerismo íntimo que muchos de mis grupos cristianos intentaron en vano? Pasarían muchos meses antes de que entendiera que las personas conectan más profundamente al compartir su quebranto que al compartir sus creencias".[18]

El otro día me preguntaron en la radio por qué todavía era cristiana. Dado que nunca he tenido reparos en escribir mis cuestionamientos, el conductor quería saber por qué aún me aferro a mi fe.

Hablé sobre Jesús —su vida, enseñanzas, muerte, resurrección y su presencia en mi vida y en el mundo. Hablé sobre cómo mi fe siempre es un riesgo y cómo la historia de Jesús es una por la que estoy dispuesta a correr el riesgo de equivocarme. Y luego dije algo que me sorprendió un poco, incluso mientras las palabras salían de mi boca.

"Soy cristiana —dije— porque el cristianismo nombra y aborda el pecado. Reconoce la realidad de que el pecado que observamos en el mundo también está presente en nosotros mismos. Me dice la verdad sobre la condición humana: no estamos bien".

"Por eso, confiésense unos a otros sus pecados, y oren unos por otros, para que sean sanados", instruyó Santiago, el hermano de Jesús (Santiago 5: 16). En el mejor de los casos, la iglesia funciona como un grupo de recuperación, un lugar seguro donde un conjunto de personas imperfectas que luchan se reúnen para hablar verdades difíciles entre sí. A veces, la verdad es que hemos pecado como individuos. A veces, es que hemos pecado corporativamente, como personas. A veces, que nos está lastimando el pecado de otra persona o algunas fuerzas más allá de nuestro control. A veces, la verdad es que estamos lastimados, y ni siquiera sabemos por qué.

La práctica de la confesión nos da la oportunidad de admitirnos mutuamente que no estamos bien, y luego buscar sanación y reconciliación juntos, en comunidad. Nadie tiene que ir primero. En cambio, tomamos una buena respiración y empezamos a la vez con la oración de confesión:

Dios de misericordia,
confesamos que hemos pecado contra ti
por pensamiento, palabra y obra,
por lo que hemos hecho

y lo que hemos dejado de hacer.
No te hemos amado con todo el corazón;
no hemos amado a nuestro prójimo como a nosotros mismos.
Sincera y humildemente nos arrepentimos.
Por el amor de tu Hijo Jesucristo,
ten piedad de nosotros y perdónanos;
así tu voluntad será nuestra alegría
y andaremos por tus caminos,
para gloria de tu Nombre.
Amén.[19]

El *Confiteor* luterano lo hace aún más personal:

Confieso a Dios Todopoderoso,
ante toda la compañía del
cielo y ante ustedes, mis hermanos
y hermanas, que he pecado de
pensamiento, palabra y obra
por mi culpa, por mi propia culpa,
por mi más grave culpa;
por tanto, ruego al Dios Todopoderoso
que tenga misericordia de mí, que me
perdone todos mis pecados y me lleve a
la vida eterna.
Amén.[20]

Estas oraciones osadas son solo el comienzo. Como la introducción a las reuniones de AA, nos ecualizan. Nos recuerdan que todos nos movemos por el mundo en el mismo estado —rotos y amados— y que estamos en necesidad de sanación y gracia. Nos animan a confesarnos unos a otros no solo nuestros pecados, sino también nuestros miedos, nuestras dudas, nuestras preguntas, nuestras heridas y nuestro dolor. Nos dan permiso de empezar a contarnos la verdad, y de creer que este modo extraño de vivir es la única forma de liberarnos unos a otros.

Entonces, ¿por qué las iglesias se parecen más a un club de campo que a AA? ¿Por qué murmuramos a través de confesiones memorizadas y luego conjuramos las sonrisas plásticas de Barbie y Ken mientras nos miramos el uno al otro para pasar la paz? ¿Qué nos hace intercambiar complacencias —"¡Todo bien! ¿Y tú?"— mientras socializamos debajo de una cruz sobre la que cuelga un hombre golpeado, casi desnudo, que sufre públicamente por nosotros?

Sospecho que este hábito proviene del mismo impulso que me dijo que debería bajar unos kilos *antes* de ir al gimnasio (para no avergonzarme frente a la gente en forma); el mismo impulso que impidió que mi madre contratara un ama de llaves al sentirse obligada a limpiar el baño *antes* de que llegara (para no exponer al mundo la abominación de un desagüe de ducha atascado); el mismo al que Nadia se refiere como la "larga y rica tradición cristiana que en latín se llama 'fingir totalmente'".[21]

La verdad es que pensamos que la iglesia es para personas que viven en la imagen "del después". Pensamos que es para sacar fotos espirituales en Instagram y hacer la mejor de nuestras actuaciones. Pensamos que la iglesia es para los sanos, aunque Jesús nos haya dicho una y otra vez que vino a ministrar a los enfermos. Pensamos que la iglesia es para personas *buenas*, no para personas *resucitadas*.

Entonces, fingimos. Pretendemos que no necesitamos ayuda y actuamos como si no tuviésemos miedo, aunque jamás una reunión de AA decente empezaría con un "Hola, mi nombre es Rachel y ya tengo todo resuelto".

Dietrich Bonhoeffer observó este mismo fenómeno en el seminario subterráneo en donde servía durante su protesta contra la Alemania nazi:

> Quedarse a solas con el propio pecado es quedarse completamente solo. Puede ser que, a pesar del culto en común, la oración en común y la comunión en el servicio, haya cristianos que permanezcan solos, sin llegar a formar realmente comunidad. ¿Por qué? Porque si bien están dispuestos a formar parte de una comunidad de creyentes, de gente pia-

dosa, no lo están para formar una comunidad de impíos y pecadores. La comunidad piadosa, en efecto, no permite a nadie ser pecador. Por esta razón cada uno se ve obligado a ocultar su pecado a sí mismo y a la comunidad. No nos está permitido ser pecadores, y muchos cristianos se horrorizarían si de pronto descubriesen entre ellos un auténtico pecador. Por eso optamos por quedarnos solos con nuestro pecado, a costa de vivir en mentira e hipocresía; porque, aunque nos cueste reconocerlo, ¡*somos* efectivamente pecadores![22]

Mi madre solía decirme que no éramos el tipo de personas que "sacan los trapos al sol". Lo que quería decir era que las buenas chicas sureñas no iban por la vida hablando de sus problemas o divulgando sus secretos (solo puedo asumir que es por algún correctivo divino que su hija resultó ser bloguera). Pero este es un idioma cultural, no cristiano. Los cristianos no podemos pasar nuestras vidas por la lavadora antes de ir a la iglesia. Venimos como somos —sin escondernos, sin actuar, sin miedo. Venimos con nuestro materialismo, orgullo, ofensas lastimosas contra nuestro vecino, desdén hipócrita por aquellas personas juzgadoras de la iglesia de al lado. Venimos con nuestro miedo a la muerte, la desesperación por ser amados, matrimonios con problemas, dudas persistentes, preocupación con el estatus y la imagen. Venimos con nuestras adicciones —a sustancias, al trabajo, a la validación, al control, a la comida. Venimos con nuestras diferencias, ya sean políticas, teológicas, raciales o socioeconómicas. Venimos en búsqueda de un santuario, un lugar seguro para deshacernos de las máscaras y exhalar. Venimos a sacar los trapos ante Dios y la comunidad porque, cuando lo hacemos juntos, no tenemos por qué tener miedo.

Mi amiga Kathy Escobar pasó muchos años escalando a la cima del liderazgo en una megaiglesia de Denver antes de cambiar una vida de éxito religioso por lo que llama una vida de "movilidad descendente", inspirada en la humildad y pobreza de Cristo. Como consejera, Kathy se había encontrado con cristianos que mantenían escondidas de la iglesia sus batallas contra el dolor y la depresión, así que ayudó a fundar y pastorear The Refuge [El Refugio], una comunidad de fe ecléctica y en crecimiento en Denver, inspirada en las bienaventuranzas y en el programa de doce pasos de AA.

Kathy descubrió que cuando una iglesia funciona más como un grupo de recuperación que como una organización religiosa, cuando se compromete a practicar "la honestidad en aras de la restauración", aparecen todo tipo de personas inesperadas.

"Personas que reciben $600 por discapacidad en la salud mental y nunca se graduaron de la escuela secundaria se juntan con amigos que tienen títulos universitarios y ganan $6000 —dijo sobre El Refugio—. Madres suburbanas están construyendo relaciones con adictos. Personas de trasfondos cristianos fundamentalistas entablan relaciones con gente de trasfondos paganos... Huérfanos, marginados, prostitutas, pastores, madres y padres solteros, personas con Síndrome del Quemado a causa de las iglesias, y todo lo que haya entre medio, se enredan entre sí... Es salvaje".[23]

Kathy, que se describe a sí misma como un bicho raro del perfeccionismo y el control en recuperación, no romantiza el proceso. Admite que la sanación sucede a un ritmo lento y que, tanta diversidad, a menudo lleva a momentos incómodos y dramáticos. No es exactamente lo que se dice un lugar cómodo —"La gente no van a la iglesia esperando ser incomodada", dice, riendo— pero a través de El Refugio ella ha experimentado misericordia, gracia, amor y sanación como nunca antes. Dice que nunca volvería a la vida de "movilidad en ascenso".

En lugar de jactarse de una declaración doctrinal, El Refugio extiende una invitación:

El Refugio es un centro misionero y una comunidad cristiana dedicada a ayudar a las personas dañadas y hambrientas a encontrar fe, esperanza y dignidad juntos.

Nos encanta organizar fiestas, contar historias, encontrar esperanza y practicar los caminos de Jesús lo mejor que podemos.

Estamos dañados o hambrientos por igual, a la manera de cada uno.

Nos encontramos en lugares diferentes de nuestro viaje, pero compartimos una historia guía, un drama épico y arrebatador llamado la Biblia.
Encontramos fe mientras seguimos a Jesús y compartimos la voluntad de luchar honestamente con Dios y con
nuestras preguntas y dudas.
Encontramos dignidad como portadores de la imagen de Dios y nos esforzamos por invocar esa dignidad entre nosotros.
Todos recibimos, todos damos.
Somos ancianos, jóvenes, pobres, ricos, conservadores,
liberales, solteros, casados, homosexuales, heterosexuales, evangélicos, progresistas, excelentes académicos, sin educación, seguros, dubitativos, lastimadores, perseverantes.
Aun así, el amor de Cristo nos une en nuestras diferencias.
En El Refugio todos están a salvo, pero nadie se siente cómodo.[24]

Imagina que cada iglesia se volviera un lugar donde todos estuvieran a salvo, pero nadie se sintiera cómodo. Imagina que cada iglesia se volviera un lugar donde nos dijéramos la verdad. Podríamos crear un santuario.

CONFESIÓN

DIEZ

LO QUE HEMOS HECHO

> … *Si lo que se libera en la tierra será liberado en lo alto,*
> *es un infierno de cielo al que debemos ir cuando morimos.*
> —*Josh Ritter*

Trescientos años después de que Jesús murió en una cruz romana, el emperador Teodosio hizo al cristianismo la religión oficial del imperio romano. Los cristianos, que una vez habían sido perseguidos por el Imperio, se convirtieron en Imperio, y aquellos que una vez negaron la espada, empuñaron la espada contra sus vecinos. Los templos paganos fueron destruidos, sus patronos forzados a convertirse al cristianismo o morir. Los cristianos cuyos ancestros habían sido martirizados en combates de gladiadores ahora atendían a los juegos, vitoreando el derramamiento de sangre.

Señor, ten piedad. Cristo, ten piedad.

El 5 de julio de 1099, los cristianos cruzados sitian Jerusalén, en ese entonces ocupada por los moros. Encuentran una brecha en el muro y toman la ciudad. Declarando "¡Es la voluntad de Dios!" matan a todo defensor a su camino y destrozan los cuerpos de bebés indefensos contra las rocas. Cuando llegan a la sinagoga donde muchos de los judíos de la ciudad se habían refugiado, prenden fuego el edificio con las personas adentro. Un testigo ocular reportó que, en el pórtico de Salomón, los caballos nadaban en sangre.

Señor, ten piedad. Cristo, ten piedad.

A través de una serie de siglos de inquisiciones que se extendieron por toda Europa, cientos de miles de personas, muchas de ellas mujeres acusadas de brujería, fueron torturadas por los líderes religiosos encargados de proteger a la iglesia de herejía. Sus instrumentos de tortura, diseñados para infligir dolor lentamente por desmembramiento o dislocación del cuerpo, cobraron nombres como "desgarrador de senos", "aplastador de cabezas" y "silla de judas". Muchos estaban inscriptos con la frase *Soli Deo Gloria*, "Solo a Dios sea la gloria".

Señor, ten piedad. Cristo, ten piedad.

En un libro titulado *Sobre los judíos y sus mentiras*, el reformador Martín Lutero alentó a que los líderes cívicos quemaran sinagogas judías, echaran a los judíos de sus tierras, y asesinaran a aquellos que continuaban practicando su fe dentro del territorio cristiano. "Los gobernantes deben actuar como un buen médico que, cuando la gangrena ha comenzado, procede sin piedad a cortar, aserrar y quemar carne, venas, huesos y médula", escribió. Los escritos de Lutero luego fueron usados por los oficiales alemanes como justificación religiosa del holocausto.

Señor, ten piedad. Cristo, ten piedad.

Al comparar sus conquistas con la derrota de Canaán por parte de Josué, los cristianos europeos llevaron al Nuevo Mundo la violación, la violencia, el saqueo y la esclavitud, donde cientos de miles de nativos fueron esclavizados o asesinados. Se dice que a un jefe de las tribus de la isla de La Española se le dio la oportunidad de convertirse al cristianismo antes de ser ejecutado, pero este respondió que, si el cielo era el lugar al que los cristianos iban cuando morían, era mejor ir al infierno.

Señor, ten piedad. Cristo, ten piedad.

Luego de que los puritanos diezmaran a la tribu Pequot en 1637, el capitán John Underhill explicó: "A veces la Escritura declara que la mujer y el niño deben perecer con sus padres… Tenemos suficiente luz de la Palabra de Dios para nuestros procedimientos".[25]

Señor, ten piedad. Cristo, ten piedad.

En 1938, el gobierno de los Estados Unidos, bajo el liderazgo de Andrew Jackson, sacó a la fuerza a más de dieciséis mil personas cherokee de sus hogares en Tennessee, Alabama y Carolina del Norte. Miles murieron de frío, hambre y agotamiento en su viaje al oeste —lo que ahora se conoce como el Sendero de las Lágrimas— e incluso más perecieron como resultado de su reubicación. En su discurso de despedida, Jackson declaró ante los ciudadanos: "La Providencia ha derramado innumerables bendiciones sobre esta tierra favorecida y los ha elegido como guardianes de la libertad... Que el que tiene en sus manos los destinos de las naciones los haga merecedores de los favores que les ha concedido".

Señor, ten piedad. Cristo, ten piedad.

En los años que precedieron a la Guerra Civil en Estados Unidos, los ministros cristianos escribieron casi la mitad de todas las defensas a la esclavitud. En 1862, el pastor metodista J. W. Ticker le dijo a una audiencia confederada: "Su causa es la causa de Dios, la causa de Cristo, de la humanidad. Es un conflicto entre la verdad y el error —entre la Biblia y la infidelidad del norte—, entre el cristianismo puro y el fanatismo".[26] Las divisiones sobre la moralidad de la esclavitud separó a las denominaciones bautistas y metodistas de Estados Unidos en dos.

Señor, ten piedad. Cristo, ten piedad.

El segundo día del encarcelamiento de Martin Luther King Jr. en una cárcel de Birmingham, un guardia le entregó una copia del periódico matutino. Bajo la tenue luz de su celda, King leyó las grandes letras en negro que encabezaban la segunda página: CLÉRIGO BLANCO INSTA A LOS NEGROS LOCALES A QUE SE RETIREN DE LAS PROTESTAS. Era el sábado anterior a pascuas, el mismo día en que Jesús yacía sepultado en la tumba.

Señor, ten piedad. Cristo, ten piedad.

En 1982, el presidente de la Universidad Bob Jones defendió la política de la institución (es una universidad cristiana), que prohibía las citas interraciales, y le dijo a un periodista que "la Biblia enseña claramente, empezando en el décimo capítulo de Génesis y de ahí en adelante... [sobre] las diferencias que Dios ha puesto entre las personas de la tierra con el fin de mantener a la tierra dividida".[27] Cuando la corte suprema castigó a la institución por esta actitud y falló en contra de la exención de impuestos de la universidad, la administración de Bob Jones se negó a revertir su política y, en cambio, pagó un millón de dólares en impuestos retroactivos. La política permaneció intacta hasta el año 2000.

Señor, ten piedad. Cristo, ten piedad.

En 2013, el parlamento de Uganda pasó un proyecto de ley en el que se criminalizaba la homosexualidad con sentencia a cárcel de por vida. El legislador detrás del proyecto, David Bahati, les dijo a los medios: "Porque somos una nación temerosa de Dios, valoramos la vida de modo holístico. Es por esos valores que los miembros del parlamento aprobaron este proyecto…".[28] Se dice que la legislación fue influenciada por misioneros cristianos evangélicos en África.

Señor, ten piedad. Cristo, ten piedad.

......

Por Ambrosio, que desafió al imperio al bloquear la puerta de su iglesia hasta que el emperador Teodosio se arrepintiera de su violencia, *damos gracias.*

Por los padres y madres del desierto que huyeron de la violencia y el exceso del imperio para inspirar a las generaciones a vivir de manera más simple y deliberada, *damos gracias.*

Por John Huss, quien habló en contra de la venta de indulgencias de la iglesia, protestó contra las Cruzadas y fue quemado en la hoguera por obedecer su conciencia, *damos gracias.*

Por Teresa de Ávila, que superó la oposición aristócrata y eclesial para avanzar en reformas monásticas radicales, *damos gracias.*

Por Pedro Claver, el sacerdote jesuita que dedicó su vida a servir a los esclavos afrodescendientes de Colombia, especialmente a aquellos que sufrían de lepra y viruela traídas por sus conquistadores, *damos gracias.*

Por Anne Hutchinson, que sabía que era ilegal enseñar la Biblia a las mujeres en Massachusetts Bay Colony, pero lo hizo de todos modos, *damos gracias.*

Por William Wilberforce, que canalizó su fervor evangélico en abolir la esclavitud en el Imperio Británico, jurando "nunca, nunca desistiremos hasta que hayamos borrado este escándalo del nombre cristiano",[29] *damos gracias.*

Por Sojourner Truth, que proclamó su propia humanidad en una cultura que no la reconocía, *damos gracias.*

Por Maximilian Kolbe, el sacerdote franciscano que se ofreció para morir en lugar de un extraño judío en Auschwitz, *damos gracias.*

Por los pastores, negros y blancos, que entrelazaron sus brazos con Martin Luther King Jr. y marcharon en Washington, *damos gracias.*

Por Rosa Parks, que se quedó en su asiento, *damos gracias.*

Por todos los que hicieron lo correcto incluso cuando era difícil, *damos gracias.*

......

Restáuranos, buen Señor, y aparta tu ira de nosotros;
Escúchanos con tu favor, porque grande es tu misericordia.
Cumple en nosotros la obra de tu salvación,
A fin de que manifestemos tu gloria en el mundo.
Por la cruz y pasión de tu Hijo, nuestro Señor,
Llévanos con todos tus santos al gozo de su resurrección.[30]

ONCE

Meet the Press[2]

Rasca en cualquier cínico y encontrarás a un idealista decepcionado.
—George Carlin

Durante los primeros meses luego de dejar la iglesia, Dan y yo pasamos las mañanas de los domingos haciendo exactamente lo que nos habían dicho que todos los demás paganos hacían el primer día de la semana: dormir hasta tarde, hacer panqueques y beber café tostado oscuro especial mientras veíamos *Meet the Press* en pijamas. Estábamos a un crucigrama del *New York Times* de distancia del nirvana liberal, y era maravilloso.

He conocido a muchos cristianos que dicen que tienen que dejar la iglesia para descubrir el *Sabbath*. En efecto, desconectarte de una iglesia puede tener el mismo efecto que desconectarte de Internet o de un trabajo demandante. De repente, los días parecen más largos, llenos y saturados de color. Es como salir de un espacio demasiado pequeño y volver a tomar aire fresco o como bajar las ventanillas en una carretera abierta y dejar que el viento te arruine el pelo. Realizas caminatas y exploras nuevas prácticas espirituales que incluyen rosarios y meditación. Hablas de cómo los robles son tu catedral, la madreselva tu incienso, y el sonido del río sobre las rocas tu himno. Consideras la idea de emprender un nuevo pasatiempo —origami, quizás, o yoga— y retomar poesía. Esto dura unas buenas tres semanas, hasta que una mañana decides darle una oportunidad a *Battlestar Galactia* en Netflix y te das cuenta de que es la hora de la cena y ni siquiera te pusiste el sostén. Las cosas pueden evolucionar bastante rápido.

---

2 Meet the Press [Conozcan a la Prensa] es un programa de entrevistas a figuras públicas que hacen noticias, establecen la agenda política y destacan el impacto que la toma de decisiones en Washington tiene en los estadounidenses. (N. del T.)

Al principio, en un esfuerzo por mantener nuestro ausentismo de la cadena de oración, me ponía falda y tacones antes de dirigirme a la tienda un domingo, solo en caso de que me cruzara con alguien de *Grace Bible Church* y necesitara lucir como si viniera de otra iglesia imaginaria a la que estábamos asistiendo. La gente se preocupa cuando una deja su iglesia; se vuelven francamente jueces cuando no te molestas en elegir una nueva. Detrás de todas las sonrisas almidonadas y las preguntas amables, vi los mismos prejuicios que una vez tuve contra los que no asisten a ninguna iglesia, personas que asumí como demasiado perezosas, ocupadas y egocéntricas como para preocuparse por Dios. Eventualmente, aprendí a hacer mis compras entre las 10 y las 11 a. m., justo entre las horas de iglesia. Cuando encuentras una cara familiar en la línea de compras es como descubrir a alguien con los ojos abiertos durante la oración. Te atraparon.

En ese momento, el tráfico del blog había aumentado, así que cuando me armé de valor para escribir sobre dejar la iglesia, mucha gente respondió:

"Recientemente, también dejé la congregación… Para mí, el factor culminante fue cuando me dijeron que ya no podía servir en el ministerio que repartía alimentos para personas sin hogar y pobres de nuestra comunidad porque había escrito una carta al editor de un periódico en apoyo al matrimonio igualitario".
—Leslie

"Todavía voy porque a mi familia le gusta la camaradería, pero mentalmente ya me fui hace años. Las razones para hacerlo fueron: el uso del miedo para motivar a las personas a que actúen y para mantenerlas a raya; las dudas no se discutían… nadie compartía sus propias batallas personales y, si alguien lo hacía alguna vez, se convertían en el tema candente de los rumores de la iglesia; después de escuchar el sermón, tenía más dudas de la existencia de Dios que antes".
—Rick

"Dejé la iglesia porque se me enseñó desde una edad muy temprana que yo era una abominación y debería ser asesinado. En mi adolescencia, traté de matarme dos veces porque sentí que Dios no me amaría ni me aceptaría tal como nací".

—Tim

"Me fui porque me cansé de escuchar '¿Qué parte de tu diario vivir no está bien con Dios?', como buscando una razón a la enfermedad crónica que sufría".

—Beth

"Me fui por tantas razones… pero la noche que tomamos la decisión definitiva, mi esposo miró a nuestra pequeña hija recién nacida que dormía en mis brazos y dijo: 'No quiero que conozca al Dios con el que crecimos, el que la iglesia en general predica. No quiero que crezca con la misma mierda que nosotros. Quiero que conozca a Dios, pero no a ese Dios. Nunca jamás a ese Dios'".

—C. J.

"Me fui porque un ministro del púlpito me acosaba repetidamente mientras una congregación entera miraba para otro lado".

—Kate

"La razón por la que los veinteañeros estamos dejando la iglesia es por la mentalidad de consumo. 'Todo se trata de mí', 'me voy porque me sentí de esta manera o de esta otra'. ¡La iglesia no se trata de ti! Se trata de adorar a Jesús… En lugar de ser consumidores, vamos a la iglesia a preguntar qué podemos darle a Jesús por todo lo que él nos ha dado".

—Dustin

"Solo he visto a una persona en todos los comentarios mencionar la razón por la que vamos a la iglesia: para glorificar a Dios… No es algo fácil de escuchar, porque en nuestra cultura e iglesia occidentales estamos saturados con querer las cosas 'a mi manera', cuando lo que realmente importa es que Dios se salga con la suya".

—Matthew

"Nos quedamos por Juan, que ora por mi familia todos los días... y por los Smith, que apadrinaron el grupo de la escuela secundaria de mi esposo hace cuarenta años y todavía oran por nosotros... y Marilynee, que me da un billete de cinco dólares el domingo porque estamos en el ministerio... y Brooks, que tiene una discapacidad en su desarrollo y ama sentarse al frente, en el medio, y disfruta cantar... El resto me vuelve loca, pero ¿dónde más sucederían cosas como estas?".

—Carolyn

"Como pastor, voy a la iglesia porque se me paga para estar allí. Tengo miedo de decirle a alguien que dentro de mí, en lo profundo, no estoy seguro de creer en Dios".

—Anónimo

Mientras continuaba entablando conversaciones como estas, llegué a ver cuánta tensión y malos entendidos pueden existir entre los de la iglesia y los que no están en la iglesia. Particularmente, estamos poco familiarizados con las historias de los demás. Para la gente de iglesia es fácil descartar a toda mi generación por "consumidores volubles que abandonan la iglesia en el momento en que se pone difícil", pero ¿qué pasa con la joven que dejó la iglesia que protegió a su marido abusivo y la culpó por su divorcio? ¿Es solo producto de una cultura consumista? ¿Se le debería culpar por necesitar algo de tiempo para recuperarse de su experiencia? ¿Qué de la familia que se fue porque su niño con autismo luchaba con una sobrecarga sensorial durante la adoración? ¿Están siendo demasiado egoístas, demasiado demandantes? ¿Y qué sobre el estudiante de universidad que trabaja en un restaurante los domingos a la mañana o la pareja que el pastor acusó de paternidad defectuosa por tener un hijo gay o el escéptico cuyas preguntas se encontraron con respuestas llenas de lugares en común y clichés o la mujer cuya batalla contra la depresión simplemente le hace demasiado difícil salir de la cama? Lo último que necesita esta gente es una persona más que los llame fracasados, una persona más que acumule culpa y vergüenza sobre ellos.

Por el contrario, noté que muchos de los que no asisten a la iglesia suponen que aquellos que permanecen en los bancos son zánganos irreflexivos y acríticos que simplemente hacen las mociones para mantener su membresía en el club de campo. Leí comentarios sarcásticos sobre preservar las estructuras de poder, mantenerse al día con los vecinos y asegurarse de que el pastor se mantenga "gordo y feliz" con las arcas de dinero del diezmo. Pero, por cada historia de exclusión, juicio e, incluso, abuso, hay historias de inclusión, sanación y justicia. No podemos limitarnos a descartar la experiencia de la mamá soltera para la que la organización del *baby shower* hizo toda la diferencia. O la refugiada birmana cuya comunidad de fe la ayudó a aprender inglés y a encontrar empleo cuando estaba lejos de casa. O el pastor que pasó más de una década trabajando dentro de su denominación para promulgar cambios a favor de la igualdad de género.

Nuestras razones para quedarnos, irnos y regresar a la iglesia son tan complejas y estratificadas como nosotros. No caben en las casillas que marcamos en las encuestas o en las respuestas apresuradas que damos en las fiestas. Cuán fácil es juzgar cuando no conocemos todos los detalles. Cuán fácil es ofrecer consejo cuando lo que se necesita es empatía. Cuán fácil es olvidar que, en las palabras de la novelista Zadie Smith, "cada persona es un mundo".

"Cuando me sincero —escribe Brennan Manning—, admito que soy un manojo de paradojas. Creo y dudo, espero y me desaliento, amo y odio, me siento mal por sentirme bien, me siento culpable por no sentirme culpable. Confío y sospecho. Soy honesto pero también juego con las personas. Aristóteles dijo que soy un animal racional; yo digo que soy un ángel con una capacidad increíble para la cerveza".[31]

Y así, el mismo ganglio de impulsos e intenciones, esperanzas y frustraciones que me llamó a salir de la iglesia, me siguió merodeando cuando, luego de seis meses de *Battlestar Galactica* y *Meet the Press*, Dan y yo decidimos intentar con la iglesia una vez más.

Buscamos en Google "Iglesias del condado de Rhea", y el mapa parecía haber contraído un caso severo de varicela. Cientos de puntos rojos sobre iglesias de todos los tamaños y denominaciones moteaban la pantalla. Instantáneamente, Dan soltó un suspiro profundo y resignado, y me entregó la laptop; la idea de probar cada marca en el Cinturón Bíblico[3] le resultó demasiado abrumadora antes de beber su segunda taza de café. Le aseguré que podíamos achicar la búsqueda por proceso de eliminación, pero incluso luego de filtrar las bautistas del sur (demasiado conservadoras), los unitarios (demasiado liberales) y los testigos de Jehová (demasiado... amistosos), todavía nos enfrentábamos a cientos de opciones.

En una pequeña ciudad del sur, por lo general, solo hay unos pocos jugadores principales en torno a los cuales se unen la mayoría de los fieles, por lo que comenzamos a visitarlos: algo que impulsó los chismes locales a toda velocidad debido al hecho de que conducimos el único Plymouth Acclaim 1994 turquesa de la ciudad, que, cuando se veía en el estacionamiento de la licorería, en el consultorio del médico o en la Primera Iglesia Metodista Unida, podía iniciar todo tipo de rumores descabellados.

Durante la Cuaresma, recibimos cenizas en St. Matthew, una congregación episcopal cada vez más menguante que se reunía en una casa reconvertida, lo que hizo que los "olores y campanas" de la liturgia tradicional fueran un poco más incómodos que inspiradores. En viernes santo, clamamos "¡Crucifíquenlo!" con los católicos en St. Bridget, quizás la congregación más étnicamente diversa del pueblo, con su mezcla de familias latinas en expansión y yanquis desplazados, todos reunidos bajo un crucifijo imponente. En pascua volvimos a Gracia, donde estaban un poco [demasiado] contentos de vernos. Para pentecostés, encontramos la forma de llegar a la misma iglesia metodista donde William Jennings Bryan hizo su última aparición pública luego del juicio de Scopes y donde todo el santuario estaba decorado como un carnaval por las vacaciones de la escuela dominical.[32]

---

3 El Cinturón Bíblico es un término coloquial utilizado para referirse a una extensa región de los Estados Unidos donde el cristianismo evangélico tiene un profundo arraigo social, circunstancia que se manifiesta en la forma de vida de la población, en la moral y en la política.

"¿Qué te pareció?", preguntó Dan después de otro domingo bajo el sol.

"Me pregunto si se dan cuenta de que su adoración incluye ambas teologías, amilenial y premilenial —dije, con un suspiro—. Además, ¿qué es esto del predicador diciendo que Moisés escribió Números? Quiero decir, *todos* saben que Moisés en realidad no escribió el libro de Números. Se originó de una combinación de tradición escrita y oral, y fue compendiado y editado por sacerdotes judíos en algún momento durante el periodo posexílico como un ejercicio de autodefinición nacional. Lo puedes buscar en *Wikipedia*. Y, ya que estamos, sería bueno un poco más de Cristología aplicada al Antiguo Testamento".

"Mmm... Rach... el sermón de hoy se trató sobre la *humildad*".

Señor, ten piedad.

Mira, tengo esto del mecanismo de defensa conmigo, cuando me siento con miedo, vulnerable o sobrepasada, intelectualizo la situación para tratar de recuperar un sentido de control (he leído muchos libros sobre viajes aéreos, paternidad y muerte). Era atemorizante empezar de nuevo en una iglesia y tratar de hacer nuevos amigos, así que, antes de cada visita, me ceñía con una sensación de desapego presumido en el que podía observar los procedimientos desde la seguridad de mi superioridad intelectual, confiada en que podría dirigir mejor el programa gracias a mi experiencia como, ya sabes, *bloguera cristiana*. Claro, en el blog hablé muchísimo sobre la importancia del ecumenismo y la belleza de la diversidad dentro de la iglesia global, pero cuando me digné a aparecer en una de estas congregaciones desprevenidas, me senté en el banco con los brazos cruzados, enojada con los bautistas por no ser suficientemente metodistas, con los metodistas por no ser suficientemente anglicanos, con los anglicanos por no ser suficientemente evangélicos y con los evangélicos por no ser suficientemente católicos. Escudriñé las letras de cada canción de adoración, debatí el contenido de cada sermón. Rendí veredictos sobre la frecuencia de la comunión y el método del bautismo y chequeé los boletines en busca de errores ortográficos. En algunas tradiciones religiosas, este mecanismo de defensa en particular se conoce como *orgullo*.

Confieso que fui vanidosa. Me burlé de la idea de ser enseñada o guiada. Deconstruir era mucho más seguro que confiar, mucho más fácil que dejar que las personas entren. Sabía exactamente qué tipo de cristiana quería ser, pero tenía demasiado miedo, demasiada rebeldía o demasiadas heridas para imaginar cuál sería el siguiente paso. Como una coraza llamativa, el cinismo me protegió de la decepción, o eso creía, así que esperaba lo peor y sonreía de forma socarrona cuando sucedía. Muchos de nuestros pecados empiezan con el miedo —miedo a la decepción, miedo al rechazo, miedo de fallar, miedo a la muerte, miedo a la oscuridad. El cinismo puede parecer una transgresión leve, pero es un predador paciente que sofoca la esperanza, lentamente, durante muchos años, como el hongo de la miel que se abre paso entre la corteza y la albura de un árbol que, durante décadas, muere estrangulado. Cuando se trata de la iglesia, estoy bien familiarizada con el cinismo.

Pero quizás lo más inquietante sobre una nueva iglesia es el modo en que el fantasma de la vieja la acecha. Para mejor y peor, la fe de nuestra juventud informa a nuestros miedos, nuestra nostalgia, nuestras reacciones y nuestras sospechas. Mis oídos se animaban como los de un perro ansioso al escuchar el lenguaje evangélico desde el púlpito. Para mí, palabras como *santidad*, *puridad*, *bíblico* y *testigo* siempre sonarán un poco diferente que para alguien que creció como ortodoxo, pentecostal, humanista o sij. Medí cada experiencia por lo que amaba u odiaba del evangelicalismo, que colocaban a todas estas buenas iglesias llenas de buenas personas en la incómoda categoría del "novio de rebote". Si no hubiera sido por las amables amonestaciones de Dan, es posible que nunca hubieran tenido que decirme.

Habiendo fallado en encontrar la primera iglesia posevangélica de Nuestra Señora de la Perpetua Deconstrucción, adoptamos una especie de costumbre de saltar de iglesia en iglesia en la que visitábamos más las congregaciones litúrgicas en días santos y las evangélicas más familiares el resto del tiempo… por "el resto del tiempo" quiero decir, quizás, una vez al mes. No éramos lo que se dice "regulares". Una mañana, mientras salíamos de una reunión para evitar otra hora incómoda del café, se me ocurrió que, de alguna manera, después de todos esos años de arder por Dios, me había convertido en una chica de la última fila. Me había convertido en el tipo de persona que, en algún momento, me motivó a orar por un avivamiento. Solo que ahora ni siquiera estaba segura de creer en un avivamiento.

......

Amanda se casó en octubre, en una tarde inusualmente fría y tempestuosa. Caminó por el pasillo de *Grace Bible Church* con un ramo de flores naranja y lavanda en sus manos.

Cuando llegamos al cierre de la recepción, luego de que se le tirara el arroz y de que todos los invitados de afuera de la ciudad se quedaran para hablar sobre los viejos tiempos y ayudar a mis padres a apilar regalos en la parte trasera de su camioneta, encontré a Brian y Carrie Ward y me derrumbé en una silla en su mesa. La habitación estaba tenuemente iluminada con faroles naranja y lavanda, las mesas salpicadas con pétalos de rosa y otras flores. Frank Sinatra y Etta James canturreaban desde los parlantes. Brian, que tenía un poco menos de pelo desde los días del grupo de jóvenes, lucía incómodo en su traje de boda, pero, antes de darnos cuenta, se aflojó la corbata, yo me saqué los tacones y ya estábamos intercambiando historias sobre El Planeta, el campamento Maxwell y Conejito Regordete y riéndonos tan fuerte que atrajimos a una multitud de antiguos niños del grupo de jóvenes a la mesa como insectos a la luz.

Esa noche, Brian estaba muy nervioso; sus dedos tamborileaban con furia en la mesa. Lo conocía lo suficientemente bien como para sospechar que tenía un secreto entre manos, alguna noticia emocionante que solo la mirada amable pero punzante de Carrie mantenía en secreto.

Cuando Dan llegó a la mesa para ver de qué se trataba toda esa conmoción, Brian ya no pudo quedarse callado. Golpeó la mesa e hizo su anuncio.

"Nos estamos mudando de vuelta a Dayton para empezar una nueva iglesia", dijo. A la luz de las velas, sus ojos bailaban como los de una niña. "Y vamos a necesitar un equipo. ¿Se unen?".

Y así fue como un grupo de desertores de la iglesia se convirtieron en pastores.

DOCE

POLVO

> *Este mensaje es digno de crédito y merece ser aceptado por todos: que Cristo Jesús vino al mundo a salvar a los pecadores, de los cuales yo soy el primero.*
> —1 Timoteo 1: 15

Jesús nunca fue popular entre los líderes. Los expertos en Escritura y proveedores de la ley siguieron al rabino radical por Judea con sospecha, con la esperanza de hacerle tropezar con un acertijo teológico o atraparlo en alguna jugosa indiscreción. En una historia extraña del evangelio de Juan, un grupo de fariseos reaccionó a un Jesús que había sanado al paralítico, castigando al hombre lleno de alegría por llevar su camilla recién jubilada un sábado. ¡Hablando de perder el punto!

Parece que aquellos más propensos a perderse la obra de Dios en el mundo son los más convencidos de que saben exactamente qué esperar, aquellos que esperan que Dios se guíe por las reglas.

Era de particular preocupación para la élite religiosa que Jesús se asociara con los pecadores. Él había sido visto por la ciudad no solo en compañía de pobres y enfermos, marginados e impuros, sino también de recolectores de impuestos y prostitutas —gente lo suficientemente descarada como para lucrar con sus transgresiones. Se decía que compartía comidas con ellos en sus hogares. Algunos, incluso, dijeron que se divertía.

Ahora, este no era solo el tipo de compañía colorida que los escritores y los artistas tienden a romantizar —rameras, borrachos, vagabundos librados a su suerte. Jesús también partía el pan con los recaudadores de impuestos, hombres que explotaban a los pobres y asistían al Imperio Romano con sus leyes opresivas (reemplaza un *recaudador de impuesto* por un *lobista* o un *ejecutivo de Wall Street* y te darás una idea).

Estas eran las personas que llevaban su quebrantamiento al descubierto, personas cuyas indiscreciones eran tan *distintas*, tan poco comunes, que toda su personalidad quedaba relegada a la categoría de pecadores. Eran las personas que a los religiosos les encantaba odiar, porque proporcionaban un mecanismo de clasificación conveniente para exteriorizar el pecado como algo que existe *allí afuera*, entre *otras* personas con *otros* problemas que cometen *otros* errores. Es el atajo religioso más antiguo del manual: el modo más fácil para hacerse justo es hacer al otro un pecador.

Jesús conocía este sistema de clasificación de pecado, así que, cuando los líderes religiosos lo desafiaron acerca de la compañía que mantenía, él replicó: "No son los sanos los que necesitan médico, sino los enfermos. Y yo no he venido a llamar a justos, sino a pecadores" (Marcos 2: 17). Esto tranquilizó momentáneamente a los líderes religiosos, quienes, por supuesto, se contaban entre los saludables.

Es difícil identificar exactamente qué tenían en común los

primeros seguidores de Jesús. El evangelio habla de judíos y gentiles, soldados y campesinos, hombres y mujeres, ricos y pobres, enfermos y sanos, religiosos y no religiosos. No hubo ni siquiera dos personas que interactuaran con Jesús del mismo modo; algunas entablaron discusiones teológicas prolongadas o hicieron una confesión de fe antes de dejar caer sus redes de pesca, tinajas de agua, muletas y monederos para seguir a este hombre que prometió perdón de pecados y vida eterna. Sin dudas, no fue una creencia compartida lo que los unió. Los evangelios no hablan en ningún lugar de que los convertidos recitan la "oración de fe", cantan una declaración doctrinal o juran lealtad a un credo. Una de las primeras misioneras cristianas, conocida como "la mujer en el pozo de agua", era una samaritana que discutió con Jesús sobre los detalles de cuándo y dónde debería adorar el pueblo de Dios. Ella se unió a judíos devotos, gentiles, zelotes, recaudadores de impuestos, conservadores, liberales, viudas, pescadores, benefactores adinerados y mendigos empobrecidos.

Tampoco fue el estatus social o la etnia lo que unió a los seguidores de Jesús ni un acuerdo total sobre quién era exactamente este personaje —¿un profeta? ¿el Mesías? ¿el Hijo de Dios? No; si hay algo que conectó a todas estas personas disímiles fue un sentido compartido de necesidad: hambre, sed, un anhelo. Era la certeza de que, cuando Jesús decía que venía por los enfermos, significaba que venía por *mí*.

"Dichosos los que tienen hambre y sed de justicia, porque serán saciados". (Mateo 5: 6)

"¡Ay de ustedes los que ahora están saciados, porque sabrán lo que es pasar hambre! (Lucas 6: 25)

Cuando Jesús dijo que no vino para los rectos, sino para los pecadores, quiso decir que vino para todos. Pero solo aquellos que saben que están enfermos pueden ser sanados. Solo aquellos que escuchan los crujidos en su vientre pueden ser saciados. Solo aquellos que reconocen la magnitud de sus heridas y el alcance del daño que cometieron pueden curarse.

En otra historia del libro de Juan, los líderes religiosos tienen en custodia a una mujer atrapada en el acto de adulterio. Armados con versículos bíblicos que prescriben la penalidad de los adúlteros, los escribas y fariseos llevan la mujer ante Jesús, la arrojan a sus pies y plantean un desafío.

"La Biblia dice que deberíamos apedrear a esta mujer. ¿Qué dices tú?".

Fue una prueba. Los líderes religiosos querían ver si este rabino controversial sería duro con el pecado, así que encontraron a una pecadora que condenar. Eligieron una transgresión bien definida, con consecuencias inequívocas y se abastecieron de piedras. *Seguramente Jesús no va a ser tan tonto como para contradecir la Palabra de Dios. Seguramente él no va a arriesgar la integridad de su ministerio para mostrar misericordia con una pecadora.*

En respuesta, Jesús hace la cosa más extraña: se arrodilla y empieza a escribir con su dedo en el polvo. Todos los ojos divergieron de la mujer temblorosa en el suelo, todos los gritos acusatorios se transformaron en murmullos curiosos.

El texto deja en misterio el contenido del mensaje que Jesús escribió. Quizás, era el nombre del compañero de la mujer, igualmente culpable, o una lista de los pecados de sus acusadores. Puede ser una referencia a Jeremías 17: 3, que declara que los nombres de aquellos que le dan la espalda a Dios serán escritos en polvo. O quizás era un recordatorio de que "polvo eres y al polvo regresarás".

Cuando Jesús se endereza y se sacude el polvo de las manos, mira a los líderes religiosos y dice: "Cualquiera de ustedes que esté libre de pecado sea el primero en arrojarle una piedra".

El evangelio nos dice que el más viejo entre la multitud fue el primero en retirarse. Pronto, los más jóvenes siguieron su ejemplo. Más temprano que tarde, todo lo que quedó fueron piedras esparcidas y las misteriosas palabras de Jesús siendo llevadas por el viento.

Al menos por un momento, los líderes religiosos lo entendieron: Jesús pasaba el rato con los pecadores porque eran los únicos pecadores con los que pasar el rato.

"¿Dónde están? —le preguntó Jesús a la mujer luego de que todos se fueron— ¿Nadie te ha condenado?".

"No, señor", respondió.

"Entonces yo tampoco te condeno. Ve y no peques más".³³

Tendemos a mirar con desprecio a estas personas antiguas con sus códigos religiosos que regulan todo: desde las fibras de su ropa hasta las personas a las que tocaban. Pero hoy nosotros tenemos nuestros códigos religiosos. Tenemos nuestros propios chivos expiatorios a los que echamos de nuestras comunidades y rodeamos de turbas bíblicas. Tenemos pecados que nos encanta tomar en serio, instrucciones bíblicas que interpretamos híperliteralmente, problemas que protegemos de forma excesiva porque eso nos ayuda con nuestro sistema de clasificación. Nos hace sentir justos.

"No nos olvidemos de que Jesús le dijo a la mujer que se fuera pero no pecara más", les gusta decir a algunos cuando piensan que la iglesia es muy suave con el pecado de otras personas.

Ante esta sentencia, siempre me tiento a responder: ¿Y cómo te está resultando a ti lo de no pecar más? Porque a mí no me está yendo tan bien.

Creo que perdemos el rumbo cuando, de todo el pueblo en este relato, nos identificamos con Jesús. Creo que perdemos el rumbo cuando usamos sus palabras para condenar, y su historia como una piedra.

Billy Graham dijo una vez: "Es el trabajo del Espíritu Santo convencer, el trabajo de Dios juzgar, y mi trabajo, amar".

Quizás sería más fácil amar si fueran nuestros propios pecados los que viéramos escritos en el polvo y llevados por el viento.

ÓRDENES SANTAS

- III -

TRECE

MANOS

Por eso te recomiendo que avives la llama del don de Dios que recibiste cuando te impuse las manos.
—2 Timoteo 1: 6

Hay poder en el contacto físico —una energía conectiva, un lazo. Los novios lo saben en el tierno escalofrío de los dedos entrelazándose; los niños, en el contacto de los labios de mamá a una rodilla vendada, la pena que se esfuma con la suave presión de unas manos firmes sobre los hombros cansados. Desde pequeños, añoramos el calor de la piel del otro. Jesús no tenía que tocar los ojos del hombre ciego o las llagas del leproso, pero lo hizo. El Hijo de Dios sanaba con sus manos.

Desde sus primeros días, la iglesia bendijo a sus enfermos y comisionó a sus líderes con la imposición de manos, una práctica tan central para la fe cristiana que el escritor de Hebreos la compara con el bautismo y el arrepentimiento (Hechos 28: 8; Hebreos 6: 13). Aquellos llamados a los roles de pastor, diácono, obispo o sacerdote —conocidas como "órdenes santas" en algunas tradiciones— empiezan su ministerio con las manos del pueblo de Dios puestas en oración sobre sus hombros o cabezas.

"Llénala con la gracia y el poder, y hazla una sacerdotisa en tu iglesia", reza la iglesia anglicana sobre una sacerdotisa en su ceremonia de ordenación, posando las manos sobre ella como señal de dedicación. "Hazla una pastora fiel, una maestra paciente y una consejera sabia".

Hay algo sobre ese toque, ese acto de consagración, que convierte una oración en un pulso que baja como una onda hasta los tobillos. Así como Dios viene a nosotros a través del agua y del vino, también lo hace a través de contacto físico, a través de los actos santos de manos santas.

Las manos del pastor bautizarán bebés, redactarán sermones y dibujarán cruces de cenizas sobre cejas penitentes. Partirán el pan, servirán el vino y harán un refugio para evitar que las caprichosas llamas del Adviento se apaguen. Sostendrán los brazos manchados de los ancianos, los dedos pegajosos de los niños pequeños, las manos temblorosas de los enfermos, las palmas sin vida de los muertos. Y descansarán sobre la cabeza de otros así llamados.

El Nuevo Testamento instruye: "Ejercita el don que recibiste mediante profecía, cuando los ancianos te impusieron las manos" (1 Timoteo 4: 14).

En última instancia, todos somos comisionados. Todos estamos llamados. Todos pertenecemos a la santa ordenación de los amados de Dios. Las manos que pasan la paz pueden pasarle una comida al hombre de la calle. Las manos que se juntan para recibir a Cristo en el pan se extenderán para recibir a Cristo en el inmigrante, el refugiado, el solitario o el enfermo. Las manos plantan, desenraízan, cocinan y acarician. Reparan, recablean, cambian pañales y disimulan heridas. Las manos hacen cosquillas a niños sonrientes y secan las lágrimas. Frotan barriguitas de perros grandes y feos. Las manos santifican todo tipo de cosas ordinarias y las hacen sagradas.

A través del contacto, Dios nos da el poder de lastimar o sanar, de hacer la guerra o de lavar pies. No olvidemos la gravedad del asunto. No olvidemos el llamado.

CATORCE

LA MISIÓN

La gracia no es tan poca cosa como para no poder presentarse de muchas maneras.
—Marilynne Robinson

ABRIL DEL 2010

Nuestra primera Pascua nos encontró en un apartamento sobre una funeraria. Es donde nos reuníamos todas las semanas; pero en esa tarde santa, mientras el sol se ocultaba en el día de resurrección, me impactó la poesía del momento, así que encendí la vela pascual de la mesa de café y dije algo sobre cómo el mismo poder que resucitó a Cristo de la tumba un día nos resucitará a nosotros también, junto a la Sra. Edith, que estaba en la sala de embalsamamiento de al lado. Brian tomó esto como su señal para llevarnos de la zona del crepúsculo hacia un himno familiar que rasgueó en su guitarra y que nuestra iglesia de veinte —nos llamábamos a nosotros mismos *The Mission* [La Misión]— cantó.

No eran precisamente las catacumbas. Una de nuestras miembros era la hija del director de la funeraria y tenía una habitación espaciosa y bien amueblada, hogareña y con olor a velas de vainilla y ropa limpia. Aun así, me sentía como una Febe moderna, reconocida diaconisa del primer siglo de la iglesia doméstica en Roma, mientras dirigía al grupo a través de una liturgia fragmentada que había extraído del *Libro de Oración Común* con todo el deleite incipiente de una evangélica con nuevos dones. Cuando Brian se refería a mí como la pastora de adoración de La Misión, me sonrojaba de orgullo.

Nos tropezamos con estos roles: componía la liturgia y escribía lo que se necesitara. Brian narraba la visión y ganaba a las personas. Dan nos mantenía legales y en línea. Carrie buscaba oportunidades de servicio comunitario mientras se asentaba con su familia en Dayton, Tennessee. Kaley, la hija del director de la funeraria, nos alimentaba y refugiaba. Y Matt y Jen, el último par, lo que el lenguaje de plantación de iglesias llamó nuestro "grupo central", sirvieron como tesoreros de nuestras insignificantes arcas.

Al principio, temía por choques entre Dan y Brian, ya que el mantra del ministerio de Brian —"solo quiero amar a las personas"— permanecía sin alteraciones desde nuestros días en el grupo de jóvenes, mientras que el de Dan —"¿Ya hemos completado el papeleo necesario?"— evolucionaba por necesidad. Pero, con un poco de práctica, los dos crecieron para caerse bien. La personalidad de Dan, típica de New Jersey, es la del tipo gentil; y nunca he conocido a nadie que no se sintiera encantado por el ingenio tranquilo y despreocupado de Brian, que crepita como una hoguera y atrae a todos a su alrededor en un círculo de honestidad y tranquilidad.

Las voces que se unieron a nuestro coro de Pascua pertenecían en su mayoría a veinteañeros que llegaron al grupo de jóvenes después de mí; una extraña mezcla de antiguos muchachos de la última fila y nerds de la Biblia, solo que ahora con esposas e, incluso, uno o dos bebés a cuestas. A mi lado se sentaban un par de conservadores del *Tea Party*[1] que daban a conocer en las redes sociales su apasionada oposición a la reforma migratoria. Al otro lado del salón se sentaba una pareja que presumía unas calcomanías de "Obama 2008" en la luneta del auto. Nos jactábamos de nuestra diversidad política y teológica, y de cómo se reflejaba en nuestro compromiso fundamental con la unidad, pero a veces me preguntaba qué pasaría en las próximas elecciones... o una noche en la que bebiéramos demasiado vino y alguien mencionara la predestinación o las leyes de salud a bajo costo.

Nuestro mayor interés en común era un deseo de crear un tipo diferente de iglesia en Dayton, a saber: *auténtica, intencional, y misionera* —palabras de moda que decíamos odiar, pero que aún

---

[1] Un movimiento político estadounidense de derecha centrado en una política fiscalmente conservadora, y definido por el originalismo, es decir, la vuelta a los orígenes filosófico-constitucionales de los Estados Unidos [nota del traductor].

invocábamos de vez en cuando porque reflejaban nuestras esperanzas y sueños más verdaderos para La Misión. En una ocasión, nos reunimos en un restaurante del centro, en donde soñamos grandes sueños llenos de sándwiches de pavo y papas fritas, y hablamos de asociarnos con las escuelas públicas locales para programas de tutoría después de la escuela; de organizar nuestro santuario imaginario para que la gente se sentara alrededor de mesas circulares en lugar de bancos; de enviar un equipo de misiones a Uganda; de organizar exhibiciones para artistas locales; y de vivir de manera sencilla para que otros, sencillamente, pudieran vivir. Éramos idealistas y comprometidos. Teníamos esperanza y coraje. Estábamos siendo el cambio que buscábamos en el mundo, y estábamos en quiebra.

El puñado de dinero en efectivo con el que Dan y yo contribuimos a los honorarios del abogado cuando presentamos el formulario 501 (c) (3) de organización sin fines de lucro para La Misión se sintió tan trascendente como la primera cuota de una casa. Dicen que trabajar por cuenta propia significa vivir en una hambruna o en un festín, y estábamos en medio de una hambruna apta para rivalizar con las pesadillas del faraón. Brian y Carrie no estaban mucho mejor. Él había perdido un cómodo salario de megaiglesia para mudarse a Dayton y comenzar La Misión. Ahora trabajaba a tiempo completo en el departamento automotriz de Walmart, cambiando aceite de auto y vendiendo neumáticos.

El resto del grupo era joven y nuevo en sus trabajos, nuevos en su matrimonio, nuevos en plantar iglesias. La mayoría de nuestros ingresos llegaban a nuestro apartado postal en pequeños sobres blancos de donantes de fuera de la ciudad que nos apoyaron como misioneros. Para el verano esperábamos ahorrar lo suficiente como para alquilar un lugar propio.

Pero, hasta entonces, el apartamento de la casa funeraria creaba una atmósfera íntima que invitaba a las personas a asentarse y quedarse. En las conversaciones que seguían a los sermones de Brian, surgían historias de duda, desilusión, frustración y esperanza. Era como si cada semana nos deshiciéramos de una capa más de pretensión sureña, exponiendo lenta y cuidadosamente nuestro verdadero yo. Christine, expresiva y pecosa, con una risa aguda y una mente poética, habló sobre la iglesia abusiva que dejó y su lucha constante contra la vergüenza y la culpa. Kelly y Courtney, estudiantes universitarias y compañeras de cuarto, hablaron de sus andanzas esperanzadas entre las iglesias de todo el Cinturón Bíblico. Dave y Liz pedían oración por sus finanzas, Jen por un bebé con salud, Lisa para pasar los exámenes de ingreso a la universidad de medicina.

Y en Pascua, la luz del cirio pascual generaba un halo en el techo que atraía los ojos azules marmóreos de la pequeña Aurora, nuestra miembro más joven, que apoyaba la cabeza en el pecho de su madre. Un estado de ánimo alegre y expectante llevaba nuestras oraciones, ya que juntos declaramos que "las cosas que han sido derribadas son levantadas, las cosas que han envejecido son renovadas, y que todas las cosas están siendo llevadas a su perfección, mediante aquel por quien fueron hechas...".[34]

Luego de las oraciones y de la adoración, Brian predicó sobre el libro de Juan. Nos contó acerca de las siete declaraciones que incluían "yo soy" halladas en el evangelio de Juan y sobre cuando Jesús dice que él es el pan de la vida, la luz del mundo, la puerta, el buen pastor, la vid, el camino y la verdad, la resurrección y la vida. Brian dijo que el evangelio de Juan usa la palabra *creer* más que cualquier otro y que Juan lo escribe "para que ustedes crean que Jesús es el Cristo, el Hijo de Dios, y para que al creer en su nombre tengan vida". Y, por un momento, en ese día de cosas imposibles que se hacen realidad, lo hice. Creí más de lo que había hecho en mucho tiempo.

JUNIO DEL 2010

Para nuestro primer bautismo, nos juntamos en las orillas del lago Chickamauga, un embalse fangoso en el Río Tennessee, famoso por su pez lubina. Una brisa ondulaba el agua y agitaba los juncos mientras Brian y Chad entraban, vistiendo camisetas y pantalones de baño y entrecerrando los ojos bajo el sol ardiente. Chad es uno de los mejores guitarristas de Dayton y de la escena musical local. Había estado siguiendo a Jesús por un tiempo, pero con La Misión ganando impulso y su boda a tan solo unas semanas de distancia, decidió que era hora de zambullirse.

Desde el agua, Brian hizo un chiste que el resto de nosotros no pudo escuchar pero que hizo que Chad estallara en carcajadas, aflojando la tensión de lo extraño del ejercicio (el cual, cuando lo piensas, de hecho es un tanto extraño). "Te bautizo en el nombre del Padre, del Hijo, y del Espíritu Santo", dijo Brian antes de meter a Chad en el agua y sacarlo a flote de nuevo.

Se abrazaron y se palmearon las espaldas, enviando lluvias de agua en miniatura por el aire. Silbamos y aplaudimos desde la costa mientras una familia de patos se deslizaba tranquila por el agua. Luego, asamos unas salchichas y unas hamburguesas y contamos nuestras historias favoritas de los días del grupo de jóvenes hasta que las luciérnagas parpadearon en el pasto. Todo olía a verano —ahumado, terroso y húmedo.

Luego, iríamos a tener una boda, una colecta de alimentos, discusiones, disculpas, un *baby shower* y una declaración de La Misión —el tipo de cosas que hacen que una comunidad experimental se convierta en una iglesia real. Construimos La Misión en noches y fines de semana sin mucho más que monedas de cinco y diez centavos y, al menos al principio, pareció funcionar.

OCTUBRE 2010

En Halloween organizamos una jornada a puertas abiertas en nuestro nuevo escaparate del centro para la multitud de lugareños que acudieron al césped del juzgado para el Pumpkin Fest [la fiesta de la calabaza] anual. Llegaron pequeñas princesas y algunos piratas rengos, algunos con máscaras de El Guasón echadas hacia atrás sobre sus cabezas entrecerraban los ojos y escaneaban nuestro pequeño y extraño espacio de cinco metros de ancho y treinta de largo. "Parece una pista de bolos", dijeron. Era así.

Le dimos mini barras de chocolate y panfletos y les explicamos que éramos una iglesia "comprometida a vivir la Misión de Dios en la comunidad y para la comunidad", y se les invitó a unirse los sábados a las siete de la tarde. Sonrieron con cortesía, pero, de algún modo, estaban diciendo *"justo lo que este pueblo necesitaba: otra iglesia";* lo que me dio bronca, porque habíamos gastado cuatro dólares en la bolsa de caramelos.

A pesar de las conexiones de Brian con Walmart, todavía teníamos que hacer avances significativos en la comunidad en general, y después de que varios de nuestros miembros originales, incluidas tres parejas, se mudaran fuera de la ciudad, nos estancamos. Aun así, el trabajo que hicimos nos llevó a un lugar nuevo, cuyo dueño acordó no cobrarnos si le ayudábamos con algunas remodelaciones. Arrancamos el panel de yeso golpeado para exponer el ladrillo. Compramos e instalamos inodoros, pintamos paredes, trajimos sofás y sillones usados para reemplazar las sillas plegables de metal que soportamos con dramática molestia durante las primeras tres semanas. Abordamos el problema de la luz fluorescente reemplazándola por luces navideñas, y pedimos prestadas lámparas de piso y linternas japonesas de la boda de Amanda. Dan incluso construyó una división portátil de madera contrachapada de veinte centímetros para intentar ordenar el espacio cavernoso, lo que le llevó a bromear sobre que estaba "dividiendo la iglesia" y "construyendo muros". Nuestra apariencia era lo que podrías llamar "chic de segunda mano".

Chris y Tiffany estaban allí, saludando a todo aquel que pasara por la puerta como si fuesen viejos amigos… y probablemente lo eran. Chris enseña arte en la secundaria local y Tiffany es farmacéutica, y entre ellos dos conocen a todo el pueblo. Cuando Matt y Jen se tomaron licencia por el nacimiento de su bebé, Chris y Tiffany fueron tesoreros voluntarios de La Misión y, desde ese entonces, nos habíamos vuelto amigos. Tiffany escucha la NPR durante cada tramo de su largo viaje diario, por lo que es la persona más informada que conozco, y se siente cómoda hablando de todo, desde fútbol universitario hasta teología y política exterior de Estados Unidos, con un marcado acento del este de Tennessee y un vocabulario envidiable. Chris colecciona discos, anda en bicicleta y descostilla de la risa a Dan con su sentido del humor y si inventivo uso de la profanidad. Tienen una calcomanía en la parte de atrás de su Volkswagen que dice "En la alfombra no, viejo". Congeniamos.

Chris y Tiffany hablaban con una pareja que asistía a una de las iglesias más prominentes y conservadoras de Dayton; en lo oscuro de mi ser, me preguntaba si la pareja estaría allí para recaudar información. La Misión había estado sujeta a una sorprendente cantidad de rumores, incluso en Dayton, y no podía evitar preocuparme que fuera por mi culpa y que las personas que odiaban mi blog hubieran proyectado su disgusto sobre toda la iglesia, lo cual explicaba por qué se decía que enseñábamos sobre teoría de la evolución, no usábamos nuestras Biblias, bebíamos como peces y casi todos éramos gay.

El hecho de que algunas personas de nuestro pueblo apoyaran nuestra desaparición me hizo aún más decidida a demostrar que estaban equivocados, a seguir trabajando hasta que nuestra iglesia fuera más grande y mejor que las de ellos y que *ganáramos*. Pero, cada vez que me ponía así de paranoica y tribal, Brian me lo señalaba. Nos conocíamos lo suficientemente bien como para ver las imperfecciones y reconocer lo que le pasaba al otro. Estábamos conociendo nuestras peculiaridades, dones y pecados favoritos (supongo que no eres una iglesia real hasta que conoces los pecados favoritos de los demás). Nos hacíamos responsables unos de otros, pero lo hacíamos como amigos.

Brian me recordaba que esto no era una competencia. No había ningún premio Válvula de Descarga, ningún llamado a poner a las personas en su lugar. Queríamos definirnos por lo que éramos, me decía, no por lo que no éramos.

Sabía que tenía razón. Sabía que no se trataba de ganar sino de servir. Pero cuando otra pareja entró en el edificio y miró a nuestro grupo de pelagatos con sospecha, no pude evitar la sensación de que lo que éramos no sería suficiente.

FEBRERO DEL 2011

Era nuestra noche como voluntarias en una clínica de salud con Tiffany, y estábamos cansadas. Construir una iglesia durante las noches y los fines de semana era más difícil de lo que sonaba, y La Misión se estaba quedando sin dinero.

Pero la clínica de salud era una buena idea. Después de donar suplementos escolares y armar canastas del Día de Acción de Gracias, queríamos tomar parte de forma más consistente con un trabajo de servicio a la comunidad a través de La Misión, así que Carrie encontró a Voluntarios en Medicina, una clínica que provee cuidado médico gratuito —que no sea de emergencia— a los pacientes desamparados. Los médicos y enfermeras rotan los jueves por la noche, y los voluntarios trabajan los martes y jueves para recibir a los pacientes, administrar archivos y clasificar las declaraciones de impuestos y otros documentos para ver si los posibles pacientes califican para recibir atención. El lugar está dirigido por un grupo de mujeres de la Iglesia de Dios. Se habla mucho acerca de que Dios llevó al lugar a las personas adecuadas y que sanó heridas físicas y espirituales, sin embargo, la clínica es un establecimiento oficial. Las personas ven doctores reales y reciben medicina real. Tiffany y yo tratamos de trabajar las mismas noches para turnarnos entre los teléfonos y los pacientes.

En una ocasión, me senté en una sala de examen con un hombre desdentado, con ojos reumáticos, acompañado por su corpulenta hija que me decía que su padre tenía una afección cardíaca que no había sido tratada por un médico en años. Habían venido la semana anterior, lo recordaba, pero sin ninguna información sobre sus finanzas. Finalmente, regresaron con su última declaración de impuestos. Me sentí culpable por escudriñar su difícil situación con tan lapidario cuidado, calculadora en mano, pero las reglas eran así cuando llegamos.

Mientras sumaba los miembros del hogar y los ingresos, dos personas que vivían con menos de $20000, me quedé sin aliento. Me acababa de dar cuenta de algo.

"Buenas noticias —le dije al hombre que estaba sentado como un niño en la mesa de examinación, con la espalda encorvada y las manos en el regazo—. Califican".

No fue hasta llegar a casa que le dije a Dan: "Esta noche me di cuenta de que tú y yo también calificamos".

ABRIL DEL 2011

Nuestro último domingo como Misión fue en Pascuas. Nos encontramos en el lugar del centro, ahora vacío, cavernoso y frío. No había ninguna liturgia esta vez, ningún cirio pascual —solo diez de los que quedaban de nosotros, parados en círculo, nuestras manos sobre los hombros de Brian y Carrie, orando. Era un día extraño para pensar en la resurrección.

La Misión colapsó lentamente, una semana a la vez; primero, cuando la participación se estancó; luego, cuando disminuyó; y, al final, cuando cedió bajo la presión financiera. Vi el estrés en los ojos de Carrie y en los hombros de Brian; yo lo llevaba en mis noches sin dormir. No hubo grandes peleas ni salidas dramáticas. Nadie, que supiéramos, se fue descontento o herido. Algunos de nuestros miembros se mudaron, otros se agotaron, y el resto de nosotros nos quedamos después del letargo, con la desidia que viene al ver cómo tu tiempo, dinero y energía se desvanecen. El edificio nunca pareció calentarse. Cuando Brian dijo que necesitaba otro trabajo en el ministerio, uno que realmente pudiera pagar las cuentas, nadie lo objetó. Encontró uno en Florida; la Iglesia Metodista Unida necesitaba un pastor de jóvenes. Se irían en solo unas semanas.

Sin mucho más que decir, decidimos ir a esa habitación y compartir motivos de agradecimiento. Chris y Tiffany estaban agradecidos de hacer nuevos amigos, porque su curiosidad por la Escritura había emergido y se había mantenido. Christine, secándose las lágrimas, dijo que La Misión se convirtió en su santuario, un lugar seguro para hablar libremente y recuperarse de las últimas experiencias con la iglesia, y quizás, fortalecerla para la siguiente. Kelly y Courtney estaban agradecidas por estar rodeadas de gente con ideas afines a las de ellas, una oportunidad de salir del campus y tener conversaciones honestas. Los demás mencionaron los proyectos de servicio, esa vez que juntamos algo de dinero para ayudar a una pareja con el alquiler, el bautismo, la boda, los servicios de comunión, las oraciones, las bromas internas.

Carrie estaba agradecida por cómo amamos a sus niñas, Brian por cómo nos arriesgamos con él. Dan dijo que lo haría todo de nuevo por las amistades que habíamos forjado. Dije que La Misión había sido la primera vez que me había sentido como un activo para la iglesia en lugar de un pasivo, y me alegré de que al menos lo intentáramos, de que nos arriesgaremos.

Quizás no puedes construir una iglesia durante las noches y los fines de semana. Pero, al menos, puedes *ser* una; al menos puedes amar a los demás lo mejor que puedas en medio de todo eso.

Brian nos instó a conectarnos con otras iglesias del área después de que La Misión cerrara sus puertas, pero la perspectiva de buscar otra comunidad de fe me dejó tan exhausta, cínica y solitaria, que no podía imaginarme salir de la cama los domingos por la mañana nunca más. Pasarían algunos años antes de que realmente lo intentáramos.

Mientras la luz rosada llenaba las ventanas y nos tomábamos de las manos, concluimos con nuestra oración favorita, adaptada de Alcuin de York:

Dios, camina con nosotros. Ayúdanos a ser un honor para la iglesia.
Danos la gracia de seguir la palabra de Cristo,
ser claros en nuestra tarea y cuidadosos en nuestro discurso.
Danos manos abiertas y corazones gozosos.
Deja que Cristo esté en nuestros labios.
Que nuestras vidas reflejen un amor de verdad y compasión.
No dejes que nadie venga a nosotros y se vaya triste.
Que ofrezcamos esperanza a los pobres,

y consuelo a los desanimados.
Que caminemos ante el pueblo de Dios,
que aquellos que nos siguen puedan venir a este reino.
Que sembremos semillas vivas, palabras que son rápidas con la vida,
para que la fe sea la cosecha en el corazón de la gente.
Que tu luz brille con palabras y ejemplos
en la oscuridad como en la estrella de la mañana.
No permitas que la riqueza del mundo o su encantamiento
nos halaguen hasta silenciarnos en cuanto a tu verdad.
No permitas que los poderosos, o los jueces,
o nuestros amigos más queridos
impidan que profesemos lo que es correcto.
Amén.

QUINCE

ERROR ÉPICO

Todo ministerio comienza en los bordes irregulares de nuestro propio dolor.
—Ian Morgan Cron

El bar situado en Third y Walnut, en Lansdale, Pennsylvania, solía ser una iglesia. Cuando la iglesia falló, el edificio de piedra histórico, de dos pisos, fue vendido a Elks Lodge, y luego a un hombre de negocios local que colgó carteles de cerveza encendidos en los ojivales de las ventanas y convirtió la iglesia en un bar lleno de humo, con un agujero en la pared, karaoke los miércoles y música rockabilly en vivo los domingos. El bar cambió de manos algunas veces, cerrando y reabriendo. Pero en 2011, llamó la atención de un pastor exhausto, J. R. Briggs, que decidió usar la Third y Walnut como sede de su primera Epic Fail Pastor Conference [Conferencia de Pastores que Fracasaron de forma Épica].

"Considerando la naturaleza del evento —dijo—, la locación parece perfecta".

Como la mayoría de las ideas locas, la Conferencia de Pastores que Fracasaron de forma Épica emergió espontáneamente, luego de que Briggs confesara en su blog que las conferencias pastorales altamente producidas y comercializadas por expertos, que presentan historias de éxito de famosos pastores de megaiglesias, lo dejaran sintiéndose inadecuado y deprimido. La mayoría de los ministros no pueden acceder a edificios superpoblados y enormes presupuestos de marketing, dijo. La mayoría de los ministros solo están intentan llegar al final del día. De hecho, un enorme 80 por ciento informa estar desanimado en sus roles, y la mitad dice que, si pudieran, renunciarían.[35]

Pero ninguna de las conferencias a las que asistió Briggs proveía un lugar seguro para hablar y procesar la realidad omnipresente de la vida de casi todos los ministros: el fracaso.

"¿Qué si hubiera una conferencia de pastores que FRACASARON DE FORMA ÉPICA con el eslogan 'donde los pastores dieron su peor paso en falso?' —se preguntó Briggs—. ¿Qué si guiamos desde nuestra debilidad y no desde nuestras fortalezas?".

Para su sorpresa, luego de unas horas de haber posteado el artículo, recibió cientos de comentarios, correos y llamadas de gente que le decía que iría a la conferencia.

Y lo hicieron. Casi cien pastores (y expastores) de diecisiete estados se reunieron en el bar Third y Walnut para comer, beber, y hablar sobre *la realidad del ministerio*. Briggs escribe:

> Las personas compartieron sus historias y luchas con un coraje refrescante. Se sinceraron sobre sus batallas con la depresión y pensamientos

suicidas, su terror al fracaso y sus corazones rotos por una iglesia que había fracasado nueve años atrás. Compartieron cuán amargados, perdidos y solos se sentían. Yo miraba mi reloj. Habían pasado diecisiete minutos y las personas ya estaban paradas contándole a completos extraños historias de dolor, pérdida, miedo y profundas heridas... No había estrellas ni videos impresionantes ni camerinos ni cordones de seguridad... Había risas, oraciones, lágrimas y vasos de bebidas recargados. Fue, en palabras de uno de los pastores, "un beso de Dios en nuestros moretones".[36]

Irónicamente, el evento fue un éxito. Ahora, Briggs es anfitrión de reuniones similares por todo el país y ha escrito un libro titulado *Fail: Finding Hope and Grace in the Midst of Ministry Failure* [Fracaso: encontrando esperanza y gracia en el medio del fracaso ministerial].

Es extraño que los cristianos rara vez hablemos del fracaso cuando afirmamos seguir a un hombre cuyo ministerio de tres años fue interrumpido por su crucifixión. Aún más extraña es nuestra fascinación con los denominados "pastores estrella", admirados y consumidos como una celebridad más. Sin embargo, como casi todas las denominaciones en los Estados Unidos enfrentan una membresía en declive y una influencia menguante, los cristianos tal vez necesitan acostumbrarse a la idea de medir la importancia por algo que no sea dinero, fama y poder. Nunca nadie dijo que el fruto del Espíritu fuera *relevancia, impacto* o ni siquiera *avivamiento*. El fruto del Espíritu es amor, gozo, paz, paciencia, amabilidad, bondad, fidelidad, gentileza y autocontrol —el tipo de cosas que, asumámoslo, no siempre vende.

A menudo, me pregunto si el rol del clérigo en esta época es dispensar información o resguardar el prestigio de su autoridad o, más bien, ir primero, ser voluntario de la verdad sobre sus pecados, sus sueños, sus fallas, y sus miedos en orden de que otros sean libres para hacer lo mismo. Tal aproximación puede repeler masas que buscan soluciones fáciles de líderes impolutos, pero pienso que, quizás, puede hacer más discípulos de Jesús, y pienso que, quizás, puede hacer pastores más saludables y felices. Hay una diferencia, después de todo, entre predicar éxito y predicar resurrección. Nuestro camino es lodoso.

Han pasado tres años desde el último domingo de La Misión y todavía intento identificar qué salió mal. ¿Fue nuestra juventud? ¿Nuestra falta de apoyo denominacional? ¿Nuestra cuenta bancaria vacía? (¿Todo lo anterior?). Confieso que, cuando lo reproduzco una y otra vez en mi mente, toda la empresa me recuerda a las antiguas imágenes de los intentos fallidos de vuelo del hombre, en los que alguien le coloca alas a una bicicleta y se lanza por un acantilado. Cualquier observador objetivo podría haber predicho nuestra inevitable caída, y, sin embargo, seguimos adelante, llenos de confianza, esperanza y buenas intenciones. Estaba tan comprometida con una iglesia como nunca lo había estado, y fracasó. De forma épica.

Y, aun así, nuestra plantación de iglesia fallida se las arregló para producir fruto del Espíritu en el camino. Bautizamos, partimos el pan, predicamos la Palabra y confesamos nuestros pecados. Creamos un santuario donde las personas contaban la verdad sin miedo. Alimentamos a los hambrientos y llenamos el papeleo con los enfermos. Resolvimos nuestras diferencias con cuidado y gracia. Y aprendimos, quizás por las malas, que la iglesia no es estática. No es un edificio, una denominación ni una organización 501(c)(3) sin fines de lucro. La iglesia es un momento en el tiempo en el que el reino de Dios se acerca; cuando una comida, una historia, una canción, una disculpa e incluso una equivocación es hecha santa por la presencia de Jesús entre y en nosotros.

La iglesia estaba viva y bien antes de que nosotros llegáramos con las palabras *relevante* y *misionera*, y seguirá luego de que el pasto crezca entre las grietas de los pisos de las catedrales. La santa Trinidad no necesita nuestro permiso para seguir adelante en su trabajo infinitamente inventivo de hacer todas las cosas nuevas. El simple hecho de ser invitados a vislumbrar aunque sea un destello de su esplendor es gracia. Todo, cada respiración y cada segundo, es gracia.

DIECISEIS

PIES

Si quieres ser santo, sé amable.
—Frederick Buechner

Desde que alguien puede recordar, el lavado de pies ceremonial comenzó en la gran Basílica de San Juan de Letrán, como parte de la misa del jueves santo. El papa escogería doce sacerdotes, en conmemoración del acto de servicio de Jesús a sus discípulos, y lavaría los pies de los sacerdotes. Pero en 2013, a tan solo diez días de su elección, el Papa Francisco asombró al mundo al romper la tradición y viajar hasta el centro de detención juvenil fuera de Roma, donde lavó y besó los pies de doce prisioneros, incluyendo dos mujeres y dos musulmanes.

Los tradicionalistas respondieron con un nerviosismo digno de Pedro, particularmente por la inclusión de las mujeres, pero Francisco había captado la atención del mundo, recordándonos que cuando Jesús lavó los pies de sus amigos, fue un acto de humildad y amor dirigido a la gente común, no meramente una ceremonia para que observara la élite religiosa. Si limpiar los pies fue sorpresivo en ese entonces, ¿por qué no debería ser sorprendente ahora?

Cuando Jesús lavó los pies de los discípulos, les estaba mostrando cómo lucía el liderazgo en el divino reino del revés. Él les había dicho antes, cuando discutieron sobre quién sería el más grande en el reino, que mientras los reyes y gobernantes del mundo dominaban con su autoridad sobre sus subordinados, él no venía para ser servido sino para servir, y que, si querían seguir su camino, tendrían que hacer lo mismo.

"Ustedes me llaman Maestro y Señor, y dicen bien —les dijo Jesús a los discípulos la noche que les lavó los pies—. Pues, si yo, el Señor y el Maestro, les he lavado los pies, también ustedes deben lavarse los pies los unos a los otros. Les he puesto el ejemplo, para que hagan lo mismo que yo he hecho con ustedes". (Juan 13: 13-15).

Si bien Jesús llama a todos sus seguidores a este estilo de liderazgo humilde, la mayoría de los cristianos llevan la creencia tanto del "sacerdocio de todos los creyentes" como del llamado distintivo de algunos cristianos a roles ministeriales especialmente ordenados. En muchas tradiciones, tales roles —como pastor, sacerdote, diácono y obispo— son conocidos como "órdenes santas", y para ellos la ordenación es considerada un sacramento.

Desafortunadamente, la diferencia entre clero y laicos a menudo es percibida como más vasta de lo que es, lo que lleva a todo tipo de problemas; desde iglesias abusivas y autoritarias, hasta la idolatría de algunos seguidores hacia sus líderes religiosos; desde pastores un poco enfermos e infelices que lidian con el peso de las expectativas puestas sobre ellos, hasta cristianos que se pierden de la profundidad completa de sus propios llamados porque piensan que el ministerio es para otro tipo de personas.

Alexander Schmemann dice: "Si hay sacerdotes en la iglesia, si la vocación sacerdotal está en ellos, es precisamente para revelar a cada uno la vocación de su esencia sacerdotal, para hacer que todas las vidas de las personas sean la liturgia del Reino, para revelar a la iglesia como el sacerdocio real del mundo redimido".[37]

En última instancia, todos los cristianos comparten el mismo llamado. Según el apóstol Pedro, somos "sacerdotes del Rey", invitados a "mostrar a otros la bondad de Dios, pues él los ha llamado a salir de la oscuridad y entrar en su luz maravillosa". (1 Pedro 2: 9, NTV).

Cada vez que les mostramos las bondades de Dios a otros, cada vez que seguimos a nuestro Maestro, imitando su postura de servicio humilde y dispuesto, nuestras acciones son sagradas y ministeriales. Ser llamados al sacerdocio, como todos nosotros estamos, es ser llamados a una vida de presencia, de amabilidad.

Mi hermana es así —presente y amable. No importa dónde viva o viaje, no importa cuál sea su vocación o responsabilidades, Amanda habita un lugar con una apertura tan alegre y atenta, que hace que todos los que la rodean sean vecinos. Cuando vivió en la ciudad de Nashville, trabajó con mujeres atrapadas en pobreza generacional, ayudándoles a encontrar trabajo, recorriendo la ciudad en busca de cuidado infantil (o proporcionándoselos ella misma), preocupándose junto a ellas por sus puntajes de GED,[2] compartiendo sus bromas y celebraciones, angustias y desgracias. Cuando vivió seis meses en la India, aprendió a dormir sin aire acondicionado y a comer comida picante, y para el tiempo que la visité en Hyderabad, había captado algo de telugu y sabía los nombres de todos los niños de la escuela para niños afectados por el HIV donde trabajaba. La familia india que la hospedaba le tomó tanto aprecio que se mantuvieron en contacto, incluso llamaron a Amanda el día de su boda. Aún hablan, y mi hermana regresó tres veces a India, porque, para ella, no existe tal cosa como un viaje misionero de corta estadía.

Ahora ella y su esposo viven en Boone, Carolina del Norte, donde ambos trabajan para la organización humanitaria "La Bolsa del Samaritano". También se aseguran de ver como está Miss Mary, que ha vivido en el mismo valle toda su vida y que se las arregla sin luz ni parientes vivos, y regularmente invitan a gente de todo tipo a su casa. Quizás solo soy una hermana mayor orgullosa, pero cuando pienso sobre el sacerdocio de todos los creyentes, pienso en Amanda. Y pienso en Brian y Carrie Ward. Pienso en el pastor Doug y el pastor George. Pienso en Dan, Chris, Tiffany y, a veces, incluso pienso en mí.

"Ser un sacerdote —escribe Barbara Brown Taylor— es saber que las cosas no son como deberían ser y, aun así, cuidarlas tal y como son".[38]

Tal propósito nos llama más allá de nuestras posturas naturales. Significa rendir todo cinismo y orgullo para tomar la fuente y la toalla.

Así como mi hermana y el papa Francisco.

---

2 General Educational Development Test (examen de desarrollo de educación general) es una certificación para identificar que el estudiante haya aprendido los requisitos necesarios del nivel de escuela preparatoria estadounidense o canadiense.

COMUNIÓN

- IV -

DIECISIETE

PAN

> *Danos cada día nuestro pan cotidiano.*
> —Lucas 11:3

Luego de la lluvia, el granjero labró el suelo. Una mano tomó la cuchilla y la otra estabilizó el arado mientras sus bueyes avanzaban pesadamente bajo el sol, surcando el paisaje con ondas fangosas, marrones como las arrugas alrededor de sus ojos. En otoño, la esperanza sabía a sudor y olía a buey y a estiércol. Un granjero experimentado mantiene sus ojos en los hombros cargados de las bestias delante de él y usa su peso para empujar la reja del arado por un camino parejo. *Nadie que mire atrás después de poner la mano en el arado* —dice el Maestro— *es apto para el reino de Dios.*

Luego de arar, el sembrador esparció las semillas. Algunas cayeron en terreno pedregoso y fueron quemadas por el sol, otras cayeron entre los espinos y fueron ahogadas allí, y hubo otras que fueron llevadas por el viento y comidas por los pájaros. Pero la mayoría se hundieron en la buena tierra donde, en una tumba de oscuridad, se hincharon y se abrieron antes de salir a la superficie con un llamativo destello verde. *El reino de Dios se parece a quien esparce semilla en la tierra* —dijo el Maestro—. *Sin que este sepa cómo, y ya sea que duerma o esté despierto, día y noche brota y crece la semilla.*

Después de que los tallos crecieron y las espigas se llenaron de grano, hubo cantos, danzas y cosechas. Cuerpos doblados como guadañas avanzaron poco a poco por los campos, recogiendo el trigo en gavillas. El suelo de la era resonó con el rítmico golpeteo de las aspas, mientras mujeres con brazos tan fuertes como troncos de olivo soltaron el grano de la paja. Al anochecer, los niños se reunieron para ver cómo las horquillas arrojaron el último trozo de paja al viento y enviaron el resto de la recompensa a la tierra como lluvia. *La cosecha es abundante* —dijo el Maestro— *pero son pocos los obreros.*

Después de la ciega, los molinos manuales zumbaron. Esto también era trabajo de las mujeres (moler los granos hasta formar harina). Madre e hija se sentaban en el molino y giraban la piedra de mano sobre el molino. Llevaba toda la mañana, para el atardecer una capa de polvo blanco cosquilleó sus narices, generando una mácula en su cabello. La madre bromeó con la hija sobre que algún día llegaría la vejez. *El reino de los cielos es como la levadura* —dijo el Maestro— *que una mujer tomó y mezcló en una gran cantidad de harina, hasta que fermentó toda la masa.*

¡Cien kilos de harina! Imaginen en eso.

Luego de mezclar la harina con agua, la panadera tiene que amasar. Sus manos, encallecidas por el trabajo con la piedra de molino y manchadas por el sol, se movían con rápida precisión mientras doblaba, presionaba y giraba, doblaba, presionaba y giraba, doblaba, prensaba y giraba. Su superficie de trabajo era una simple mesada de madera; su cocina, un modesto patio iluminado por las brasas de un fuego agonizante. La mayoría de las veces ella añadía la levadura y luego aguardaba que la masa leudara, pero no lo hacía los días en los que su pueblo recordaba cómo la liberación los tomó por sorpresa un día. En esa fecha, la enviaba directamente a la bandeja para hornear y la dejaba hasta que la parte superior se dorara. El olor hacía que su estómago retumbara. *Yo soy el pan de vida* —dijo el Maestro—. *El que a mí viene nunca pasará hambre.*

¿Qué quería decir?

Luego del atardecer, el sirviente llevó el pan. En una mano balanceaba los panes y el aceite de oliva, en la otra llevaba una lámpara para iluminar el camino hacia la escalera de piedra. Sus pasos resonaban demasiado fuerte, pensó, así que caminó más lento. La misteriosa compañía, una vez vociferante de historias y canciones, se había acallado con sibilantes susurros. Algo sobre una traición. Algo sobre una muerte. Mantuvo sus ojos en el piso mientras se aproximaba a la mesa abarrotada. Pero el Maestro le agradeció antes de tomar el pan y, como cientos de hombres en Jerusalén esa noche, levantó sus ojos y dijo: *Bendito seas, oh Señor, Dios nuestro, Rey del universo, que sacas pan de la tierra.*

El Ha-Motzi —la bendición del pan en su viaje desde la tierra hasta la mesa. Los griegos llamaron *eucharisteo* a este tipo de acción de gracias.

Luego de bendecir el pan, el Maestro lo partió y dijo: *Este es mi cuerpo, dado por ustedes. Tómenlo. Cómanlo. Nunca lo olviden.*

Luego bendijo el vino; el Maestro lo sirvió y dijo: *Esta es mi sangre vertida por ustedes para el perdón de pecados. Tómenla. Bébanla. Nunca la olviden.*

Luego se fue. El Maestro fue arrestado. Luego, fue crucificado. Y luego de ser crucificado, lo vieron vivo. Lo reconocieron por cómo partió el pan.

Luego de la comida en la planta alta, el perro olió las migajas. Su nariz se ensanchó y se le hizo agua la boca mientras trepaba por las escaleras, con las patas arañando la piedra con un golpeteo frenético. Pronto lo perseguirían con un grito y una escoba, pero para un perro tan flaco como él, incluso unos pocos bocados servirían. Con desenfreno animal, lamió el botín de debajo de la mesa —algunas migas de pan, un dátil, un trozo de pescado, algunas aceitunas y un poco de miel— antes de que sus oídos se animaran con el lejano sonido de otro Ha-Motzi.

Yo soy el pan vivo que bajó del cielo —dijo el Maestro—. *Este pan es mi carne, que daré para que el mundo viva.*

DIECIOCHO

LA COMIDA

Una familia es un grupo de personas que comen lo mismo en la cena.
—Nora Ephron

L o primero que el mundo supo sobre los cristianos es que comían juntos.

Se reunían al comienzo de cada semana —ricos y pobres, esclavos y libres, judíos y gentiles, mujeres y hombres— para celebrar que todo el mundo cambió, para brindar por la resurrección. Si bien cada comunidad adoraba un poco a su manera, parece que la mayoría practicaba la comunión al disfrutar de una comida juntos, con oraciones especiales de acción de gracias, o *eucharisteo*, por el pan y el vino.[39] Recordaban a Jesús con comida, historias, risa, lágrimas, debates, discusiones y limpieza. Agradecían a Dios no solo por el pan que provenía de la tierra, sino también por el Pan que provenía de los cielos para nutrir a todo el mundo. Según los historiadores de la iglesia, el foco de estos primeros servicios de comunión no era la muerte de Jesús, sino la amistad de Jesús, su presencia hecha palpable entre sus seguidores, materializada en los gustos, sonidos y aromas que amaba.

"Con todas las verdades conceptuales del universo a su disposición —escribe Barbara Brown Taylor—, [Jesús] no les dio algo para reflexionar juntos cuando él se fuera. En cambio, les dio cosas concretas para hacer —modos específicos de estar físicamente juntos—. Eso les enseñaría lo que necesitaban hacer cuando ya no estuviera con ellos para instruirlos en persona. 'Hagan esto —dijo (no *crean* esto, sino *hagan* esto)— en memoria de mí'".[40]

Y así lo hicieron.

"Se mantenían firmes en la enseñanza de los apóstoles —escribe Lucas—, en la comunión, en el partimiento del pan y en la oración…

Todos los creyentes estaban juntos y tenían todo en común: vendían sus propiedades y posesiones, y compartían sus bienes entre sí según la necesidad de cada uno... De casa en casa partían el pan y compartían la comida con alegría y generosidad, alabando a Dios". (Hechos 2: 42-47)

Eran unos andrajosos, eso seguro. El escritor pagano Celso desestimó el cristianismo como una religión tonta, apta solo para los no educados, los esclavos y las mujeres.[41] En efecto, los estudios sociológicos indican que la mayoría de las personas atraídas por la iglesia en sus primeros tres siglos provenían de los niveles más bajos de la sociedad. Las mujeres, especialmente las viudas, encontraron un hogar y una ocupación dentro de la iglesia, llevando a que algunos la criticaran como "afeminada" (prueba de que algunas cosas nunca cambian). Había rumores extraños, también, sobre supuestas fiestas de amor que implicaban comer carne y beber sangre —¡un misterio que, según algunos, explicaba por qué los cristianos se apresuraban a aceptar huérfanos! Pero la religión de las mujeres y esclavos continuaba creciendo, incluso luego de que sus adherentes fueran echados a las bestias en la arena. De hecho, la persecución solo parecía hacerla crecer.

Su unidad no siempre era perfecta, claro. En una de sus cartas, el apóstol Pablo ofreció una corrección más bien mordaz a los cristianos en la iglesia de Corinto que aparentemente estaban celebrando fiestas privadas de borracheras para los ricos, mientras los pobres de su comunidad pasaban hambre. "Mis hermanos y hermanas —suplicó—, cuando se reúnan para comer, espérense unos a otros" (1 Corintios 11: 33). La *Didajé*, o *Enseñanza de los doce discípulos*, instruye a los cristianos a resolver sus disputas entre sí antes de participar de la comida. En algunas comunidades surgió la costumbre de enviar pan del servicio de comunión de la iglesia del obispo a otras iglesias de la zona para agregarlo a la comida como símbolo del vínculo de unidad entre todos los cristianos.

Las cosas cambiaron cuando el emperador Constantino hizo del cristianismo la religión del estado e infundió a la eucaristía con la pompa imperial y elementos de ceremonias paganas. Las oraciones se volvieron más estilizadas y fijas. Cantos solemnes reemplazaron los himnos familiares, y procesiones cargadas de vestimentas al relajado momento de compartir los alimentos. Los cristianos ya no se reunían alrededor de mesas cuantiosas sino que, en su lugar, se paraban frente a altares de piedra que solo sacerdotes podían presidir.[42] Fue ante el altar de Santa Sofía que el cardenal de Roma leyó la sentencia de excomulgación que dividió en dos a las iglesias orientales y occidentales. Para la época medieval, muchas personas laicas recibían la eucaristía solo una vez al año.

Las cosas cambiaron de nuevo en medio del tumulto de la Reforma Protestante. Algunos reformadores radicales quitaron la comunión formal de cuajo y regresaron a las comidas compartidas. Otros mantuvieron elementos tradicionales pero viraron el enfoque del domingo, puesto en la adoración, hacia la predicación y la enseñanza. Muchos rechazaron la doctrina católica de la transustanciación (que el pan y el vino se convierten en el cuerpo y sangre real de Cristo en la comunión), pero no pudieron llegar a un acuerdo sobre la forma exacta de Cristo en el sacramento. Guerras fueron peleadas y libros fueron quemados. Ya sabes como es.

Hoy, la comida es conocida con varios nombres —misa, comunión santa, eucaristía, cena del Señor— y practicada en una miríada de formas. Para algunos, marca el clímax de cada reunión semanal; para otros, es algo que solo se realiza algunas veces al año. El pan puede tomar la forma de una hogaza caliente recién salida del horno, una ostia entregada en mano o una oblea delgada consagrada por un sacerdote y colocada directamente sobre la lengua. El vino puede ser servido en un cáliz ornamental, una botella que se pasa por la mesa o en vasos plásticos en bandejas de metal. (El vino, de hecho, puede ser jugo de uva sin alcohol).

La atmósfera puede ser festiva o sombría, la habitación puede llenarse de música de órgano o de cuerdas de guitarra, cantos gregorianos o tintineo de cubiertos. En las tradiciones más litúrgicas, las oraciones son tan familiares como el sabor del pan —"¡Levantemos nuestros corazones! ¡Lo tenemos levantado al Señor!"— mientras que en una iglesia bautista o una iglesia bíblica, el pastor simplemente puede pedirle a un miembro de la congregación que dé las gracias.

Los elementos y la comida son identificados en diferentes formas: el cuerpo de Cristo, partido; la sangre de Cristo, vertida; el Pan del cielo, la copa de salvación, el misterio de la fe, la cena del cordero. Pero en cada tradición que conozco, alguien, en algún momento dice "recuerden".

¿Recuerdan que Dios se volvió uno de nosotros? ¿Recuerdan que comió y bebió con nosotros, se rio y lloró con nosotros? ¿Recuerdan que Dios sufrió por nosotros y murió por nosotros y dio su vida por la del mundo? ¿Recuerdan? ¿Recuerdan?

"En aquellos días, cuando pensé en renunciar completamente a la iglesia —escribe Nora Gallagher—, intenté decidir qué hacer con la comunión".[43]

En efecto, es más fácil recordar cosas estando juntos que solos.

De niña, consideraba la comunión con cierto temblor. Aunque asistíamos cada primer domingo, ver las bandejas de plata apiladas en la mesa en el frente del santuario siempre me sorprendía y me ponía nerviosa. Nuestra iglesia no tenía un proceso de confirmación, así que el momento de hacerlo quedaba a discreción de los padres. Odiaba no tener nada que hacer durante el silencio que seguía a la recitación solemne de las palabras de Cristo en la última cena por parte del pasto George. Podía escuchar cómo todos en la habitación masticaban, tragaban y engullían sus galletas y jugo de uva en una fuerte y cacofónica ingesta. Cuando obtuve el permiso de mi madre para participar, estaba tan horrorizada por el sonido que hacía al masticar la galleta —sonaba como un compactador de basura en mis oídos— que comencé a deslizarla debajo de mi lengua para que se disolviera durante el resto del servicio sin molestar a toda la congregación con la dulce trituración de mi alimento. Hasta hoy, tengo que recordarme que debo masticar el pan.

Fue la tradición anglicana la que me reconectó a la belleza de la eucaristía, como lo hace con muchos. Una vez, visité una iglesia episcopal en Louisville, Kentucky, donde todo el santuario había sido construido alrededor de la mesa. Se asentaba justo en el centro de la habitación iluminada por el sol, en un presbiterio circular elevado, rodeado de bancos que formaban un semicírculo en un lado, y el coro, el atril y el púlpito en el otro; la perfecta expresión visual de la esencia eucarística de liturgia anglicana.

"Quien venga a mí no tendrá hambre —cantamos antes de hacer un círculo en la mesa juntos—. Y quien crea en mí nunca tendrá sed".

"Los dones de Dios para el pueblo de Dios —dijo la sacerdotisa, mientras levantaba el pan y el vino sobre su panza de embarazada—. Tómenlos en memoria de que Cristo murió por ustedes, y aliméntense de Cristo en sus corazones por la fe, con acción de gracias".

Si bien nuestros diversos recuerdos de la santa cena pueden ser significativos por sí mismos, es una pena que no estén acompañados más a menudo de verdaderos banquetes, con cestas de pan y botellas de vino, codos y derrames, limpieza y luz de velas, y grandes tazones de puré de papas, mazorcas de maíz y judías verdes frescas. Para muchos, tales festines son un elemento básico de su vida informal de iglesia —esas reuniones planificadas o improvisadas llenas de comida china para llevar o una barbacoa en el patio trasero, cuando el pueblo de Dios simplemente comparte el rato—, pero la dicotomía entre lo sagrado y lo secular es una construcción occidental, y sospecho que esos primeros discípulos de Jesús lo encontrarían un poco curioso dado lo que sabemos sobre las primeras comidas dominicales.

En una iglesia llamada St. Lydia en la ciudad de New York, la pastora Emily Scott intenta cambiar eso. Los domingos y los lunes a la noche, personas de alrededor de treinta años se reúnen en un local en Brooklyn para cocinar y compartir una comida. Afiliados con la Iglesia Evangélica Luterana en Estados Unidos, esta "iglesia de cenas", reúne prácticas cristianas antiguas con modos de vida modernos y urbanos.

El servicio comienza con velas encendidas e himnos. Algunos en el grupo ya se conocen; otros son extraños, al menos al comienzo. En la cocina, el plato principal —a menudo una sopa vegetariana o un guiso— hierve a fuego lento en el horno. Luego de los himnos, el pastor guía al grupo en una canción de oración eucarística de los primeros días de la iglesia. Cada persona se pone de pie alrededor de una mesa gigante con las manos alzadas. "Como el grano se esparció por las colinas, luego se recogió y se hizo uno en este pan, así tu iglesia, esparcida hasta los confines de la tierra, se recoja y se convierta en una en tu comunidad…".

El pastor parte el pan a la mitad y envía los dos trozos para que circulen por la mesa. Conforme el pan es compartido por la habitación, los participantes se dicen unos a otros: "Este es mi cuerpo. Haz memoria".

Luego se sirve la comida. Comida santa para gente santa. Las conversaciones se desarrollan en medio de presentaciones, historias, bromas y tragos. A veces, las discusiones fluyen libres. Otras veces, se ponen algo incómodas. Siempre son interesantes.

Luego de la comida, un diácono o un pastor lee la Escritura y da un pequeño sermón, antes de invitar a los congregantes a compartir sus propias historias sobre el tema. Se hacen oraciones y peticiones. Y luego, al final de la comida, el grupo bendice la copa. "Recuerda, Señor, liberar a tu iglesia de todo mal y enseñarle a amarte perfectamente. La has santificado; ahora constrúyela y recógela de los cuatro vientos en el reino que has preparado para ella…".

El resto de la noche se dedica a lavar, enjuagar, secar y guardar los platos mientras los invitados limpian en equipo. La adoración concluye con un himno, la ofrenda y un postre ligero. Nadie se va siendo un extraño.

"Hacemos iglesia de este modo porque las personas están hambrientas —explica Emily—. Las personas de New York tienen estómagos hambrientos que pueden ser llenados con comida casera. Tienen almas hambrientas que pueden ser llenadas con el texto santo, con conversaciones santas. Y ambos apetitos se sacian cuando nos reunimos y comemos".

"Hacemos iglesia de esta manera porque las personas buscan a Jesús. Lo buscan con la esperanza de verlo; pero, bueno, puede que no suceda. Sin embargo, cuando nos sentamos juntos y partimos el pan, lo vislumbramos por un momento en los ojos del otro y nos decimos: 'Veo a Cristo en esta mesa; lo veo cuando nos sentamos y comemos'".[44]

El evangelio de Lucas relata una historia en la que dos de los discípulos de Jesús encuentran a un extraño en el camino de 10 km de Jerusalén a Emaús. Cuando el forastero preguntó por qué lucían tan oprimidos y ansiosos, los discípulos le contaron acerca de los eventos que habían sucedido en Jerusalén esa semana, acerca de cómo su Maestro había sido traicionado, abandonado, crucificado, enterrado y, según algunos rumores dudosos, supuestos por las mujeres, devuelto a la vida. Mientras el extraño caminó con ellos, les explicó que esas cosas representaban el cumplimiento de la Escritura. Pero no fue hasta que llegaron a Emaús y compartieron una comida juntos que los discípulos se dieron cuenta de que el hombre era más que un mero compañero de viaje o un profeta. Cuando partió el pan y dio gracias, "entonces se les abrieron los ojos y lo reconocieron" (Lucas 24: 31). ¡Era Jesús!

Algo de la comunión desencadena nuestra memoria y nos ayuda a ver las cosas tal y como son. Algo sobre la comunión abre nuestros ojos a la mesa de Jesús.

Mientras editaba este capítulo, una tía amada murió repentinamente de una infección por estafilococos que se extendió a su columna sin previo aviso. Era una persona saludable y activa de setenta y dos años. Acababa de volver de un crucero por el Mediterráneo con mi tío, cuando lo que empezó como un dolor de espalda la dejó totalmente paralizada y con asistencia vital en cuestión de horas. Tomé un avión a Iowa para hacer el duelo junto a familia y amigos, todos confundidos y en *shock*. Mientras estuvimos en la casa de mis tíos, el timbre no paró de sonar; un miembro tras otro de la Primera Iglesia Bautista aparecía con una cazuela, embutidos, fruta fresca y pan, helados caseros y pasteles de todas las variedades; un auténtico desfile de cocina casera de Iowa (por cierto, allí la gelatina es considerada una ensalada). Entre estas comidas, encontramos la fuerza para llorar, para compartir recuerdos, para expresar nuestra falta de fe y reír profunda y ruidosamente cuando mi primo Michael relató la vez que él y su mejor amigo se colaron en el campanario de la iglesia y reemplazaron la cinta grabada de las campanadas con "Hell's Bells" de AC/DC.

"Esa es la señora que nos sirvió la comunión en la iglesia esta mañana", dijo mi papá, señalando a una mujer que estaba parada en la entrada que envolvía a mi tío con un brazo y balanceaba una pila de recipientes en el otro.

"Y aquí está, sirviendo de nuevo", observé.

Como Gallagher en los días en que contempló dejar el cristianismo, me he preguntado qué haría sin la comunión. Sin dudas, los no creyentes pueden cuidarse unos a otros y prepararse comida entre sí. Pero son los cristianos quienes reconocen este acto como un sacramento, como sagrado. Son los cristianos quienes creen que el pan puede satisfacer no solo el hambre física, sino también el hambre espiritual y emocional, y cuya memoria colectiva trae a Jesús de nuevo a la vida en cada partición de pan y en cada copa de vino; en todos los sabores, olores y sonidos que Dios mismo ama.

DIECINUEVE

BAILE METODISTA

Las personas que aman comer siempre son las mejores personas.
—Julia Child

No sabía que tenía hambre.

Mientras lidiaba con el fracaso de La Misión, experimenté algo de modesto éxito profesional con la publicación de mi segundo libro, que me hizo viajar por el país a universidades, iglesias y conferencias para hablar sobre la iglesia, la biblia, la igualdad de género y los medios de comunicación. Este nuevo estilo de vida itinerante me proveyó la coartada perfecta para no buscar una iglesia nueva —¿cómo podríamos si ni siquiera estábamos en la ciudad la mayoría de los fines de semana?— y me distrajo del vacío molesto que acompaña a un sueño postergado. También me reintrodujo al pueblo de la iglesia universal, quienes, en un momento donde me sentía una huérfana religiosa, me dieron la bienvenida, me apoyaron, escucharon, y obvio, me dieron de comer.

Los metodistas de Jackson, Tennessee, servían barbacoa y ensalada de col en el retiro de mujeres. Los bautistas de Houston, Texas, llevaron *food trucks* para que pudiéramos tener un pic-nic de comida mexicana en el césped de la iglesia. Se me cayeron shots de tequila en una camioneta llena de pastores presbiterianos mientras el conductor aceleraba por la costa de Cozumel, México. Probé el café helado de vaquero en el Common Grounds de Waco, mientras un grupo de estudiantes de la universidad de Baylor esperaba mi visto bueno. En Grand Rapids, una lectora llamada Caroline me entregó una pila de galletas saladas con chispas de chocolate amargo atadas con un lazo azul celeste que me impactaron de tal forma que ahora sé la receta de memoria. En Seattle, el pastor Tim y su esposo Patrick sirvieron salmón fresco con salsa de mango y aguacate, espárragos, quinoa y vino tinto local. En Cochabamba, Bolivia, una granjera de conejillos de indias le dio la bienvenida a nuestro equipo de blogueros de World Vision a su casa de una habitación; sirvió papas hervidas, que pasamos como pan de comunión. En Hope, Michigan, los reformados holandeses asaron perros calientes y hamburguesas y me enviaron a casa con un par de zapatos de madera.

Compartí pan y jamón casero con los cuáqueros de Portland, camarones y sémola con la fundación Wesleyana de Williamsburg, macarrones con queso con los menonitas de Harrisonburg, Virginia, y pollo asado y puré de papas que se derretía en mi boca con las monjas dominicanas de Siena Heights. Los metodistas libres de Greenville, Illinois, me presentaron la sopa de pollo con fideos caseros de Adam Brothers, por la que todavía tengo antojos insaciables cuando estoy enferma. Los discípulos de Cristo me llevaron a mi primera hamburguesería In-N-Out, donde fingí tener la experiencia religiosa que esperaban. Incluso comí panqueques de arándanos en la Casa Blanca, donde, en el desayuno anual de oración de Pascua, el líder de derechos civiles Otis Moss pronunció el mejor sermón sobre la resurrección que he escuchado en mi vida. Cené con científicos y músicos, eruditos bíblicos y activistas, rabinos y sacerdotes, monjes y monjas, personas sin hogar y adineradas, chefs profesionales y cocineros caseros. Puede que haya ganado algunos kilos.

"La comida es un idioma de cuidados —escribe Shauna Niequist—; lo que hacemos cuando el lenguaje tradicional falla".[45]

El fin de La Misión se sintió como una muerte, y ya sea que estas buenas personas lo supieran o no, me estaban cuidando en mi pena. A cambio, pronuncié algunos sermones y conferencias aceptables y traté de responder a las preguntas de la gente durante los paneles de discusión y las entrevistas. Ni un solo grupo fue grosero o desatento, pero a veces me sentí sobrepasada. Como la vez que tuve que decir, en un cuarto lleno de seminaristas presbiterianos, que realmente no tenía una opinión sobre el *supersesionismo* porque, simplemente no tenía idea de lo que era (parecieron encontrar aceptable esta respuesta, ya que los presbiterianos generalmente se oponen al *supersesionismo*, que yo interpreto como estar en contra de que Texas deje la Unión Federal). O la vez que me di cuenta, un poco tarde, de que las Iglesias de Cristo y la Iglesia Unida de Cristo no son la misma denominación... ni siquiera están cerca.

Pero mis inseguridades nunca se incendiaron más violentamente que cuando me pidieron que hablara en eventos de jóvenes. Aunque muchas cosas habían cambiado desde los días del conejito regordete, los eventos de jóvenes permanecían como la *pièce de résistance* de la cultura extrovertida. Hay luces estroboscópicas y máquinas de humo, parodias y concursos de talentos, tirolesas, llamadas al altar y juegos. Cientos de adolescentes brincan al ritmo palpitante de canciones de adoración teológicamente cuestionables, mientras los de la última fila miran. Hay futuros tobillos quebrados. Potenciales romances. Camisetas disparadas desde cañones. En algún momento, un tipo con *jeans* ajustados y una docena de muñequeras de goma saltará al escenario y les dirá a todos en la audiencia que busquen a alguien que no conocen y le den un abrazo gigante de parte de Jesús. Y cuando me presente, dirá: "¡Rachel Held Evans está aquí para VOLARLES LA CABEZA!".

No les volaré la cabeza.

"Honestamente, los adolescentes no son mi audiencia usual", les dije a los pastores que me invitaron a hablar.

"Si, pero tienes un blog muy popular", respondieron.

"Se dan cuenta de que mi última publicación fue un texto de trescientas palabras en las que discutí las regulaciones bíblicas sobre la menstruación, ¿no? No tengo una pila de material adecuado para chicos de escuela secundaria".

"Bueno, quizás es mejor que no hables de tu menstruación".

"¿Están seguros de que quieren que haga esto?".

"Absolutamente".

"¿Me pueden asegurar que no habrá máquinas de humo?".

"Me temo que ya las encargamos".

Una de esas conversaciones me llevó a Eagle Eyrie, un campamento arbolado de ciento sesenta hectáreas en Lynchburg, Virginia, donde los jóvenes de la conferencia de Virginia de la Iglesia Metodista Unida celebran hace décadas su retiro anual de otoño. Me pidieron que hablara en las cuatro charlas principales, para quinientos estudiantes de escuela secundaria y preparatoria, sobre el tema "Viviendo las preguntas".

Cuando el primer grupo de estudiantes salió de sus camionetas de iglesia como hormigas perturbadas, me maravillé de sus rostros jóvenes y me preocupé por mi grave falta de serenidad. Se me vino a la cabeza que los más jóvenes entre ellos habían sido niños pequeños para el 11 de septiembre de 2001. ¡Niñitos! ¿Qué me hacía pensar que nos estábamos haciendo las mismas preguntas?

Pasé la semana previa a la conferencia revisando todo mi material habitual, llamando a Brian Ward para pedirle consejo y buscando en Internet para entender qué les gusta a los niños en estos días.

"Asegúrate de ser graciosa —me dijeron mis amigos—. A los adolescentes les gusta lo gracioso".

"Averigua algunas referencias de cultura pop —dijeron—. Habla de música y películas que conozcan".

"¡Ni se te ocurra usar PowerPoint!".

"Es mejor no apegarse a un guión".

"Tienes exactamente quince minutos antes de perderlos. Lo que sea que hagas, no te pases de eso".

"Simplemente no lo intentes demasiado —me advirtió Brian—. Ellos lo notan. Saben cuando estás fingiendo".

Así que tenía que ser divertida, moderna y concisa, sin esforzarme demasiado. Entendido.

A pesar de toda la preparación, entré en pánico cuando me subí al escenario la primera noche luego de que la banda terminara, mientras todavía había corrientes de humo adheridas al escenario, y quinientos rostros jóvenes me miraban. Antes de acercarme al micrófono, cerré los ojos: Dios, *simplemente ayúdame a hacer lo correcto para estos ni-*

ños, simplemente ayúdame a hacer lo correcto para estos niños, simplemente ayúdame a hacer lo correcto para estos niños. Luego de algunos segundos de silencio, me aclaré la garganta, me reí y confesé que estaba un poco nerviosa. Sin fingir, ¿no?

La primera presentación estuvo bien. Los estudiantes se rieron de mis bromas y solo algunos se quedaron dormidos. No hablé de mi periodo. Y conforme prosiguió la semana, empecé a caer en cuenta de algunas cosas. Aprendí los nombres de los estudiantes y escuché sus devoluciones. Desarrollé algunas bromas amistosas con algunos de los más grandes, especialmente los que estaban sorprendidos de obtener permiso de su oradora femenina para interrumpir la siguiente sesión con una actualización del resultado del partido de fútbol de Alabama.

El clímax del fin de semana sucedió el sábado a la noche, con un servicio de comunión para todos los estudiantes, voluntarios, acompañantes y ministros. Un pastor metodista presidió la mesa, pero me pidieron a mí y a algunos líderes estudiantes que distribuyéramos el pan y el vino.

Al frente de la rústica sala de reuniones del campamento, sostenía una hogaza de pan con una mano y, con la otra, partía un trozo a la vez. Cientos de personas se acercaron, una por una, con sus manos extendidas, listas para recibir.

Este es el cuerpo de Cristo, partido por ti, decía.

Lo dije una y otra vez, a cada persona que se me acercó a la mesa —a los chicos de la última fila que evitaban mi mirada, a las chicas a las que el rímel les caía por las mejillas, a los niños que reían en la fila con sus amigos, a los que venían solos.

Este es el cuerpo de Cristo, partido por ti.

Se lo dije a los que usaban *jeans* de diseñador, a los de zapatos gastados, a los que parecían ser atletas, a los que claramente eran los payasos de la clase, a los que probablemente eran acosados en la escuela.

Este es el cuerpo de Cristo, partido por ti.

Se lo dije a la chica delgada que quería un abrazo, al líder de jóvenes con ojos cansados, a los acompañantes que balbuceaban palabras de agradecimiento.

Este es el cuerpo de Cristo, partido por ti.

Se lo dije al chico que se aproximó con su andador, al deportista que sonrió y susurró "Roll Tide"[1] a la madre que me dijo que había enviado una carta de queja a la Iglesia Metodista Unida cuando se enteró de que yo sería la oradora.

Este es el cuerpo de Cristo, partido por ti.

Había manos arrugadas, narices perforadas y destellos de dientes blancos brillantes contra la piel chocolate. Había bebés en las caderas, curitas en los dedos, manos en los bolsillos, movimientos nerviosos y ojos llorosos.

Este es el cuerpo de Cristo, partido por ti.

En los rostros que pasaban vi alegría, alivio, ansiedad, aburrimiento, timidez, familiaridad, distracción y esperanza. Vi familias rotas, peleas con amigos, dudas sobre Dios e inseguridades sobre el viaje en camioneta a casa.

Este es el cuerpo de Cristo, partido por ti.
Este es el cuerpo de Cristo, partido por ti.
Este es el cuerpo de Cristo, partido por ti.

Lo dije más de trescientas veces —hasta que finalmente lo creí, finalmente, lo entendí: mi trabajo no era hacer las cosas bien para estos chicos; esto no se trataba de mí. Solo podía proclamar el gran misterio de la fe —que Cristo ha muerto, ha resucitado y regresará, y que, de alguna manera, de alguna forma, esto es *suficiente*. Este cuerpo y esta sangre son *suficientes*.

En Eagle Eyrie aprendí por qué es tan importante servir la comunión para los pastores. Es tan importante porque se lleva el espectáculo. Es importante porque te empuja a ti, a tu ego y a tus expectativas fuera del camino para que Jesús haga lo suyo. Te recuerda que la gracia es tan abundante como las lágrimas y la fe tan simple como la comida.

"Cuando [Jesús] quiso explicar completamente de qué se trataba

---

[1] Lo que dicen los jugadores del Alabama luego de anotar un touchdown (N. del T.)

su muerte venidera —escribe el erudito en nuevo testamento N. T. Wright—, no dio una teoría. No dio un conjunto de textos bíblicos. Les dio una comida".⁴⁶

Creo que algunas veces solo tienes que probar y ver.

Luego del servicio, celebramos con un espectáculo de luces y un baile, porque así es como se divierten los metodistas. Solté mis peores pasos ante los gritos de los estudiantes, sin preocuparme por mi falta de onda. En algún momento, entre los coros de "We are young" y "Call me maybe", me di cuenta de cuánto necesitaba a estos adolescentes de Virginia, esos que creí que me necesitaban a mí. La comunión tiene esa forma de horizontalizar las cosas, de entrelazar nuestras raíces y unir nuestras manos.

Cuando tengo hambre —de comunidad, de paz y de creer— recuerdo cómo era alimentar y ser alimentada con Jesús. Y esos recuerdos se multiplican como el pan que alimentó a los cinco mil, derramándose de sus cestas y llenando cada espacio vacío. La comunión no responde todas las preguntas, tampoco evita que mi estómago retumbe de vez en cuando; pero he descubierto que es suficiente. Siempre fue y es suficiente.

VEINTE

BRAZOS ABIERTOS

Es peligroso abrir tus manos.
—Nora Gallagher

Me resisto cada vez.
Durante todo el camino por el pasillo y al subir los escalones hacia el altar, me muevo inquieta, cruzo y despliego los brazos, entrelazo y abro los dedos de las manos, fuerzo mi boca a una sonrisa agradable y discreta mientras mis ojos saludan los rostros de los feligreses que vuelven a sus asientos.

Hay un órgano, un coro, toses reprimidas y llantos de bebé.

Hay incienso, fijador de cabello y perfume barato de iglesia vieja.

Mis rodillas golpean la almohada debajo de la barandilla del altar y la luz del vitral mancha mi piel. Es la postura más vulnerable que un cuerpo puede asumir: arrodillada, las manos juntas y las palmas hacia arriba —expectante, vacía, expuesta—, esperando recibir. Me resisto cada vez a esta sumisión aniñada, a esta expresión pública de *necesidad*.

La oración, al menos, ofrece cierta protección al unir las manos, inclinar la cabeza y cerrar los ojos. Pero aquí, en la mesa, estoy abierta, sin refugio. Las líneas de mis palmas son lechos secos de un arroyo en una cuenca que espera agua. Soy una niña pequeña acurrucada debajo del grifo.

El Cuerpo de Cristo, el Pan del Cielo.

Jesús desciende a mis manos abiertas.

La Sangre de Cristo, la Copa de Salvación.

Jesús se desliza por mis labios entreabiertos.

"Si no hiciéramos nada más —escribe Nora Gallagher—, si nada más fuese puesto en nuestras manos, habríamos hecho dos tercios de lo que se necesita hacer, que es admitir que no tenemos todas las respuestas; que no tenemos todo el poder. Esto está, como reza el dicho, 'fuera de nuestras manos'".

"La fe —dice— es un deporte de captura y liberación. Y pararme en el altar a recibir el pan y el vino es la parte de liberación".[47]

Pero yo no soy nada buena en liberar y recibir, al menos no sin práctica. La nuestra es una cultura de logros, de suficiencia, de ajustar lo que sea necesario y de subir y escalar lo que sea. Celebramos a los ganadores, a los líderes, a los que lo hacen por ellos mismos. Como todo buen estadounidense, me gusta esperar hasta pensar que *me lo he ganado*. Me gusta esperar hasta creer que *me lo merezco*. Al dar, puedo retener algún sentido de poder, alguna ilusión de control. Pero recibir quiere decir que el espectáculo terminó. Recibir quiere decir que no soy la jefa de lo que viene a mi vida —sea una prueba, un problema o un bien inmerecido.

Hace poco, una escritora amiga me envió un ramo de orquídeas que dejamos en la mesa de nuestro comedor durante semanas en una perpetua explosión magenta. Me las envió porque ella sabía que estaba en uno de esos periodos donde no quería saber nada ni de Dios ni de la iglesia. Los cristianos habían sido crueles unos con otros y lo habían sido conmigo, y todo había sucedido en un foro público. No estaba de humor para aceptar ningún acto de misericordia, particularmente del mismo tipo de cristianos contra los que me estaba rebelando. Avergonzada por su generosidad, le envié un fugaz "gracias" en respuesta y resolví regresarle el favor en algún momento. Si le debía algo, tal vez no tendría por qué aceptar tal misericordia.

Estaba embelesada por el regalo de mi amiga incluso antes de poder admitirlo, en un día gris en el que ya no pude ignorar su obstinada e irresponsable belleza. Hasta entonces, no quería reconocer lo mucho que necesitaba de su amabilidad, lo indefensa que estaba para resolver todo esto por mi cuenta. No quería verme en esas orquídeas frágiles y sedientas, luchando contra la penumbra para avanzar hacia la luz.

Pero esta amiga conoce mejor que nadie la naturaleza de *eucharisteo*

—acción de gracias—: cómo ingresa por nuestros lugares tiernos y se filtra a través de nuestras grietas. Ella sabía que Dios aflojaría mis puños y desplegaría mis dedos y que, eventualmente, la gracia entraría.

Y así fue que, finalmente, abrí mis manos, recibí la gracia del modo en que recibo la comunión: sin nada que ofrecer a cambio más que agradecimiento.

Robert Farrar Capon escribe: "La gracia no puede prevalecer hasta que nuestra certeza de que alguien está llevando la cuenta, que nos viene acompañando toda la vida, se haya quedado sin combustible y haya colapsado".[48]

Esta es la razón por la cual necesitaba la eucaristía.

Necesitaba la eucaristía porque necesitaba comenzar cada semana con las manos abiertas.

Necesitaba la eucaristía porque necesitaba practicar el dejar ir y el dejar entrar.

Necesitaba la eucaristía porque necesitaba dejar de llevar la cuenta.

"Nunca nadie ha sido 'digno' de recibir la comunión —escribe Alexander Schmemann— nadie ha estado preparado para ella. A esta altura, todo el mérito, virtuosismo y devoción desaparecen y se disuelven. La vida viene de vuelta a nosotros como un Regalo, un regalo gratis y divino… Todo es gratis, nada es adecuado y, sin embargo, todo está dado. Y, por lo tanto, la humildad y obediencia más grandiosa es aceptarlo, decir que sí con gozo y gratitud".[49]

Abrir las manos da miedo. Recibir, decir *sí*, atemoriza. Me resisto cada vez. Pero, de alguna manera, ya sea que se cuele a través de un pedazo de pan, un sorbo de vino, o un capullo incubando, la gracia siempre, eventualmente me llega. Y, finalmente, de una vez por todas, exhalo mi acción de gracias.

VEINTIUNO

MESA LIBRE

> *Eres amada, dijo alguien. Acéptalo y cómelo.*
> —Mary Karr

Cuando Sara Miles tenía cuarenta y seis, entró a una iglesia desconocida, comió un trozo de pan y tomó un sorbo de vino. Hasta ese momento, no tenía ningún interés en la religión. Viajante, liberal y lesbiana, fue criada en un hogar secular y permaneció profundamente escéptica de lo que había visto de la iglesia, particularmente de sus iteraciones más fundamentalistas. No había sido bautizada, nunca leyó mucho de la Biblia, nunca hizo la oración del Señor. Pero en *St. Gregory's of Nyssa Episcopal Church*, en San Francisco, alguien invitó a Sara a la mesa.

"Y luego, me ocurrió algo descabellado y terrorífico —dice—: Jesús".[50]

Sara se sintió mareada, abrumada, cargada de vida, llena. De repente, creía.

"No pude armonizar la experiencia con nada de lo que sabía o me habían dicho", escribe Sara en su memoria, *Take This Bread [Come este Pan]*. "Pero tampoco me podía ir: Por alguna razón inexplicable, quería ese pan de nuevo. Lo quería al siguiente día de mi primera comunión, y a la semana siguiente, y a la siguiente. Lo que me atraía a la mesa era una sensación tan urgente como el hambre física".

Así que, con el desconcertado apoyo de su pareja y su hija, Sara volvió a *St. Gregory* el domingo siguiente, el domingo siguiente y el domingo siguiente. No solo se convirtió al cristianismo, se hizo completamente devota de "una religión arraigada en la práctica más ordinaria pero subversiva: una mesa con una cena a la que todos son bienvenidos, donde los despreciados y marginados son honrados".[51]

Sara se asoció con *St. Gregory* para crear una enorme despensa de alimentos, donde los pobres, los ancianos, los enfermos, las personas sin hogar y los marginados de la comunidad son atendidos cada semana en la misma mesa donde Sara tomó su primera comunión —sin condiciones ni preguntas. Con los santos pintados en las paredes como testigos, cientos se reunieron alrededor de la mesa de comunión para llenar sus bolsos con fruta, vegetales, arroz, frijoles, cereales, pan, productos enlatados, mantequilla de maní, y lo que sea que hubo entre las abundantes cinco a seis toneladas de comida que habían recibido ese viernes en particular. Hoy muchos se alistan como voluntarios y se unen al personal de la iglesia para compartir una comida al mediodía.

La despensa de alimentos trae a la memoria una conversación que tuvo Jesús con un grupo de líderes religiosos en la casa de un fariseo prominente. "Cuando des un banquete —le dijo Jesús al anfitrión—, invita a los pobres, a los inválidos, a los cojos y a los ciegos, y serás dichoso". Les contó una parábola sobre un hombre que prepara un banquete e invita a muchos. Cuando aquellos en la lista de invitados no aceptaron la propuesta, el hombre ordenó a su sirviente a que fuera por las calles y pasillos de la ciudad y llevará a los pobres, los hambrientos, los discapacitados y los solitarios. El sirviente obedeció, pero le dijo a su maestro que todavía había lugar en la mesa. "Ve por los caminos y las veredas, y oblígalos a entrar —dijo el maestro— para que se llene mi casa" (Lucas 14: 12-23). Así es el reino de Dios: un grupo de marginados y bichos raros reunidos en una mesa, no porque sean ricos, dignos o buenos, sino porque tienen hambre, porque dijeron que *sí*. Y siempre hay lugar para más.

"La comunión santa me noqueó y me forzó a lidiar con la imposible realidad de Dios", escribe Sara. "Luego, mientras continuaba la conversión, desafiando incansablemente mis supuestos sobre la religión, la política y el sentido, Dios me forzó a lidiar con todo tipo de personas... Terminé no en lo que a la gente de la iglesia le gusta llamar 'una comunidad de creyentes' —que tiende a ser un código para decir 'club de ideas afines'—, sino en algo más grande y salvaje de lo que jamás haya esperado: el sufriente, rebelde e ilimitado cuerpo de Cristo".[52]

Como es de esperar, Sara es partidaria de lo que se llama una mesa abierta: la práctica de invitar a todos los que están física o espiritualmente hambrientos a participar en la comunión, sin importar del trasfondo religioso o el estatus. La mayoría de las iglesias poseen algunos requerimientos en cuanto a quién puede tomar lugar en el pan y el vino —típicamente, que estén bautizados—, una tradición adoptada a inicios de la historia de la iglesia, que hubiera excluido a Sara de esa primera experiencia poderosa con la eucaristía y que dejaría afuera a muchos de los pobres y enfermos a los que sirve.

Aunque nunca he sido parte de una iglesia que dirige una mesa abierta, estoy con Sara. No sé exactamente *cómo* se presenta Jesús en el pan y el vino, pero creo que *está* presente; también parece contraintuitivo decirles a las personas que tienen que esperar y encontrarlo en algún otro lugar antes de hacerlo en la mesa. Si las personas están hambrientas, déjenlas venir a comer. Si tienen sed, déjenlas venir a beber. En cualquiera de los casos, no es mi mesa. No es la mesa de mi denominación ni la de mi iglesia. *Es la mesa de Cristo*. Cristo envía las invitaciones, y si tiene que correr por las calles y reunir a la *gentuza* para llenar su casa, entonces eso es exactamente lo que hará. ¿Quién soy yo para tratar de bloquear la puerta?

Dejando de lado las tradiciones consagradas desde hace mucho tiempo en torno a la comunión, siempre hay personas que se imaginan a sí mismas como porteros del banquete celestial, encargados de mantener a las personas equivocadas lejos de la mesa y fuera de la iglesia. En años recientes, el evangelicalismo en particular ha visto resurgir un cristianismo de patrulla de fronteras, con alianzas y coaliciones formadas alrededor de distintivos teológicos compartidos que elevan los asuntos secundarios a primarios y declaran a cualquiera que no se ajuste a su estricto conjunto de creencias y comportamientos como no apto para el compañerismo cristiano. Comisionados para purificar la iglesia de cada pensamiento errante, diferencia de opinión o variación de práctica, estos autodenominados "cuidadores de la puerta" arman pesados paquetes de reglas legalistas y los depositan sobre los cansados hombros de las personas. Cuelan los mosquitos de la teología de los demás mientras se tragan sus propias inconsistencias del tamaño de un camello. Les estrellan las puertas del reino en la cara a las personas y les dicen que vuelvan cuando estén sobrias, en sus cabales, sean republicanas, reformadas, no tengan dudas, sean sumisas y heterosexuales.

Pero el evangelio no necesita una coalición devota para mantener afuera a las personas equivocadas. Necesita una familia de pecadores, salvados por gracia, comisionados a derribar los muros, que abran las puertas y griten "¡Bienvenido! Hay pan y vino. Ven, come y charla con nosotros". Este no es un reino para los dignos; es un reino para los hambrientos.

La compulsión de mantener una mesa pura y homogénea es una costumbre antigua, y refleja normas sociales arraigadas y tabúes que rodean la alimentación comunitaria. La palabra *compañero* deriva del latín *com* ("con") y *panio* ("pan").[53] Un compañero, por lo tanto, es alguien con quien compartes tu pan. Cuando queremos saber sobre los amigos y socios de una persona, miramos a las personas con las que come, y cuando queremos comparar el estatus social de alguien con el nuestro, observamos el tipo de cenas a las que lo invitan. La mayoría preferimos comer con personas que son como nosotros; con trasfondos, valores, estatus socioeconómico, etnia, creencias y gustos compartidos. Quizás, preferimos comer con personas a las que nos queremos parecer, que nos hacen sentir importantes y estimadas. Así como un mal ingrediente puede contaminar una comida, a menudo tememos que una mala compañía pueda contaminar nuestra reputación o comodidad. Por eso los críticos de Jesús llamaron repetidamente la atención sobre el hecho de que él cenaba con recaudadores de impuestos y pecadores. Al comer con los pobres, los despreciados, los enfermos, los pecadores, los marginados, y los impuros, Jesús estaba diciendo "Estos son mis compañeros. Estos son mis amigos". Fue el tipo de comportamiento que hizo que lo mataran.

El apóstol Pedro continuó su patrón, pero lo llevó incluso más lejos al atreverse a cenar con gentiles. Como judío, mantener la alimentación *kosher* equivalía a la fe e identidad misma de Pedro, pero cuando seguir a Jesús lo llevó a los hogares y las mesas de los gentiles, tuvo una visión en la que Dios le dijo que no permitiera que las reglas, ni siquiera las bíblicas, lo alejaran de amar a su prójimo. Así que cuando fue invitado a la casa de Cornelio, un centurión romano, declaró: "Ustedes saben muy bien que nuestra ley prohíbe que un judío se junte con un extranjero o lo visite. Pero Dios me ha hecho ver que a nadie debo llamar impuro o inmundo" (Hechos 10: 28). A veces, el acto más radical de obediencia cristiana es compartir una comida con alguien nuevo.

El reverendo Michael Curry, obispo de la diócesis episcopal de Carolina del Norte, cuenta la historia de una mujer joven que se convirtió en episcopal en la década de 1940. Un domingo, invitó al hombre con el que había estado saliendo a que se le uniera a un servicio. Ambos eran afroamericanos, pero la iglesia a la que fueron ese día era de blancos, y adentrada en el corazón de los Estados Unidos en época de segregación. El joven esperaba en las bancas mientras la congregación avanzaba a recibir la comunión, nervioso porque notó que todos en la congregación bebían del mismo cáliz. Nunca había visto a personas negras y blancas tomar de la misma fuente de agua, mucho menos de la misma copa. Mantuvo la mirada en su novia mientras, luego de recibir el pan, aguardaba por la copa. Finalmente, el sacerdote la bajó hasta sus labios y dijo, como había hecho con los otros, "la sangre de nuestro Señor Jesucristo, que fue vertida por ti, preserve tu cuerpo y alma para vida eterna". El hombre decidió que cualquier iglesia donde negros y blancos bebiesen de la misma copa había descubierto algo poderoso, algo de lo que quería ser parte.

Esa pareja eran los padres del obispo Curry.

La comunión, dice Curry, "es un sacramento de unidad que supera incluso las divisiones más profundas entre los seres humanos".[54]

"La participación en la cena del Señor —escribe Richard Beck—, es un acto inherentemente moral. En el primer siglo de la iglesia, y en nuestro propio tiempo, las personas que nunca se habrían asociado entre sí se sientan como iguales alrededor de la mesa del Señor... la eucaristía, por lo tanto, no es simplemente una expansión simbólica del círculo moral. La cena del Señor se convierte en un evento profundamente subversivo en las vidas de los participantes. El sacramento junta a personas reales —divididas en otras esferas— en un abrazo dulce, íntimo y de carne y hueso donde 'no ha de haber diferencia entre ellos y el resto'".[55]

Estaría mintiendo si dijera que saboreo este "abrazo dulce, íntimo y de carne y hueso" sin reserva alguna. Seguro, me siento feliz de pasar el pan a alguien como a Sara Miles o al vecino que corta el césped cuando estoy fuera de la ciudad. Pero, ¿a Sarah Palin?[2] ¿Glen Beck?[3] ¿A aquellos guardianes de la puerta de los que justamente estaba hablando? No me da muchas ganas. Cualquier domingo por la mañana podría avistar a seis o siete personas que me han agraviado o hecho daño, cuyas posiciones políticas, ideológicas o personalidad me ponen loca. La iglesia está plagada de personas que no merecen estar aquí... empezando por mí.

Pero la mesa puede transforman en compañeros hasta a nuestros enemigos. La mesa nos recuerda que, como hermanos y hermanas adoptados en la familia de Dios e invitados a su banquete, estamos confinados a estar juntos; somos familia. Bien podríamos hacer las paces. La mesa nos enseña que la fe no se trata de tener razón o de ser buenos o estar de acuerdo. La fe es alimentar y ser alimentados.

Quizás esta es la razón por la que muchas de las visiones escatológicas más poderosas de las escrituras incluyen imágenes de banquetes. "Sobre este monte, el Señor Todopoderoso preparará para todos los pueblos —declara el profeta Isaías— un banquete de manjares es-

---

[2] Es una política estadounidense del partido republicano. Entre otras cosas, es católica, está en contra de la legalización del aborto, se opone al matrimonio homosexual y apoya la invasión a Iraq diciendo que los líderes de la nación envían soldados en una misión que es de Dios. (N. del T)

[3] Glenn Lee Beck es un comentarista político conservador estadounidense, presentador de radio, productor de televisión, teórico conspirativo y mormón. (N. del T)

peciales, un banquete de vinos añejos" (Isaías 25: 6). "Habrá quienes lleguen del oriente y del occidente, del norte y del sur —dice Jesús— para sentarse al banquete en el reino de Dios" (Lucas 13: 29). La visión de Juan en Patmos presenta su clímax con la declaración "¡Dichosos los que han sido convidados a la cena de las bodas del Cordero!". Este banquete celestial incluye "una multitud tomada de todas las naciones, tribus, pueblos y lenguas; era tan grande que nadie podía contarla... ya no sufrirán hambre ni sed" (Apocalipsis 19: 9; 7: 9, 16). Los cristianos creen que el cumplimiento de los sueños de Dios en el mundo —el *eschaton*— está marcado por un festín en el cual nadie está hambriento y todos los que se reúnen son compañeros.

En mi lucha por encontrar iglesia, a menudo he sentido que si pudiera encontrar la denominación o la congregación correctas, si pudiera convertirme en la persona correcta o creer las cosas correctas, entonces mi búsqueda terminaría. Pero estar en lo correcto no es lo que importa. Esperar lo correcto te dejará esperando por siempre.

La iglesia es Dios diciendo: "Estoy organizando un banquete, y todas estas personas desordenadas y desastrosas están invitadas. Ven, bebe algo de vino".

COMUNIÓN

VEINTIDOS

VINO

> *Gustad, y ved que es bueno Jehová.*
> —Salmo 34: 8, RVR1960

Al principio de su ministerio, antes de las multitudes, los rumores, y las amenazas que lo siguieron a todas partes, Jesús asistió a una boda en Caná. Era el tipo de evento que se sabe que le gustaba: lleno de comida y bebida, música y risas, aroma a cordero asado mezclado con el perfume de las guirnaldas de flores; el dulce sabor de la granada, las pasas, los dátiles y la miel; el rugido de las conversaciones animadas entre familiares y amigos, puntuado por la música de los brazaletes tintineando alrededor de las muñecas de las mujeres. En la Palestina del primer siglo, incluso las bodas más modestas duraban de tres a cuatro días. Así que, cuando el vino se acabó, los anfitriones —probablemente parientes cercanos de Jesús sin mucho dinero de más— se enfrentaron a una vergüenza social grave.

El vino en esa época no era un lujo. La escasez de agua, y su frecuente contaminación, hacían que el vino fuera una necesidad para la cocina, la nutrición y la hospitalidad. Junto con el grano y el aceite, la presencia del vino indicaba la bendición de Dios en una comunidad, mientras que su ausencia auguraba una maldición. El vino era un alimento básico, la materia de la vida.

Preocupados por sus anfitriones, María informó a Jesús de la situación, aparentemente, esperando que su hijo hiciera algo al respecto. Según el relato de Juan, al principio Jesús se resistió, pero en un intercambio extraño del que sospecho tendría más sentido si tuviésemos el beneficio de observar las expresiones faciales y el tono de voz, Jesús cambió de opinión (incluso el Mesías, al parecer, obedece a su mamá). Les dijo a los sirvientes que llenaran seis vasijas de piedra con agua.

Usadas para rituales de purificación judíos, cada vasija tenía la capacidad para, aproximadamente, cien litros, y los sirvientes las llenaron hasta el borde. Cuando el organizador de la fiesta sacó un poco del contenido de las vasijas y lo probó, no lo podía creer. ¡El agua se había convertido en vino! ¡Y seiscientos litros! Mucho más de lo que habrían necesitado. Esta es, dice Juan, "la primera de sus señales, la hizo [Jesús] en Caná de Galilea. Así reveló su gloria" (2: 11).

Fue una forma extraña de empezar un ministerio —convertir el agua en vino. ¿Y qué tipo de señal es, al cabo, asegurar que un simple festín de bodas continúe?

Puede ser tentador descartar el milagro en Caná como un mero truco de magia, un ejemplo de Jesús mostrando sus músculos mesiánicos antes de ponerse a trabajar en serio y restaurar la vista al ciego y ayudar a que los paralíticos dejen sus camillas. Sin embargo, esto es solo porque nos cuesta mucho creer que a Dios le importan nuestras realidades rutinarias, que su gloria reside en las cosas del día a día, que simplemente esperan ser vistas.

"Dios trabaja a través de la vida, a través de las personas y a través de realidades físicas, tangibles y materiales, para comunicar su presencia sanadora en nuestras vidas", explica Robert E. Webber cuando describe los principios del sacramento. "Dios no nos sale al encuentro por fuera de la vida de una manera esotérica. Más bien nos encuentra a través de los incidentes diarios y, particularmente, a través de los sacramentos de la iglesia. El sacramento, entonces, es una forma de enfrentarse al misterio".[56]

Este es el propósito de los sacramentos: ayudarnos a *ver* el sentido del pan y el vino, de las orquídeas y de las despensas de comida, de las comidas compartidas después del funeral y de las fiestas de baile posteriores a la comunión, y a decir "presta atención, estas cosas importan; son sagradas".

"La sacralidad requiere especificidad", dice Milton Brasher Cunningham, un ministro y chef. "Los grandes temas esotéricos de la teología tienen su lugar, pero el amor se arraiga en esos momentos específicos en los que voluntaria e intencionalmente entramos en el dolor del otro".[57]

O entramos en las alegrías, familia, desastres y comidas del otro.

En efecto, la palabra *sacramento* se deriva de la frase latina que significa "hacer sagrado". Cuando el brillo de la luz del amor les pega, incluso las cosas ordinarias se vuelven santas. Y cuando se las recibe con manos abiertas en el espíritu del *eucharisteo*, las señales y maravillas de Jesús nunca cesan. Los más de seiscientos litros de vino de Caná señalan la generosidad de un Dios al que nunca se le agotan las cosas santas. Este es el Dios que, para disgusto de Jonás, salvó a la rebelde ciudad de Nínive, el que convirtió cinco panes y un par de pescados en un almuerzo para alimentar a cinco mil y en el que quedaron cestas de sobra para compartir. Este Dios es como un administrador de viñas que paga un día de salario por una sola hora de trabajo, como un pastor que deja a su rebaño y va en busca de una sola oveja o como un padre que le da la bienvenida a su hijo pródigo con una túnica, un anillo y un banquete.

Tenemos la elección, todos los días, de unirnos a la fiesta, beber el dulce vino de la gracia inmerecida o de hacer pucheros como Jonás, reclamar justicia como los empleados del viñedo, resentirnos con nuestra propia familia como el hermano mayor con el hijo pródigo. En su estado ideal, la iglesia administra los sacramentos al alimentar, sanar, perdonar, confortar y dar la bienvenida a su casa a las personas que Dios ama. En su peor estado, retiene los sacramentos en un intento de encerrar a Dios en una teología, una lista de reglas, una declaración doctrinal y un edificio.

Pero nuestro Dios está en el negocio de transformar las cosas ordinarias en sagradas, restos de comida en banquetes y recipientes de purificación vacíos en fuentes de buen vino. Este Dios conoce los caminos del mundo, así que no hay necesidad de temer, ninguna necesidad de retener, ninguna necesidad de postular una declaración. Siempre hay suficiente —solo prueba y mira. Siempre hubo y habrá suficiente.

CONFIRMACIÓN

- V -

VEINTITRÉS

SOPLO

> —¡La paz sea con ustedes! —repitió Jesús—. Como el Padre me envió
> a mí, así yo los envío a ustedes. Acto seguido, sopló sobre ellos
> y les dijo: —Reciban el Espíritu Santo.
> —Juan 20: 21-22

El espíritu es como la respiración, tan íntimo como los pulmones, el pecho, los labios, el vidrio empañado donde los dedos dibujan corazones, la marea que sube y baja veintitrés mil veces al día a un ritmo tan internalizado que nos olvidamos de notar hasta que se embravece y un yogui supino dice *presta atención*, y su frágil poder asombra de nuevo. Inhalar. Exhalar. Soltar. En el principio, Dios respiró. Y respiró suficiente oxígeno, agua y dióxido de carbono como para crear una atmósfera, para formar un hombre. Job conocía a la vida como "el soplo de Dios es su nariz", concedido y quitado. Con su aliento, el Creador encendió las estrellas, separó los mares, despertó un valle de huesos secos, inspiró un texto sagrado. Así también, el Espíritu, inhalado y exhalado en un millón de formas cotidianas, anima, revive, nutre, sostiene, habla. Está tan cerca como la nariz y en todas partes como el aire, así que *presta atención*.

El Espíritu es como el fuego, engañosamente cortés en su danza sobre la cera y la mecha de las velas de nuestra iglesia, pero salvaje y volátil como una tormenta cuando se desata. El fuego no posee una sola figura, aspecto o forma. Puede rugir a través de un bosque o fulminar en un cañón. Puede brillar en las brasas o revolotear en las cenizas. Pero no puede ser contenido. Los vivos lo conocen indirectamente —a través del calor, a través de la luz, a través de los zarcillos de humo que serpentean en el cielo, a través del olor a madera quemada, a través del picor de cenizas en el ojo. El fuego consume. Crea en su destrucción y destruye en su creación. El horno que funde el mineral expulsa la escoria, y la llama que refina el metal purifica el oro. El fuego que incendia un árbol de cientos de años puede abrir sus piñas y diseminar sus semillas. Cuando Dios guio a su pueblo a través del desierto, el Espíritu ardía en un fuego que descansaba sobre el tabernáculo cada noche. Y cuando Dios formó la iglesia, el Espíritu ardió en pequeños fuegos que se posaron sobre las cabezas de su pueblo. "No apaguen el Espíritu", escribió el apóstol. Es tan necesario y tan peligroso como el fuego, así que estén alerta; *presten atención*.

El Espíritu es como un sello, un emblema que lleva el escudo familiar, una promesa de pertenencia, protección, favor. Como un anillo de sello en la cera blanda, el Espíritu imprime en el corazón dúctil el poder y el prestigio de Dios, y nadie —ni los reyes, ni los presidentes, ni los ricos, ni el magisterio— puede quitar esa identidad. El vínculo de Dios está hecho de material viscoso. Nos ha sellado, escribió el apóstol, y nos dio su Espíritu en nuestro corazón como garantía (2 Corintios 1: 22). En el rito de la confirmación, que reconoce la presencia del Espíritu en la vida de un creyente, un pulgar en la frente les recuerda a los hijos de Dios su marca: el sello del don del Espíritu Santo. Es tan invisible como tu respiración pero tan certero como tu piel, *así que presta atención*; no olvides quien eres.

El Espíritu es como el viento, el peregrino más viejo de la tierra, que en un lugar impulsa un velero, en otro talla una roca, en otro ordena a los árboles que se inclinen, en otro levanta suavemente un velo de novia. El viento no conoce de perímetros. La más salvaje de todas las cosas viaja a cada rincón de un mundo sin rincones y amplifica la atmósfera. Huele a madreselva, curry, humo, mar. Se siente como un beso, una respiración, una quemadura, una picadura. Puede susurrar, silbar o rugir, doblar, romper o inflar. Se puede aprovechar, pero nunca detener ni contener; sus efectos pueden ser observados mientras que su esencia permanece invisible. Perseguir al viento es una insensatez, dicen; tratar de domarlo, la definición misma de futilidad. "El viento sopla por donde quiere —dijo Jesús— y lo oyes silbar, aunque ignoras de dónde viene y a dónde va. Lo mismo pasa con todo el que nace del Espíritu" (Juan 3: 8). Nacemos a un mundo ventoso, donde el Espíritu es calmo como una brisa y fuerte como un huracán. No hay ciudad, villa o desierto donde no lo encuentres, así que *presta atención*.

El Espíritu es como un ave, frágil alineación de cielo y tierra, donde el viento, la pluma y el vuelo encuentran aliento, sangre y huesos. Los rabinos imaginaron la *Ruah* como una paloma, los celtas como un ganso salvaje. Como una tórtola, se deslizaba por las aguas primordiales, flotaba por el útero de María, y descendió sobre la cabeza mojada de Jesús. Ella protegió a Israel como un águila, y como una gallina que protege a sus polluelos. "Escóndeme bajo la sombra de tus alas", escribió el rey poeta. "A la sombra de tus alas cantaré, porque tú eres mi ayuda" (Salmos 17: 8, 63: 7). El Espíritu es tan común como una paloma que arrulla y tan trascendente como un águila que vuela en lo alto. Así que mira hacia arriba y canta; atrapa la luz de Dios en un ala diáfana. *Presta atención*.

El Espíritu es como un vientre del cual los vivientes nacen de nuevo. Emergemos —pestañas aún mojadas por el agua, ojos sin asimilar la luz— en un mundo reanimado y recién cargado. Hay tantas cosas nuevas para ver, tantos regalos para dar y recibir, tantos milagros que desconciertan y asombran, si tan solo *prestamos atención*, si tan solo dejamos que el Espíritu nos sorprenda y Dios recobre nuestro aliento.

VEINTICUATRO

ALTARES AL LADO DEL CAMINO

*¡Pero cuán lejos tengo que ir para encontrarte a ti,
a quien ya he llegado!*

—Thomas Merton

Cuatro meses después del último domingo de La Misión, aceleré por la ruta 278 al noroeste de Alabama, con las ventanillas del Acclaim bien bajas y con Gillian Welch cantando el blues de Elvis desde los parlantes. Un sol caliente de agosto convocó una bruma de vapor desde el asfalto que en vano se aferraba a mis neumáticos cuando pasaba por delante de otra tienda de suministros para tractores, otro asador, otra iglesia bautista. El aire acondicionado no funcionaba —al menos no sin estridentes objeciones de la correa del compresor— pero el aire de la mañana estaba pleno de tierra y pino, y lo suficientemente fresco mientras me mantuviera en movimiento. Con cada señal que pasaba, el sol se elevaba cada vez más alto en el cielo y el destino por delante se hacía más nítido en mi imaginación.

"Todos los huéspedes que se presenten serán recibidos como Cristo", escribió San Benito en su *Regla*, que ha guiado quince siglos de vida monástica para monjes y monjas alrededor del mundo. "Debe mostrarse el debido honor a todos, especialmente a los que comparten nuestra fe y a los peregrinos".

Quizás fue esta promesa de una puerta abierta que inspiró mi peregrinación a la Abadía de *St. Bernard*, en Cullman, Alabama —un silencioso monasterio benedictino escondido en trescientas hectáreas de pinos taeda. O, quizás, después de lo que, en retrospectiva, parecía una iniciativa de plantación de iglesia imprudente y sin sujeción, anhelaba algo anclado, algo antiguo.

Construida en 1891 por los inmigrantes alemanes cuya comunidad data de los años 700, *St. Bernard* hospeda una comunidad de, aproximadamente, veinte monjes, una escuela preparatoria, un centro hospitalario y la famosa gruta Ave María —un extenso pueblo en miniatura de estilo de arte popular creado por el residente hermano Joseph en las décadas de 1920 y 1930, y una atracción turística para las personas que gustan de este tipo de arte o que están de camino a Florida y necesitan estirarse un poco. Llamé con anticipación para asegurar una habitación dentro del monasterio, la cual me pareció modesta pero bien equipada y afortunadamente fresca, gracias a una ventana que me recibió con un alegre chirrido. El hospedador dejó la llave colgada de una chinche en un tablero de corcho en uno de los amplios y silenciosos pasillos del complejo, donde el aire mismo parecía lo suficientemente frágil como para romperse. Me sonrojé cuando cada uno de mis pasos resonó como látigos en el claustro desierto, segura de que las ondas de sonido por sí solas eran suficientes para derribar a la Virgen de porcelana que me miraba desde la mesa de vidrio en una esquina. Por un momento, me pregunté si una visita de tres días era demasiado ambiciosa, si incluso una introvertida de toda la vida podía permanecer así de *quieta*.

Encontré cómo llegar a la iglesia casi una hora antes de la misa de la tarde y me acomodé en uno de los banquillos. La luz del sol entraba a raudales a través de las amplias ventanas del triforio, iluminando las paredes de arenisca, las columnas y los arcos parabólicos. Al frente, un crucifijo bizantino de tres metros colgaba suspendido arriba del altar de piedra, retratando al Cristo crucificado de un lado y al Cristo victorioso del otro. Arriba, el techo de pino de Alabama manchado me recordó a *Bible Chapel* o al casco de un barco boca arriba. Debajo, un suelo de pizarra azul, oscuro y frío como el mar.

Talladas en las columnas que flanqueaban el templo, como si sostuvieran el santuario con sus hombros, estaban las figuras de diez santos. Entre ellos estaba Juan el bautista, como siempre agotado, con su cabello despeinado y costillas salientes; el rey David, sosteniendo una lira y una corona; San Bonifacio, con el ceño fruncido y blandiendo el hacha que usó para cortar los robles del culto pagano; y San Bernardo, el patrono del monasterio, con un báculo y una espada, su papel como apologista de la fallida segunda cruzada es inolvidable incluso entre sus seguidores (confieso que tenía muchas esperanzas de ver un retrato de la Lactación de San Bernardo; usualmente se representa la escena de la leyenda en la que el santo se arrodilló ante una Madonna que amamantaba y fue golpeado con un chorro de leche de sus pechos, lo que lo sanó de una infección ocular. La imagen siempre me hace sonreír).

Era lunes, así que, mientras se hacían las cinco en punto, iban apareciendo algunas personas para la misa. Un puñado de estudiantes, maestros y feligreses entraron uno por uno, mojando los dedos en las pilas de agua bendita, santiguándose y haciendo una genuflexión ante el crucifijo antes de encontrar lugar en los bancos; sus cuerpos, espaciados como las piezas de un tablero de ajedrez en un juego próximo a terminar. Finalmente, una línea de monjes con túnica pasó al lugar del coro y empezó a cantar. Sus voces subían y bajaban como las sombras que jugaban en las paredes y fue como si el santuario se despertara de repente y las piedras inhalaran y exhalaran el timbre de antiguos y sagrados cantos.

"Gloria a Dios en las alturas. Y en la tierra paz a los hombres de buena voluntad. Te alabamos. Te bendecimos. Te adoramos…".

"Santo, santo, santo, Señor Dios de los ejércitos. El cielo y la tierra están llenos de tu gloria…".

"¡Oh, Cordero de Dios! Tú que quitas el pecado del mundo, ten piedad de nosotros…".

Me abrí paso a tientas a través del "Señor, ten piedad", "Gloria" y "Santo", observando a la gente a mi alrededor en busca de indicios sobre cuándo arrodillarme, persignarme y murmurar. Todo procedía en una especie de rutina silenciosa, una familiaridad compartida que me hacía sentir como una turista para estas personas de fe. La iglesia católica desalienta a que los no católicos reciban la eucaristía, así que permanecí en mi asiento mientras casi veinte congregantes se aproximaban al altar a recibir los elementos. ¿Los "no católicos"? Parte de mi folleto sugería que usara este momento para "orar por la reunificación de la iglesia", lo cual, estoy segura de que, sin intención alguna, sonaba mucho a "quédate en tu lugar y reflexiona sobre el cisma que causaste".

No fue hasta la tarde siguiente —luego de que los monjes cantaran las Vísperas al final de la misa, de que de la cena se tomara en silencio en el refectorio, de que cantáramos juntos las dulces oraciones completas en la iglesia vacía y oscura, del gran silencio de las horas de la noche, de luchar para llegar a la oración de las seis de la mañana, de un desayuno silencioso, de dos horas gloriosas de leer a Julián de Norwich bajo el sol junto al lago y de quedarme afuera de mi habitación por accidente— que pude tener una conversación de verdad con alguien.

"¡Moría por hablar contigo! —dijo Susan, la mujer rubia de mediana edad con acento de Virginia que se sentó frente a mí en la mesa de invitados durante el almuerzo. Enrollaba sus espaguetis alrededor del tenedor con ánimo atento; tenía las uñas pintadas de magenta y una maraña de brazaletes de oro y plata que captaban la luz—. Bueno, en realidad moría por hablar con cualquiera. No me di cuenta de que mantenían el silencio durante el desayuno y el almuerzo".

"El silencio en el desayuno está bien por mí —respondí—. No soy lo que se dice una persona mañanera".

Susan soltó una generosa carcajada, sorprendiendo a un monje anciano en la otra mesa. "No me gusta el silencio, para nada. ¡Y aun así aquí estoy! Pero ¿no es maravilloso este lugar? Quiero decir, de seguro puedes *sentir* la presencia de los santos en cada cuarto. Cuando mi esposo dijo que tenía que ir de negocios a Irondale y quería que lo acompañara, encontré este lugar en Internet y lo tomé como una señal".

Irondale estaba a una hora de distancia, pero Susan me pareció el tipo de persona que toma todo como una señal.

"¿Y qué te trae por aquí?", preguntó. Su rostro se inmovilizó, expectante.

"Soy una escritora del área de Chattanooga, y estudio el tema del silencio para un proyecto en el que estoy trabajando. Así que pensé: ¿qué mejor lugar para aprender sobre el silencio que un monasterio benedictino?".

Tal como lo había ensayado. Sin mencionar los libros (o pedirían títulos), sin mencionar el blog (o asumirían que era mamá), sin mencionar nada de religión (o se volverían raras). Una no se convierte en miembro medalla de plata de aerolíneas Delta sin aprender algo sobre conversaciones triviales.

"¿No es fascinante? —clamó Susan— ¡Quizás puedas hacer algo de publicidad del lugar!".

En ese momento se nos unió el hermano Brendan, el monje silencioso y con gafas que servía como anfitrión.

"Rachel es escritora", dijo Susan.

"Eso es grandioso —acotó el hermano Brendan—. Es un gozo tenerte con nosotros, Rachel".

"No soy católica", dije, lamentándolo al instante. Por alguna razón, quería sacármelo de encima, aclararlos desde el principio, para que no me descubrieran a través de algún sacrilegio accidental y torpe, y pensaran que era una impostora. Pero el anuncio sonó abrupto, a la defensiva.

El hermano Brendan parecía imperturbable y prosiguió a ponerle cuidadosamente sal a su espagueti, pero Susan lucía como si acabara de informarle que me había quedado huérfana.

"Oh... ¿Eres una... persona de fe?" —Se tocó el collar, protegiéndolo: un Jesús de plata en una cruz de oro.

"Oh sí. Definitivamente".

"¿A dónde asistes a... los servicios?".

"Bueno, crecí como evangélica, pero últimamente he estado repensando las cosas. Nuestra última iglesia se disolvió y fue una experiencia dolorosa. Ahora no estoy segura de qué soy. Creo que podríamos decir que estoy en búsqueda".

Antes de que las palabras abandonaran mi boca, sabía que había violado la regla número uno de la autopreservación conversacional: nunca le digas a una persona religiosa que estás en búsqueda.

Susan aprovechó el momento. Me contó de sus escritores católicos favoritos, anotó los nombres de cuatro libros que pensó que podrían ayudarme en mi búsqueda y compartió su propia historia de crecer como católica, irse por un tiempo y regresar, atraída, dijo, por la presencia femenina de María, lo que la ayudó a su sanar una infancia difícil. Mi protestante interna protestaba de vez en cuando, pero me conmovió su sinceridad y me impresionó su conocimiento de la historia y teología cristiana.

"¿Ustedes alguna vez dudan?", les pregunté tanto a Susan como al hermano Brendan.

Es una pregunta que suelo hacer a los devotos, y siempre adivino la respuesta a los pocos segundos de plantearla. En aquellos que hemos dudado, una sensación de cálida identificación se esparce por nuestros rostros cuando la escuchamos, como si acabasen de descubrir que compartimos un *alma máter*, un pasatiempo o un viejo amigo. Aquellos que no, me miran perplejos, como si hubiese empezado a hablar swahili.

Ni Susan ni el hermano Brendan habían dudado alguna vez.

"De hecho —dijo el hermano Brendan—, mi fe fue fortalecida después del tornado".

Meses antes, en abril, se había armado un tornado escala F4 por esa zona y había arrancado el techo de la casa del juzgado del condado, destruido varias casas y negocios y matado a tres personas. Robles y arces extirpados se alineaban en la Ruta 278, su laberinto de raíces antiguas estaban expuestas. Anuncios de tejas y reparaciones de techo salpicaban las tierras cultivadas. Las calzadas cubiertas de maleza conducían a montones de pedazos de revestimiento y puertas que, si no fuera por los cimientos y los buzones inexplicablemente erguidos, nunca adivinarías que alguna vez fueron casas.

"Llegó tan cerca del campus que escuchamos su rugido —dijo el hermano Brendan, mientras Susan se inclinaba cada vez más cerca, con los ojos bien abiertos—. Todo alrededor era destrucción y, aun así, no perdimos un solo árbol".

"Fue la protección de la bendición de la Madre", susurró Susan.

Me miraron, esperando algún tipo de respuesta, pero no sabía cómo decirles que esas eran exactamente el tipo de cosas que me hacían dudar. A los cristianos les gusta afirmar protección divina cuando una espera larga en la línea de caja de Starbucks los salva milagrosamente del choque de catorce autos, o cuando un incendio forestal pasa de largo por su casa y acaba con una docena de otras. Pero siempre me pregunto por las víctimas, aquellas cuya supuesta falta de fe, suerte o importancia los pone, en cambio, en el camino del tornado. ¿Qué clase de Dios aleja las nubes de tormenta de una iglesia y las empuja hacia un parque de casas rodantes? ¿Y qué clase de Madre solo protegería a unos pocos si sus brazos fueran lo suficientemente anchos para cubrirlos a todos?

Estudié mi plato, sintiéndome tan culpable por hacer esas preguntas como resentida con aquellos que no se las hacen. No importaba a qué iglesia fuera, me di cuenta de que la duda estaría pisándome los talones. No importaba qué himnos cantara, qué oraciones rezara, qué declaraciones doctrinales firmara, siempre me sentiría como una extranjera, una foránea.

"Es un milagro que nada se dañara", dije, finalmente, preguntándome por primera vez qué esperaba encontrar exactamente en este lugar.

......

Agosto en Alabama no es broma. Es el tiempo del año donde los periódicos del Sur escriben docenas de historias sobre niños que se desmayan en la práctica de fútbol y el campamento de la banda, enmarcadas en barras laterales que ensalzan las virtudes de una hidratación adecuada. Así que luego de un breve paseo por los terrenos de *St. Bernard* después del almuerzo, escapé a la capilla de la abadía, que, en el sofocante calor de la tarde, me esperaba fresca y tranquila como una cueva.

Con el lugar para mí sola, deambulé por el santuario. Estudié cada ventana, alcoba, ícono y placa y escuché a la iglesia contar su historia. Un viaje a través de una iglesia, aunque de peregrinación modesta, puede ser instructivo si prestas atención y sigues las señales.

El diseño del suelo tenía la forma de la cruz latina, y había un enorme altar de piedra en la intersección. En el transepto norte descansaba el tabernáculo velado, que albergaba la Eucaristía —"Dios se hizo presente para nosotros en la comida", decía el boletín para turistas. En el transepto sur se asentaban dos confesionarios sobre los cuales brillaba la ventana del Espíritu Santo, que representaba a la familiar paloma blanca en medio de un remolino rojo, azul, dorado y verde. El extremo este, junto al coro, contaba con un órgano de tubo de cuarenta y cuatro rangos de, aproximadamente, 2400 tubos; al oeste, la ventana de la resurrección, una pieza moderna hecha de hileras de pequeños cuadrados de vidrio. Pero los altísimos arcos parabólicos, las luces del triforio y todo lo que rodeaba el lugar atrajeron la mirada hacia la pieza central: la cruz plana de estilo bizantino, suspendida sobre el altar, en ámbar adornado con oro. En el lado que enfrentaba a la congregación estaba Cristo crucificado, la escena pintada en tristes tonos negros, cobrizos y marrones. Del lado que miraba al coro estaba Cristo victorioso, levitando en un cielo azul brillante salpicado de estrellas doradas, una túnica blanca sobre sus hombros y un medallón del Sagrado Corazón resplandeciente, como un sello en su pecho.

A lo largo de los pasillos norte y sur, doce nichos correspondientes a las doce estaciones de la cruz invitaban a los visitantes a la oración y la meditación con íconos, velas, bancos de oración y obras de arte. En uno encontré una *piedad* conmovedora, reproducción de otra del siglo XIII tallada en madera, en la que María sostiene en sus brazos a un Jesús quebrado, con la angustia de toda madre grabada en su rostro. En otro, encontré una estatua del Niño Jesús de Praga, que al principio me puso nerviosa, ya que nunca antes había visto al niño Jesús tan majestuosamente ataviado. En otro, encontré un puesto de venta de velas votivas rojas. Deslicé un dólar en monedas de veinticinco centavos por la ranura para donaciones y con una cerilla encendí tres —una para curar a una cuñada diagnosticada con cáncer de mama; una de acción de gracias por mi amigo Ahava, que semanas antes había dejado una oración por mí en el Muro Occidental; y otra para reconocer una relación que necesita ser restaurada. Las llamas temblaron y ondearon, movidas por el ritmo de corrientes invisibles en el aire. Encendí una vela más para mí, recordando las palabras de Milton: "Lo que en mí es oscuro, ilumine". Luego, me arrodillé en el banco de oración, puse mi cabeza entre mis manos y, en la tranquilidad de ese espacio sagrado, hablé con Dios.

Es gracioso que, después de todos esos años yendo a eventos de jóvenes con espectáculos de luces y bandas, luego de toda esa música y libros cristianos contemporáneos, luego de toda esa tecnología actualizada y oradores dinámicos y empresas misioneras y estrategias de marketing relevantes diseñadas para hacer del cristianismo un producto "buena onda", todo lo que quería de la iglesia cuando estaba lista para darme por vencida era un santuario silencioso y algunas velas. Todo lo que quería era un lugar seguro para *estar*. Como muchos otros, estaba en busca de un santuario.

Durante la misa, vi una familia latina asistir a la comunión —la mujer con una mantilla sobre su cabeza, un niño pequeño en brazos, la mano de su esposo en su espalda—, sorprendida por las tibias lágrimas que rodaban por mis mejillas. Se acercaron al altar con tanta confianza, tanta alegría. Cómo anhelaba estar como en casa en mi fe. Cómo deseaba estar tan segura de mi fundamento.

Los benedictinos recitan salmos todos los días: a la mañana, al mediodía, y en oraciones por la tarde, cubriendo de tapa a tapa el Salterio en pocas semanas. Sumergirse en el ritmo y las imágenes de estos cantos antiguos hacen que el poder y el patetismo de las Escrituras cobren vida, porque los salmos tienen una forma de recordar a sus lectores —o, en este caso, a sus cantantes— que cualquier gozo, agonía, temor, deleite o frustración que uno este experimentando en ese momento, de hecho, se ha experimentado antes. En este sentido, un salmo puede ser tan íntimo como comunitario, profundamente personal y universal.

Esa noche, en las Vísperas, en compañía de veinte hombres que habían hecho votos de pobreza, castidad, comunidad, trabajo y oración, y con quienes parecía tener tan poco en común, entoné las palabras del Salmo 39:

> *Hazme saber, Señor, el límite de mis días,*
> *y el tiempo que me queda por vivir;*
> *hazme saber lo efímero que soy.*
> *Muy breve es la vida que me has dado;*
> *ante ti, mis años no son nada.*
> *¡Un soplo nada más es el mortal!*
> *Es un suspiro que se pierde entre las sombras...*
> *Señor, escucha mi oración,*
> *atiende a mi clamor;*
> *no cierres tus oídos a mi llanto.*
> *Ante ti soy un extraño,*
> *un peregrino, como todos mis antepasados.*
> *No me mires con enojo, y volveré a alegrarme*
> *antes que me muera y deje de existir.*

E incluso en el gran silencio que vino luego, me sentí un poco menos sola.

......

Casi me salto un recorrido por la famosa gruta Ave María en mi último día en *St. Bernard*. Me costó siete dólares visitarla y ya me había puesto como Martín Lutero en la tienda de regalos, escandalizada por la venta de agua bendita, que, cuando lo piensas, no es muy diferente a los evangélicos que venden Biblias *con diseños comerciales* en sus librerías, pero, aun así...

Afortunadamente, un cielo azul y una brisa generosa me llamaron, y un puñado de otros turistas más un gato atigrado bajaban por el sendero sombreado que serpentea a través del extraño y encantador mundo del hermano Joseph Zoettle.

El hermano Joseph fue a *St. Bernard* desde Baviera en 1892, cuando tenía tan solo catorce años. Condenado por el abad a que nunca podría cumplir su sueño de convertirse en sacerdote porque su joroba resultaba una gran distracción, Joseph fue puesto a trabajar primero en la cantera de los terrenos de la abadía, luego como amo de llaves itinerante en parroquias de todo el sureste (incluido, según supe, Dayton, Tennessee) y, finalmente, como el guardián de la central eléctrica de la abadía —un trabajo en el que atizó fuego, removió carbón, monitoreó medidores y solucionó todo tipo de fallas, a menudo durante diecisiete horas al día. Joseph odiaba el trabajo, y no tenía reservas en asentar sus problemas en sus diarios y compartirlos con sus compañeros monjes. Sin embargo, en 1918 descubrió los escritos de Teresa de Lisieux, cuyos famosos "pequeños caminos" lo inspiraron a realizar incluso sus tareas domésticas con amor.

Comenzando con una pequeña gruta cerca de la cantera, Joseph usó su preciado tiempo libre para crear edificios en miniatura y santuarios de concreto, vidrio, baratijas y una variedad de materiales desechados de la construcción. Cuando su pequeña Jerusalén empezó a atraer a los visitantes de afuera de la abadía, el abad le pidió a Joseph que hiciera grutas en miniatura para venderlas y donar el dinero a la caridad. Joseph hizo más de cinco mil de estas obras antes de que se le liberara de esta tarea, a los cuarenta y cuatro años, para dedicar el resto de su vida a cuidar de su pequeño mundo. Para el momento en que murió, en 1961, el hermano Joseph había pergeñado Jerusalén, Belén, la Basílica de San Pedro, la Abadía de Montecasino, la torre inclinada de Pisa, los Jardines Colgantes de Babilonia y más de ciento veinte otras grutas, hitos, torres y santuarios repartidos en casi dos hectáreas, cada uno construido con una amalgama de piedras y conchas, cemento y alambre de gallinero, canicas y ceniceros, joyas y azulejos, incluso flotadores de inodoros —obsequios de todo el mundo para el hermano Joseph.

El monje aún vigila el lugar con sus hombros caídos y su rostro pícaro, conservados en una estatua de bronce cerca de la entrada del ahora famoso sitio, conocido como la Gruta del Ave María gracias a su obra central. En las fotografías en blanco y negro del museo, el hermano Joseph viste un mono, un sombrero de niño pobre y tiene el ceño fruncido, exactamente como me imagino a un Owen Meany[1] anciano.

Al principio la descarada efervescencia del sitio abruma. Una tiene la sensación de que el hermano Joseph respondía cada desafío creativo que encontraba añadiendo un poco... *de más*. El resultado es una explosión de cemento, color y cursilería religiosa que, al mismo tiempo, entretiene y confunde. Deambulando por los escalones de cemento, dirigí mi cámara a una torre de Babel en miniatura salpicada de mosaicos, luego a un crucifijo hecho de botellas de tinta azul, más tarde a un llamativo santuario construido alrededor de una pequeña Estatua de la Libertad tipo *souvenir*, y por fin a un bebedero para pájaros con incrustaciones de conchas marinas del que crecía un ramo de tazones de postre unidos a "tallos" de varillas de hierro. El gato atigrado nos seguía de cerca, rascándose la espalda en el santuario de nuestra señora de Lourdes antes de hacer pis por todo el Partenón. Luego, encontré el templo de las hadas de Hansel y Gretel, uno de los favoritos de la multitud, con un pequeño órgano de piedra pómez digno de un saltamontes, un altar, un bautisterio hecho de frascos de crema fría y un dragón de cemento alado con ojos de mármol rojo escondido en el sótano.

Había cierta alegría en la disposición desordenada de las cosas, con la basílica de San Pedro (cúpula hecha con una jaula de pájaros) compartiendo un vecindario con La Batalla del Álamo. Y había ternura en los detalles: los cactus en macetas alrededor de las misiones españolas,

---

1 John Wheelwright, anglicano y célibe por convicción, recuerda cómo de niño, él y su mejor amigo, Owen Meany, jugaban al béisbol cuando este, tras una pelota fuera, mató a la madre de aquel. (N. del T.)

el cruce de ardillas atravesado por el camino, el monumento a los veteranos bordeado con docenas de pequeñas cruces "en memoria de los niños de *St. Bernard* asesinados en la Segunda Guerra Mundial". Las reseñas del lugar reconocen que la escala de las miniaturas del hermano Joseph está notablemente distorsionada —torres, contrafuertes y puertas demasiado grandes o demasiado pequeños— pero la inspiración del monje provino casi en su totalidad de postales y libros. Caminó por las calles de Jerusalén, Roma y París solo en su mente.

En el centro del jardín se encontraba la obra maestra del hermano Joseph —una cueva artificial hecha de hormigón, piedra y conchas, de ocho metros de profundidad y ocho de alto, donde nuestra Señora del Pronto Socorro era asaltada por una tormenta de blancas estalactitas de mármol (el hermano Joseph se ganó el premio mayor cuando un tren descarriló a unos treinta kilómetros de Cullman. De allí obtuvo un vagón de carga lleno de mármol dañado). El encuentro del rococó con el arte popular resultó ser demasiado para mí; no estaba segura de hacia dónde apuntar la cámara. Mi visita autoguiada concluyó con la Torre de las Gracias, una aguja de cemento ladeada con incrustaciones de conchas y coronada con cuatro bolas de cristal —verde mar a la luz del sol—, alguna vez usadas en redes de pesca flotante en Irlanda.

Era demasiado para asimilar, pero a medida que caminaba fui desarrollando una afinidad especial por los santuarios al lado del camino. Espaciados en intervalos, representaron algunas de las obras más encantadoras e inventivas del artista e imitaron mojones de carretera similares a los que comúnmente se ven en toda Europa. A menudo erigidos en carreteras que conducen a lugares de peregrinaje populares, los santuarios al borde de las rutas se asemejan a pajareras o tabernáculos y, según mi guía, "proporcionan un lugar para que los viajeros se detengan y ofrezcan alabanzas y vuelvan el corazón y la mente hacia Dios". Indican al peregrino que está en el camino correcto y lo invitan a adorar allí mismo.

Mientras que los santuarios al costado del camino en Europa suelen albergar imágenes de Jesús, María y los santos, el hermano Joseph, por supuesto, agregó sus propias florituras, y les hizo aureolas a sus personajes con tapas de botellas, canicas, bisutería y conchas de cangrejo ermitaño. Me detuve en cada santuario y sonreí; su presencia era una especie de afirmación de que la peregrinación no siempre es una mala idea; que, incluso aquí, en un jardín de arte popular cursi en Cullman, Alabama, estaba en el camino correcto.

Entre ellos, un busto de cerámica de Jesús que el hermano Joseph probablemente había recogido de una estación de servicio de algún lugar me miró y, con una tonta sonrisa, más propia de *The Dude*[2] que del Hijo de Dios, parecía decir: "Continúa, Rachel. No te apresures. Recuerda que siempre estoy contigo, hasta el fin del mundo".

Le saqué una foto y elevé una plegaria de agradecimiento —por la abadía *St. Bernard*, por la Misión, por *Grace Bible Church*, por *Bible Chapel*, por los eventos de jóvenes, las capillas de la universidad, las habitaciones parar orar de los aeropuertos y las conferencias cristianas; por los metodistas de Jackson, por los bautistas de Waco, por los monjes católicos de Alabama, incluso por los presbiterianos; por la Catedral Metropolitana de San Sebastián en Cochabamba, Bolivia, por la Capilla de la Transfiguración del Parque Nacional Grand Teton y por todos los santuarios al costado del camino de este mundo donde he encontrado refugio, aunque sea por un momento.

Madeleine L'Engle dijo: "Lo grandioso de envejecer es que no pierdes todas esas otras épocas en las que has estado".[58] Creo que también es cierto para las iglesias. Cada una de ellas se queda en nosotros, incluso luego de habernos ido, añadiendo capa tras capa al palimpsesto de nuestra fe.

Gracias al evangelicalismo, no necesito que Google me diga que Esdras le sigue a 2 Crónicas o dónde encontrar las palabras *el amor es paciente, el amor es amable*. Gracias a la iglesia emergente, sé que no soy la única que duda ni la única que sueña con convertir espadas en rejas de arado y lanzas en podadoras. Si no fuese por los anglicanos, nunca hubiera encontrado *El Libro de Oración Común* ni me hubiera

---

2 Personaje protagonista de la película *El gran Lebowski*. (N. del T.)

enamorado de la Eucaristía. Si no hubiera sido por La Misión, nunca habría conocido la profundidad de mi propio ingenio ni la importancia de correr riesgos.

El viaje viene con una carga, sí. Y con rotura de corazones. Pero también viene con muchos regalos. En un sentido, todos somos reparadores. Todos somos un poco como el hermano Joseph: reconstruimos nuestra fe un fragmento de vidrio roto a la vez.

A tan solo una semana de mi viaje a *St. Bernard*, visité una comunidad cuáquera en la que uno de sus miembros, un joven hombre sin calzado y con una trenza, lo puso de esta forma: "Pasé muchos años viajando por varias tradiciones religiosas, buscando un lugar donde encajar. Pero ahora me siento perfectamente en casa aquí con los Amigos, en una misa católica o balanceándome y aplaudiendo en la Iglesia Episcopal Metodista Africana. Cuando el Espíritu vive dentro de ti, cualquier lugar puede volverse un santuario. Solo tienes que escuchar. Solo tienes que prestar atención".[59]

......

La diferencia entre un laberinto y un embrollo es que el laberinto no tiene callejones sin salida.

El famoso laberinto de once circuitos incrustados en el suelo de la catedral de Chartres, en Francia, tiene un solo camino que lleva al peregrino dentro y fuera de cuatro cuadrantes en un movimiento en espiral, a través de docenas de giros a la izquierda y a la derecha, antes de llegar al centro de la roseta. Tales patrones invitan a la meditación, dicen los místicos, y recuerdan al peregrino que el viaje de la fe casi nunca es un camino directo.

Se ha vuelto cliché hablar de la fe como un viaje y, aun así, la metáfora se sostiene. La Escritura no habla de personas que han *encontrado* a Dios. La Escritura habla de personas que *caminaron* con Dios. Este es un contrato continuo; un pie delante del otro, nadie sabe cuál será el próximo y nunca se llega del todo. No sé si el camino ya está trazado, si se traza con cada paso, como en el País de las Maravillas de Alicia o si, como a algunos les gusta decir, hacemos camino al andar. Pero creo que el viaje es más un laberinto que un embrollo. Ningún paso dado en la fe es en vano, y es así gracias a un Dios que hace nuevas todas las cosas.

"Concientizarme de la posibilidad de la búsqueda es, al menos, estar ocupado en algo —dijo Walker Percy—. No estar ocupado con algo es estar desesperado".[60]

Pensé en esto mientras salía de la gruta Ave María del hermano Joseph. Arrojé mi equipaje en la parte trasera del Acclaim y me dirigí de regreso por la Ruta 278, lejos de la abadía de *St. Bernard*, camino a casa. No tenía idea de qué seguía en mi búsqueda de iglesia, pero sabía que estaba en algo. Estaba a la vuelta de la siguiente curva o a un millón de kilómetros de distancia. O, tal vez, en algún punto intermedio. No obstante, cuando sientes el viento en tu espalda, sigues moviéndote. Sigues adelante.

VEINTICINCO

GIGANTE TEMBLOROSO

> *¡Cuán monótonamente iguales son los grandes conquistadores y tiranos;*
> *cuán gloriosamente diferentes son los santos!*
> —C. S. Lewis

Uno de los organismos vivos más antiguos del mundo es una colonia clonal de álamo temblón en Fish Lake, Utah, llamada Pando. Se estima que tiene unos ochenta mil años (aunque nadie puede afirmarlo con certeza). Pando es uno de los objetivos favoritos para los calendarios de pared de octubre, ya que ningún fotógrafo puede resistirse a esos desnudos troncos blancos con sus brillantes hojas doradas contra el impactante zafiro de un cielo otoñal sin nubes. Pero también puede ser engañoso, hasta para una artista como Rachel Sussman: "Lo que parece un bosque, en un sentido, es solo un árbol".[61]

Realmente, Pando comprende un enorme sistema de raíces subterráneas y cada uno de sus cuarenta y siete mil árboles no son más que tallos que brotan de ese sistema, lo que lo convierte en un organismo enorme, genéticamente idéntico. Y es puramente masculino. Lo apodaron "el Gigante Tembloroso".

En el último censo, se descubrió que hay casi tantas denominaciones cristianas como árboles en Pando. Cada una se ve diferente —hermosa y hecha a su manera— pero todas compartimos el mismo ADN.

Tendemos a lamentar este, en apariencia, parcelamiento sin fin del cristianismo (que, reconozcámoslo: puede ser que se nos haya ido de las manos), pero no estoy convencida de que la búsqueda de una mayor unidad signifique rechazar el denominacionalismo por completo. Un movimiento mundial de más de dos mil millones de personas que llega a todos los continentes y que abarca y abarcó miles de culturas durante más de dos mil años no puede esperar homogeneidad. Y la noción de que una sola tradición es dueña de la caja fuerte de la verdad es ridícula, especialmente cuando la verdad de la que estamos hablando es *Dios*.

En lugar de eso, podrían pensar en la variedad de tradiciones cristianas como diferentes facetas de un diamante que refracta la misma luz, como trabajadores que atienden un jardín compartido pero con tareas diferentes o como un solo cuerpo hecho de muchas partes interconectadas (1 Corintios 12). Nuestras diferencias pueden ser motivo de celebración cuando creemos que el mismo Espíritu que canta a través de un órgano de tubo puede cantar a través de una guitarra eléctrica, un canto gregoriano o un coro gospel —¡aunque quizás no al mismo tiempo!— y que cada uno de nosotros escucha mejor al Espíritu en un tono diferente.

En su libro *Manifold Witness* [Testigos Múltiples], John R. Franke escribe: "Las muchas partes de la iglesia están llamadas a participar juntas en una unidad caracterizada por una *particularidad interdependiente*. Cada uno es una parte, y solo una parte, del testimonio encarnado de la verdad del evangelio dado a conocer en Jesucristo. Cada uno desempeña su papel dando testimonio fiel de Jesucristo en toda la plenitud de su particularidad cultural, social e histórica, para que el mundo sepa que el Dios de amor se ha revelado en Jesucristo y que, a través de él, Dios está reconciliando al mundo y anunciando buenas noticias para todas las personas".[62]

En otras palabras, la unidad no requiere uniformidad.

Jesús dijo que la casa de su Padre tiene muchos cuartos. En su metáfora, me gusta imaginar a los presbiterianos pasando el rato en la biblioteca, a los bautistas manejando la cocina, a los anglicanos poniendo la mesa, a los anabaptistas lavando pies con una manguera en el patio trasero, a los luteranos preparando la liturgia para lavar la ropa, a los metodistas avivando el fuego en el hogar, a los católicos contando la historia familiar y a los pentecostales abriendo todas las ventanas y puertas para dejar entrar a más personas.

Esto no es para minimizar el significado de nuestras diferencias, claro. Hay denominaciones de las que no puedo, en buena conciencia, ser parte, porque prohíben a las mujeres del púlpito y a los gay y lesbianas de la mesa. Históricamente, las iglesias se han dividido por asuntos importantes como corrupción, esclavitud y derechos civiles. Las disputas doctrinales pueden, en algunos casos, ser intrascendentes, pero en otros vale la pena la discusión. Después de todo, somos una familia. Así que peleamos como una.

Quizás, cuando el Maestro Carpintero haga todas las cosas nuevas, cada buen don de cada tradición será derretido en uno, y todas las impurezas serán refinadas. Pero mientras tanto, nuestras variadas tradiciones parecen una gracia dulce y necesaria. Y cuando controlamos nuestro orgullo el tiempo suficiente para prestar atención a la presencia del Espíritu que sopla en todo el mundo, vislumbramos un Dios que desafía nuestras categorías y expectativas, que habita y trasciende nuestra adoración, arte, teología, cultura, experiencias e ideas.

Para muchos, la ceremonia de confirmación marca el momento en que identifican como suya una de estas tradiciones cristianas. Todavía no he sido confirmada, pero he tenido el gozo de ver amigos y familiares encontrar el modo de caminar desde una experiencia de iglesia a otra y, al hacerlo, pudieron encontrar una fe renovada, como por primera vez. Estoy feliz por mi amiga Rachel, que encontró en la tradición ortodoxa una conexión con la iglesia antigua e histórica que se perdió al crecer como evangélica, y por Sarah, que halló en la música contemporánea de la adoración evangélica una pasión y energía que le faltó al criarse como anglicana. Estoy contenta por Elizabeth, que encontró sanación de su trasfondo patriarcal y fundamentalista al conectarse con María a través de la iglesia católica, y por Robert, que encontró en una iglesia presbiteriana en la ciudad de New York el primer compromiso intelectualmente riguroso con sus preguntas como agnóstico. Ninguno de estos amigos afirma haber tenido experiencias perfectas o indoloras, aun en sus nuevos hogares eclesiales. Como lo expresa mi amigo Ed: "Cuando te unes a una iglesia solo eliges qué desorden te gusta más". Suena bastante real para mí.

"Nuestras vidas son como islas en el mar —escribe William James— o como árboles en el bosque. El arce y el pino pueden susurrar entre sí con sus hojas. Pero los árboles también mezclan sus raíces en la oscuridad bajo tierra, y las islas también se unen en el fondo del océano. Del mismo modo, existe un continuo de conciencia cósmica sobre el cual nuestra individualidad construye vallas imprevistas y en el que nuestras diversas mentes se sumergen como en un mar madre o yacimiento".[63]

Nuestras diferencias importan; sin embargo, en última instancia, los límites que construimos entre nosotros no son sino barreras accidentales en el continuo interminable de la gracia de Dios. Somos ambos, bosque y árbol —un gran gigante tembloroso, agitado por una brisa invisible.

VEINTISEIS

DUDA DE ORIENTE

Le hablo a Dios pero el cielo está vacío.
—Sylvia Plath

De vez en cuando, te molestará como una piedra en el zapato.
    O te asustará, como el primer trueno en una tormenta de verano.
    O se alojará debajo de tu piel como una astilla.
    O aparecerá de nuevo: el huésped no invitado cuyas pisadas pesadas reconocerías en cualquier lugar, que aparece en tu puerta con un maletín en la mano y en el peor de los momentos.
    La duda te llevará lejos hacia el mar, como una marea.
    O hará que mantengas la cabeza gacha mientras te ahogas —a partir de una imagen, una pregunta, algo que dijo el pastor, algo que no te aporta nada, la improbabilidad de que te ocurra a ti, el "demasiado bueno para ser verdad", la forma en que la mujer por demás perfumada canta "¡Del sepulcro y muerte Cristo es vencedor!" con más confianza en esa única línea de la que has podido tener en los últimos dos años.
    ¿Realmente ha pasado tanto?
    Y estarás sentada allí con el vestido que sacaste del fondo del armario, tragando el pan y el vino, sin creer una sola palabra de lo que oyes.

Ni una sola.

Así que buscarás a tientas esas oraciones de bolsillo —¡ayúdame en mi incredulidad!— mientras todos a tu alrededor pasan al versículo dos, al versículo tres, al versículo cuatro sin ti. Sentirás que te miran y conocerás la preocupación detrás de los alegres: "¡Hace mucho no te vemos! Es bueno tenerte de vuelta".

Y sabrás que están pensando exactamente lo que solías pensar sobre los cristianos de domingo de Pascua:

Nominales.
Tibios.
Indiferentes

Pero no sabrás explicar que no hay nada nominal, tibio o indiferente sobre pararte en este huracán de preguntas diarias, observarlas hasta reunir toda la valentía, la fortaleza y la confianza que se necesita para al menos susurrar una sola en el viaje en auto a casa:

"¿Qué si inventamos esto porque le tenemos miedo a la muerte?".

Y no sabrás como explicar por qué, en ese momento, cuando el suspiro sale de tu boca como Jesús de la tumba, te sientes más viva, despierta y resucitada de lo que has estado en años porque al menos lo sacaste afuera, al menos se dijo, al menos ya no está enterrado en tu pecho, arañando por libertad.

Y, si tienes suerte, alguien en el auto reconocerá el coraje de tal acto. Si tienes suerte, habrá un momento de silencio santo antes de que alguien se pregunte en voz alta si esa pregunta podría arruinar la merienda de Pascua.

Pero, si la suerte no te acompaña —si la pregunta se contesta demasiado rápido o si el silencio continúa demasiado tiempo—, por favor, quiero que sepas que no estás solo.

Hay otras personas que hoy están cantando letras de himnos que no están seguras de creer; otras que hoy buscan vestidos de la parte de atrás de su armario; otras que hoy están arruinando la merienda de

Pascua; y otras que solo están haciendo un acto de presencia.

Y a veces, el mero acto de estar presente, con especias de sepelio en las manos, es todo lo que se necesita para presenciar un milagro.

VEINTISIETE

CON LA AYUDA DE DIOS

> *Bajé al agua para refrescarme los ojos. Pero, a donde mire, veo fuego; lo que no es pedernal es yesca, y todo el mundo, chispas y llamas.*
> —Annie Dillard

Mi madre siempre dijo que no tienes que creer tanto para ser episcopal.

En efecto, cuando se trata de una doctrina unificadora, la tradición anglicana no se pone muy específica y acata las afirmaciones centrales de los credos cristianos históricos: que hay un Dios bueno y todopoderoso que es la fuerza creativa detrás de todas las cosas vistas y no vistas; que este Dios es Uno, pero que existe en tres personas; que Dios amó al mundo lo suficiente para hacerse carne en la persona de Jesucristo, que vivió, enseñó, se alimentó, sanó y sufrió entre nosotros plenamente como Dios y humano; que Jesús fue concebido por el poder del Espíritu Santo y nació de una virgen; que Jesús fue crucificado en una cruz romana y enterrado; que, luego de tres días muerto, volvió a la vida; que ascendió a los cielos y reina con Dios; que regresará a traer justicia y restauración; que Dios continúa trabajando en el mundo a través del Espíritu Santo, la iglesia y el pueblo de Dios;

que el perdón es posible; que la resurrección es posible; que la vida eterna es posible.

Tú sabes, *no tanto*.

Para mí, simplemente recitar el credo de los apóstoles un domingo determinado significa aprovechar hasta la última reserva de mi fe, que probablemente sea la razón por la que encuentro que la iglesia episcopal es liberadora y desafiante en su eclesiología elemental. Y es una de las razones por las que, cuando Dan y yo vamos a la iglesia por estos días, hacemos un viaje de 50 km en auto hasta *St. Luke's Episcopal Church*, una pequeña y bulliciosa congregación en la vecina ciudad de Cleveland, Tennessee. Me gusta la liturgia, el leccionario, la centralidad de la Eucaristía en la adoración, *El Libro de Oración Común*, esas puertas rojas gigantes que están abiertas para todos. A Dan le gustan las personas amables y el hecho de que su esposa ya no llegue a casa enojada.

No estamos confirmados. Ni siquiera estamos enchufados. De momento, solo aparecemos. Y, por alguna razón, las personas de *St. Luke* solo siguen amándonos por aparecer.

Nos llevó dos años retomar una asistencia semirregular a la iglesia después de que La Misión cerrara. Nuestros amigos Chris y Tiffany encontraron *St. Luke*, una de las congregaciones más antiguas de la zona, la cual posee un encantador estilo gótico americano del movimiento de Oxford y ha visto algo parecido a un resurgimiento de familias jóvenes en los últimos años. Admirado por su campanario de tres pisos, su intrincada carpintería interior y sus hermosas vidrieras, el edificio fue construido en 1872 como un regalo de la adinerada familia Craigmiles en memoria de su hija, Nina, quien fue asesinada a los siete años el día de San Lucas, cuando un tren chocó contra el carruaje que la llevaba —hay un hueco detrás del púlpito para sus flores favoritas, y su nombre está grabado en la esquina de un vitral. En el cementerio junto al parque infantil, se encuentra un mausoleo de mármol, donde ahora está enterrada toda la familia Craigmiles (la misteriosa mancha marrón rojiza sobre la entrada ha sido objeto de historias de fantasmas durante años). Una vez al año, en Pascua, se abre el mausoleo y los niños de *St. Luke* encabezan una procesión desde la iglesia para poner una corona de flores en la tumba. Vida a muerte. Muerte a la vida.

Chris y Tiffany comenzaron a asistir poco después de que todos nos dispersáramos de La Misión y, como la amiga que tiene el coraje suficiente para comprobar la profundidad del hoyo y salta primero al agua, tomó clases de confirmación y nos contó su experiencia. La visitamos en Pascuas y en otras fiestas; siempre nos sentamos en el fondo, que tiene salida fácil a una pizzería ubicada al final de la calle, en caso de que necesitemos escapar. Pero el director, el padre Joel, nunca nos dijo qué pensar sobre la evolución ni a quién votar en las próximas elecciones y, una vez que Dan aprendió sobre el método de *intinción* —mediante el cual se sumerge la ostia de la Eucaristía en el vino en lugar de beber directamente del cáliz compartido—, sus preocupaciones germofóbicas fueron mitigadas. Así que nos quedamos.

En la primavera del 2014, Chris y Tiffany nos invitaron a su confirmación. El sacramento de la confirmación toma diferentes formas dependiendo en qué tradición y circunstancias las recibes, pero, en general, reconoce la presencia del Espíritu Santo en la vida del cristiano bautizado y confirma su estatus como hijo o hija amado de Dios en la familia de la iglesia. Para aquellos bautizados de niños, la confirmación les provee una oportunidad para afirmar los principios de la fe durante su adolescencia o adultez. Para aquellos que provienen de otra denominación o congregación en particular, sirve como una especie de rito de iniciación que les otorga la membresía. El sacramento suele ser conferido por un oficial de alto rango, como un obispo; consta de un ungimiento, imposición de manos y oración. El *catecismo de la iglesia católica* captura el espíritu de la confirmación: "Recuerda, pues, que has recibido el signo espiritual, el Espíritu de sabiduría e inteligencia, el Espíritu de consejo y de fortaleza, el Espíritu de conocimiento y de piedad, el Espíritu de temor santo, y guarda lo que has recibido. Dios Padre te ha marcado con su signo,

Cristo el Señor te ha confirmado y ha puesto en tu corazón la prenda del Espíritu".[64]

El día de la confirmación en *St. Luke* implicaba tener que desplegar las sillas de metal y apiñarse más en los bancos, porque el obispo estaba en la ciudad para celebrar el rito en un solo servicio a las 10:45 a. m. Tuvimos que rompernos el pescuezo para ver a Chris y Tiffany parados con otros casi veinte candidatos pegados a ellos al frente de la iglesia, pero los encontramos fácilmente una vez que avistamos los brillantes moños en las cabezas de sus dos niñas pequeñas, Early y Willa. La luz entraba a raudales a través de las vidrieras, y cuando sonaron las campanas y el obispo se unió a la procesión, una sensación de emoción llenó la habitación; los niños susurraban acerca de su sombrero de copa y su elegante personal, mientras sus padres los callaban suavemente.

Yo pensaba que el servicio se enfocaría exclusivamente en los candidatos a confirmar, pero como todo lo demás en la iglesia episcopal, este evento fue participativo. Luego de que los candidatos reafirmaran verbalmente su renuncia al diablo y se comprometieran con Jesucristo, y de que cada uno fuera llamado por nombre y recibido la bendición a través de la imposición de manos, el obispo se volteó a la congregación y nos pidió ponernos de pie.

"Los testigos de estos votos, ¿harán todo lo que esté en su poder para apoyar a estas personas en su vida en Cristo?".

"Lo haremos", respondieron a coro.

Pensaba en Chris y en Tiffany, en Early y Willa y en el pequeño Walter que venía en camino. Qué hermosa vida en Cristo tenían, y qué bueno era estar presente en ese hermoso momento.

"Unámonos a aquellos que se están comprometiendo a Cristo y renovemos nuestros pactos bautismales", dijo el obispo, invitándonos a todos los presentes a reafirmar nuestra fe juntos.

"¿Creen en Dios el Padre?", preguntó.

"Creo en Dios, el Padre todopoderoso, creador de los cielos y la tierra", dije. Mi voz se unía a la de Dan, Chris y Tiffany, el padre Joel, a los acentos de Tennessee del este y a las voces de millones de cristianos por todo el mundo.

"¿Creen en Jesucristo, el Hijo de Dios?".

"Creo en Jesucristo, su Hijo unigénito, nuestro Señor —dije, con la misma cadencia del credo de los apóstoles—. Él fue concebido por el poder del Espíritu Santo y nació de la Virgen María. Sufrió bajo Poncio Pilato, fue crucificado, murió y fue sepultado. Descendió a los infiernos. En el tercer día se levantó de nuevo. Ascendió a los cielos, y está sentado a la diestra del Padre. Regresará para juzgar a los vivos y a los muertos".

"¿Creen en el Espíritu Santo?".

"Creo en el Espíritu Santo, la santa iglesia católica, la comunión de los santos, el perdón de los pecados, la resurrección del cuerpo, y la vida eterna".

"¿Continuarán en las enseñanzas y compañía de los apóstoles, el partimiento del pan y las oraciones?", preguntó el obispo.

"Lo haremos, con la ayuda de Dios", dije, tragando con dificultad.

"¿Perseverarán en la resistencia del mal y, cuando caigan en pecado, se arrepentirán y regresarán al Señor?".

"Lo haremos, con la ayuda de Dios", dije. Las lágrimas nublaron mis ojos.

"¿Proclamarán por medio de la palabra y el ejemplo las Buenas Noticias de Dios en Cristo? ¿Buscarán servir a Cristo en todas las personas, amando a su prójimo como a ustedes mismos? ¿Lucharán por la justicia y la paz entre todas las personas y respetarán la dignidad de cada ser humano?".

Lo haré. Lo haré. Con la ayuda de Dios, lo haré.

En el silencio que vino a continuación, fue como si todos los caprichos amorfos de mi fe se fusionaran en una única llamada tangible: arrepiéntanse. Partan el pan. Busquen justicia. Amen al prójimo. El cristianismo parecía a la vez la cosa más simple e imposible del mundo. Me pareció *confirmado*, sellado como la historia de mi vida —eso que nunca podré sacarme de encima; lo que siempre seré.

En su memoria, *Still*, Lauren Winner relata la historia de su amiga Julia. Cuando Julia tenía tan solo doce años y se estaba preparando para la confirmación, le dijo a su padre —el pastor de la iglesia— que no estaba segura de poder continuar. No estaba segura de creer todo lo que se suponía que debía, al menos no lo suficiente como para realizar la promesa ante Dios y ante su congregación de que lo haría por siempre.

Su padre le dijo: "Lo que prometes cuando eres confirmada no es que creerás esto por siempre; sino que esta es la historia con la que pelearas por siempre".[65]

La mía es una fe testaruda y recalcitrante. Es todo codos y movimientos bruscos y polvo levantado, como personajes de dibujos animados encerrados en una pelea. Todavía estoy al principio de mi viaje, pero sospecho que continuará así por un tiempo, tal vez hasta mi último aliento. La iglesia episcopal no está menos plagada de problemas que cualquier otra, pero, por ahora, me ha dado el espacio para luchar y me ha recordado por qué estoy luchando. Y así, con la ayuda de Dios, estoy haciendo mi acto de presencia.

VEINTIOCHO

VIENTO

El viento sopla por donde quiere, y lo oyes silbar,
aunque ignoras de dónde viene y a dónde va.
Lo mismo pasa con todo el que nace del Espíritu.
—Juan 3: 8

Nicodemo fue a Jesús en plena noche. Un miembro prominente de la religión establecida tenía preguntas para el rabí radical que era noticia por toda Jerusalén, pero temía que su propia reputación fuera puesta en juego por andar en compañía de un hombre que cenaba con pecadores y que había hecho un espectáculo grandilocuente al voltear unas mesas en el templo.

En arte, a menudo ambos son retratados conversando en una azotea plana, con estrellas sobre sus cabezas y rostros iluminados por la luz de una lámpara. Casi que puedes oír el susurro ansioso de Nicodemo mientras confesaba: "Sabemos que eres un maestro que viene de parte de Dios porque nadie podría hacer las señales que tú haces si Dios no estuviera con él".

Pero...

Jesús no estaba jugando según las reglas. Estaba sanando en Sabbath, asociándose con malvivientes, criticando a los líderes religiosos. El incidente del templo no había sido bien recibido por los amigos de Nicodemo.

Aun así, Nicodemo conocía lo suficientemente bien las Escrituras para saber que Dios obra a través de personas inesperadas: un nómada de setenta y cuatro años sin hijos, un criminal prófugo de Egipto con miedo a hablar, una mujer moabita empobrecida, un pastor demasiado joven para ser rey, una concubina persa. Todavía no estaba listo para descartar a Jesús.

Jesús le dice a Nicodemo que el Espíritu es como un vientre. Para ver el reino de Dios, necesita ojos nuevos. Debe nacer de nuevo.

Nicodemo no entiende.

Jesús dice que el Espíritu es como el agua. Para ver a Dios, debe ser lavado, renovado y renacido.

Nicodemo todavía se rasca la cabeza.

Jesús dice que el Espíritu es como el viento. Empleando un juego de palabras, usa el término griego *pneuma* —que significa tanto espíritu como viento— y dice que el Espíritu ventoso sopla por donde le place. Puedes escucharlo, dice Jesús, e incluso puedes ver sus efectos. Pero no sabes de dónde viene y no entiendes a dónde irá. El Espíritu ventoso solo aparece. Lo mismo es cierto para las personas que han renacido, para las personas que ven el mundo con ojos nuevos. No es por sus padres, por su estatus, por algo que hayan hecho ni por algo que hayan conseguido. No hay ningún factor externo que pueda santificarlos. El Espíritu ventoso aparece y cambia todo.

"¡Se supone que tú eres el experto! —exclama Jesús— ¿Aún no lo sabes?".

Esto no es algo que puedes ver con ojos comunes, dice, y, sin embargo, es tan simple como una mano delante de tu rostro si realmente sabes *ver*.

Parece ser que Nicodemo eventualmente lo capta. Luego defiende a Jesús cuando es criticado por los líderes religiosos y, más notablemente, está cerca de la cruz cuando Jesús muere. Tendemos a hablar despectivamente de los fariseos, agrupándolos en un solo grupo, sinónimo de hipocresía; sin embargo, un fariseo arriesgó su reputación para hablar por su amigo; un fariseo se quedó con Jesús después de que la mayoría de los discípulos habían huido; un fariseo cuidó personalmente del cuerpo de Jesús cuando había sido casi abandonado por el mundo. Incluso, un fariseo, al parecer, puede ser visitado por el Espíritu. Un fariseo, incluso, puede *ver*.

Esto es lo más molesto y bello del Espíritu ventoso y la razón por la que nos lo perdemos con tanta frecuencia. Tiene este hábito de aparecer en los lugares equivocados y entre las personas equivocadas, desafiando nuestras categorías y rehusándose a tomar la dirección correcta. Nicodemo luchó para ver el Espíritu fuera de la institución religiosa. Hoy, algunos de nosotros luchamos por ver el Espíritu dentro de la institución religiosa, en general, con justas razones. Pero Dios está presente tanto adentro como afuera de la iglesia tradicional, obrando todo tipo de milagros diarios para inspirarnos y cambiarnos si solo *prestamos atención*.

"Ninguno de nosotros puede controlar lo que Dios hace —dice Sara Miles—. Pero podemos abrir nuestros ojos y ver que está haciendo".[66]

A veces me pregunto cuánto me he perdido por no haberme molestado en mirar, por haber ignorado a esa iglesia, esa persona o esa denominación porque asumí que Dios estaba ausente, cuando la realidad es que no hay un rincón de este mundo que Dios haya abandonado.

No podemos ver al Espíritu directamente, pero el apóstol Pablo dijo que podemos reconocer sus efectos:

Amor.
Gozo.
Paz.
Paciencia.
Amabilidad.
Bondad.
Fidelidad.
Gentileza.
Dominio propio.

Vi *amor* en la pequeña familia de la iglesia que acogió, atendió y pagó la boda de una pareja joven cuyos padres no estaban en la foto. Sentí *gozo* mientras cantaba "Cristo me ama" con un coro de niños huérfanos con HIV mientras nuestra camioneta recorría las accidentadas calles de Hyderabad de camino a la escuela dominical. Presencié *paz* cuando un hombre palestino y una mujer israelita que habían perdido a sus hijos en el conflicto de su región instaron a un cuarto lleno de cristianos a dejar que su amistad fuera un ejemplo en la búsqueda de la humanidad en los demás. Fue la *paciencia* la que llevó a la ministra a visitar al feligrés que se opuso expresamente a su ordenación pero que no tenía a nadie más que lo cuidara cuando enfermó.

Vi *amabilidad* en el hombre que, durante muchos años, ayudó a usar el baño dos veces al día a un estudiante con discapacidad de su escuela, cuyas acciones no fueron celebradas hasta el día en que murió y el propio estudiante dio testimonio. Fue *bondad* lo que inspiró a una comunidad en línea a recaudar suficiente dinero para enviar a una madre de ocho hijos diagnosticada con cáncer de páncreas en fase cuatro a una semana de vacaciones en la playa junto con su familia.[67] Vi *fidelidad* cuando Brian Ward pasó horas y horas preparando un sermón para cinco personas. Sentí *gentileza* en las manos que lavaron mis pies en una ceremonia de iniciación conmovedora cuando era una estudiante de primer año en la universidad, ansiosa por un nuevo comienzo. Y he admirado, profundamente, el *dominio propio* de mis amigos Justin, Matthew, Rachel y Jeff, que abogaron por la aceptación de las personas LGBT en el cristianismo, a menudo cargando con críticas crueles y duras, y aun así continuaron amando y sirviendo a las mismas personas que las expulsaron de la iglesia, negándose a enfrentar ira con ira y odio con odio.

El Espíritu es como el viento, como el fuego, como un pájaro, como un soplo —se mueve a través de toda lengua y toda cultura de este mundo, sale de todas las categorías y desafía todas las metáforas.

¿Quién podría predecir a dónde viajará Ella a continuación?

UNGIR A LOS ENFERMOS

- VI -

VEINTINUEVE

ACEITE

Has ungido con perfume mi cabeza; has llenado mi copa a rebosar.
—Salmo 23: 5

Para los esclavos liberados, Dios olía a canela, casia, aceite de oliva y mirra: dulce y terroso, almendrado y cálido. Cuando Moisés conoció a Dios en el monte Sinaí, lo envió de vuelta con una receta de aceite. Este aceite ungiría el templo, el altar y los muebles religiosos, incluso a los sacerdotes. Nadie más debía usar ese mismo perfume, dijo Dios. "Considéralo muy sagrado para mí" (Éxodo 30: 22-38).

Ahora sabemos lo que el Creador sabía entonces: que el nervio olfatorio está conectado a la amígdala, la parte del cerebro asociada con la memoria y la emoción; por eso, la fragancia de una flor en particular o el aroma de un jabón determinado pueden inundar de repente un cuerpo con un recuerdo, deslumbrante en su claridad visceral. Dios quería que su gente conociera su olor. Quería que lo recordaran.

Y así, las páginas de la Escritura, sin lugar a dudas, gotean aceite.

Casi doscientas referencias a aceite para encender lámparas, para suavizar la piel seca, para honrar a los huéspedes, para marcar un lugar sagrado, para solemnizar un compromiso, para seducir, para reconfortar, para consagrar, para sanar, para ungir a los sacerdotes, profetas y reyes, para preparar un cuerpo para el entierro.

Para los antiguos israelitas, la oración olía a incienso —balsámico, resinoso, a pino. Se dice que era especialmente dulce a los sentidos de Dios y, así, se quemaba de continuo en el templo. La purificación olía a hisopo fresco, el sexo a canela, azafrán y nardo. La realeza olía a mirra —cálida, penetrante y leñosa— un aceite también usado en el entierro y para celebrar bodas. La riqueza olía a nardo espeso y aromático, el sacrificio del templo a hisopo y madera de cedro.[68] Para ungir, los profetas usaban aceite de oliva, quizás con un toque de casia dulce. Ser ungido con aceite era ser elegido, consagrado y comisionado para una tarea sagrada. Mesías, o Cristo, significa "El Ungido".

"El Espíritu del Señor está sobre mí —dijo el Mesías—, por cuanto me ha ungido para anunciar buenas nuevas a los pobres. Me ha enviado a proclamar libertad a los cautivos y dar vista a los ciegos, a poner en libertad a los oprimidos" (Lucas 4: 18).

"Han recibido unción del Santo", les dijo el apóstol Juan a sus compañeros cristianos. "Para Dios, nosotros somos el aroma de Cristo entre los que se salvan", dijo el apóstol Pablo.[69]

Los antiguos conocían, también, las propiedades sanadoras de los aceites, que se aplicaban en heridas e ingerían como medicina. Cuando Santiago instruye a la iglesia primitiva ungir a los enfermos con aceite y extender sus manos sobre ellos y orar, la prescripción tiene significado tanto práctico como espiritual. El viaje a través del sufrimiento es una tarea compleja y santa, una que el mismo Mesías conocía bien. La sanación puede darse a través de la medicina, de la oración, de la presencia, del aroma y del tocar para dar alivio, o de la consagración de la vida como santa, digna, con propósito y gracia. La iglesia católica define la unción de los enfermos como "conceder una gracia especial al cristiano que atraviesa las dificultades inherentes a la condición de enfermedad grave o vejez".[70] Incluso en la muerte, los enfermos son ungidos, recordando que el sello del Espíritu Santo es más permanente que la tumba.

No hay nada mágico en el aceite. Es solo un portador de memoria, de sanación, de gracia. No ungimos para curar, sino para sanar. Ungimos para calmar, para dignificar, e incluso en nuestro sufrimiento, para recordar el olor de Dios.

TREINTA

SANACIÓN

Cuando nos preguntamos sinceramente cuál es la persona en nuestras vidas que significa más para nosotros, a menudo encontramos que es aquella que, en lugar de ofrecer consejos, soluciones o curas, ha escogido compartir nuestro dolor y acariciar nuestras heridas con una mano cálida y tierna.

—Henri Nouwen

Claire amaba su ajetreada iglesia.[71] Era donde conectaba con sus mejores amigos, donde conoció a su esposo, donde apoyaba y servía en un ministerio para personas de la calle, donde encajaba. Cuando su esposo consiguió un trabajo en la iglesia y se enteró de que estaba embarazada, todo en su vida pareció acomodarse en su lugar.

"Dos meses antes de que naciera el bebé, nuestra casa se inundó y nos tuvimos que mudar —Me escribió en un correo electrónico—. Un mes antes de que naciera el bebé, mi auto, que estaba estacionado, fue chocado y quedó inoperante. Un día antes de nacer, el bebé dejó de moverse".

"No sabía que los bebés saludables a término completo podían nacer muertos —dijo—. Fui al hospital con esperanza y miedo. Nunca encontraron un latido de corazón".

La iglesia se unió, ayudó con los gastos del funeral y la comida, e incluso proporcionó una cabaña para un fin de semana de retiro para Claire y su esposo. Pero cuando volvieron a afrontar el largo y arduo viaje a través del dolor, se encontraron solos.

"No hay canciones de adoración para aquellos que duelan una muerte traumática —Escribió Claire—. No hay testimonio sobre sentirse olvidada cuando Dios no interviene para salvar a tu bebé. Queríamos tan desesperadamente que nuestra iglesia y pastor lucharan con nosotros, que cuestionaran, que enfrentaran esta verdad horrenda y brutal". Pero su agonía se topó con lugares en común —versículos bíblicos, respuestas teológicas, promesas de un mejor mañana.

Claire encontró sanación fuera de los muros de la iglesia —en terapia, en una pareja de amigos cercanos, en foros de Internet donde la fe, la duda y la pena eran discutidas abiertamente. Eventualmente, conectaron con otra iglesia, pero a ella aún suele costarle adorar.

"Mi consejero psicológico dice que ser parte de una iglesia en medio de un duelo puede ser como tener diez mil antenas receptoras —dijo—. Cualquier cosa, por mínima que sea, duele".

Recibo muchos correos electrónicos de personas como Claire; personas que encajan perfectamente en la iglesia *hasta que*…

un divorcio.
un diagnóstico.
un aborto espontáneo.
una depresión.
alguien se va.
alguien hace una pregunta.
se dice una verdad incómoda en voz alta.

Y lo que encuentran es que cuando traen su dolor, sus dudas o sus incómodas verdades a la iglesia, alguien se las quita de las manos para intentar arreglarlas, para intentar hacerlas desaparecer. Se citan versículos bíblicos. Se aseguran cosas. Se hacen planes con diez pasos y resultados medibles. Con buenas intenciones teñidas de miedo, rastrean sus inventarios en busca de una cura.

Pero hay una diferencia entre curar y sanar, y creo que la iglesia está llamada al trabajo lento y difícil de sanar. Estamos llamados a entrar en el dolor del otro, ungirlo como santo y mantenernos cerca sin importar lo que pase.

En su libro *Jesus Freak [Fanática de Jesús]*, Sara Miles lo explica así: "Jesús nos llama a nosotros, sus discípulos, y nos da autoridad para sanar y anunciar. No nos muestra cómo curar de manera confiable un embarazo molar. No nos muestra cómo hacer que un ciego vea, secar cada lágrima o expulsar todo tipo de demonios. Pero nos muestra cómo entrar en un tipo de vida en la que los pedazos rotos y enfermos se mantienen con amor y cobran sentido. En el que los extraños, literalmente, se tocan entre sí y, al hacerlo, crear una comunidad lo suficientemente espaciosa para todos".[72]

La cuestión con la sanación, en oposición a la curación, es que es relacional. Lleva tiempo. No es eficiente; es como un río sinuoso. Rara vez, sanar sigue un camino directo o bien señalizado. Rara vez satisface nuestras expectativas o resuelve de manera práctica y a tiempo. Caminar junto a alguien a través del duelo o a través de procesos de reconciliación requiere paciencia, presencia y voluntad para deambular con la persona, para tomar el camino largo.

Sin embargo, a la iglesia moderna no le gusta deambular ni esperar. A las iglesias actuales les gustan los *resultados*. Convencidos de que el evangelio es un producto que tenemos que vender para un mercado que cada vez decrece más, nos gusta que nuestras personas funcionen como publicidades caminantes: felices, resueltas, terminadas —¡Ven, pruébalo! ¡Este asunto de Jesús FUNCIONA! En el mejor de los casos, tal cultura genera robots al estilo *Las mujeres perfectas*, con sonrisas pintadas y movimientos programados. En el peor de los casos, crea ambientes donde el abuso y la corrupción se cubren para proteger reputaciones y preservar imágenes. "El mundo está mirando —les gusta decir a los cristianos—, así que actuemos de la mejor manera y ocultemos rápidamente el desastre. Hagamos algunas tomas de antes y después y filmemos imágenes llamativas de nuestro producto milagroso que blanquea cada signo de suciedad y oculta los signos de enfermedad".

Pero, si el mundo está mirando, también podríamos decir la verdad. Y la verdad es que la iglesia no ofrece una cura. No ofrece una solución rápida. La iglesia ofrece muerte y resurrección. La iglesia ofrece el trabajo desordenado, inconveniente, desgarrador e interminable de sanación y reconciliación. La iglesia ofrece *gracia*.

Cualquier otra cosa que intentemos vender es remedio de curandero. No es real.

Como lo expresa Brené Brown: "Fui a la iglesia pensando que sería como una epidural; que me sacaría el dolor... Pero la iglesia no es como un epidural; es como una partera. Pensé que la fe diría 'te sacaré el dolor y la incomodidad', pero dijo 'me sentaré junto a ti durante el proceso'".[73]

Conozco una creyente sanadora aquí en Tennessee que entiende esto mejor que la mayoría. Becca Stevens es una sacerdotisa episcopal de Nashville, y fundadora de *Thistle Farms*, una empresa social que entrena y emplea a mujeres que se están recuperando de abuso, prostitución, adicción, trata, prisión y la vida en las calles. A medida que las mujeres se sanan a través de la terapia y la comunidad que brinda el programa Magdalene, ofrecen sanación a otros a través de baños aromáticos y los productos corporales que elaboran con aceites esenciales y venden en tiendas y en Internet.[74] En *Thistle Farms*, sanar huele a lavanda, árbol de té, menta y vainilla. Se siente como una loción y un bálsamo corporal masajeados en la piel. Es como una vela parpadeante y suena como una tetera que silba de fondo. Y lleva tiempo.

"Fabricar y vender aceites —dice Becca— nos recuerda que sanar no es un evento, sino más bien un viaje que recorremos a medida que regresamos a la memoria de Dios".[75]

El viaje no siempre es suave. Aunque el 72 por ciento de las mujeres que se unen al programa Magdalene aún permanecen limpias y sobrias dos años y medio luego de empezar, como cualquier otro grupo de recuperación, este conoce el aguijón de la decepción, el fracaso, los giros en falso y la recaída. Pero el amor, dice Becca, "nos lleva más allá del camino angosto de creer que la sanación es moverse del diagnóstico a la cura... Sanar es un resultado natural del amor. Mientras aprendemos a amar, aprendemos a sanar".[76]

Sumado a su trabajo en *Thistle Farms*, Becca aboga por un uso creativo y efusivo de aceites sanadores en las iglesias —no como una panacea o un encanto mágico, sino como un regalo, un signo externo de una gracia interna. "¿Por qué conformarse con solo una gota de aceite para el crisma —argumenta—, cuando se puede llenar todo un santuario con un dulce aroma y hacer participar todos los sentidos en la adoración?". En su propia iglesia, una mesa con una variedad de aceites esenciales (lavanda, hoja de canela, limoncillo, jazmín, geranio, bálsamo, mirra) invita a los feligreses a hacer sus propias mezclas para ungir las manos y los pies de las personas que aman y sirven. Becca elabora mezclas especiales para mujeres embarazadas, parejas en consejería prematrimonial, para quienes están enfermos, para quienes se embarcan en nuevos viajes emocionantes y para quienes viajan por caminos difíciles de sanación. El aroma, combinado con una oración y un toque gentil, puede tener efectos sanadores poderosos en una persona, física, espiritual y emocionalmente. Y el tiempo y la intención que lleva crear aromas personalizados señala un compromiso para quedarse a largo plazo.

En última instancia, el ungimiento es un reconocimiento. Es una forma de hablarle a alguien que sufre y, sin palabras, lugares comunes ni soluciones vacías, decir *esto es realmente grande, importa, estoy aquí*. En un mundo que lo cura todo rápido, la verdadera sanación puede llegar a ser uno de los regalos más poderosos y contraculturales que la iglesia tiene para ofrecer, si tan solo rendimos nuestro impulso a curar, si tan solo dejamos que el amor haga lentamente el trabajo sinuoso.

······

Siete años después de la campaña "Vota sí a la uno" y de que saliera volando de mi congregación, redescubrí la iglesia en un lugar improbable: la conferencia anual "Live It Out" [Vívelo] de la red de cristianos gay en Chicago.

Fundada por Justin Lee, un joven que creció como bautista del sur y sobrevivió a los efectos destructivos de los "ministerios ex-gay" hasta, eventualmente, aceptar y abrazar su sexualidad, la red cristiana gay ofrece comunidad y apoyo a cristianos gay, lesbianas, bisexuales y transgénero, junto a sus amigos, familia y aliados. El grupo es ecuménico, pero atrae a muchos evangélicos, de los cuales una gran parte la conforman quienes han sido marginados o expulsados de las iglesias en las que crecieron. Algunos de los más de setecientos asistentes creían que las Escrituras los obligaban a dedicar sus vidas al celibato, mientras que otros creían que les otorgaban la libertad de buscar relaciones y matrimonio entre personas del mismo sexo. En la mesa había lugar para todos.

En la conferencia me tocó hablar como aliada. Sin embargo, a las pocas horas de llegar a Westin, en el Río Chicago, quedó claro que tenía poco que enseñar a estos hermanos y hermanas en Cristo y bastante que aprender de ellos. Hablo en docenas de conferencias cristianas al año, pero nunca he participado en una tan energizada por el Espíritu, tan desprovista de teatralidad vacía, tan basada en el amor y abundante en la gracia. Como lo expresó un participante: "Es una conferencia cristiana sin complejos".

Y, de hecho, lo fue. Había comunión, confesión, adoración y compañerismo. Había una gran preocupación por honrar la Escritura y amar como Cristo amaría, incluso a través de las diferencias y el dolor. Había muchos abrazos, sollozos y oración... y abrigos con rombos.

Pero lo que más me asombró era el grado de sufrimiento que había experimentado muchos de los asistentes; a veces, brutal, a manos de cristianos que intentaron "curarlos" de su orientación sexual. Una mujer joven describió cómo fue pasar por una ceremonia de exorcismo diseñada para expulsar el demonio del lesbianismo de su cuerpo. Otra acudió al consejero cuando su terapeuta insistió en que ella debía haber sido abusada o maltratada por sus padres, cuando no había sido así. Un hombre siguió el consejo de su pastor y se casó con una mujer, esperando que el sexo heterosexual lo convirtiera; una decisión que llevó a consecuencias desgarradoras. Muchos en la conferencia se habían sometido a ministerios evangélicos ex-gay, el más grande de los cuales había cerrado sus puertas hacía poco, cuando su presidente admitió que la terapia reparadora para cambiar la orientación sexual pocas veces, si es que alguna, era efectiva. Persona tras persona contaron historias sobre ser expulsados de su iglesia o de su familia luego de salir del clóset (de los, aproximadamente, 1, 6 millones de jóvenes estadounidenses sin hogar, entre el 20 y el 40 por ciento se identifica como lesbiana, gay, bisexual o transgénero). Muchísimos contemplaron el suicidio en su adolescencia, después de rogarle a Dios que los "arreglara", sin éxito.

Y, aun así, aquí estaban; cuando tenían todo el derecho del mundo de correr tan lejos como pudieran de la iglesia, estaban adorando juntos, orando juntos, sanando juntos. Aquí estaban, *siendo* la iglesia que los había rechazado. Me sentí furiosa con la enorme capacidad del cristianismo para lastimar e igualmente asombrada por su milagrosa capacidad para sanar.

La noche final de la conferencia dio un momento de micrófono abierto, en el que los participantes estaban invitados a compartir sus historias en frente de todo el grupo en el salón principal. Uno por uno, cientos de hombres y mujeres valientes se aproximaron al micrófono, respiraron profundo, y dijeron la verdad.

"Soy María, la mamá de Jacob", dijo con acento del medio oeste una mujer bajita que vestía jeans, una camiseta blanca y, como varios de los padres en la conferencia, un pin gigante que anunciaba "ABRAZOS DE MAMÁ GRATIS" en grandes letras rojas.[77]

"Esta noche quiero pedirle perdón a Jacob, y también a ustedes, porque... —Su voz empezó a temblar—. Porque hasta este fin de semana me sentía avergonzada de mi hijo".

Ahogó un sollozo con las manos mientras esperábamos en un denso silencio.

"No quería que la gente de mi iglesia supiera que él era gay porque tenía miedo de lo que pensarían, de lo que dirían —dijo, finalmente—. Pero ya no más. Estoy muy orgullosa de mi hermoso hijo y de todos ustedes. ¡Estoy tan orgullosa que voy a gritarlo desde los tejados!".

Una risa gentil sobrevino en el salón.

"Lo siento —dijo María, primero mirando a su hijo y luego al resto de la audiencia—. Lo siento mucho. Por favor, perdónenme".

"¡Te perdonamos!", gritó una mujer detrás de mí.

Jacob corrió hacia el frente y abrazó a su mamá.

Se abrazaron durante cinco minutos antes de que la siguiente persona se acercara al micrófono.

"Recuerdo la primera vez que me gritaron… una palabra homofóbica", dijo la jovencita de no más de veinte años, que tenía una flor en su cabello y mantenía la mirada en sus zapatos. Le llevó un tiempo proseguir.

"Fue en la iglesia".

Alrededor de la sala, se escuchaba a las personas suspirar con tristeza.

"Esta es la primera vez en mucho tiempo que soy capaz de estar rodeada de cristianos sin tener miedo— dijo, sin levantar la vista—. Así que gracias por eso".

"Desde que comencé la adolescencia, empiezo todos los días de la misma forma", dijo un hombre apuesto que llevaba sombrero y hablaba con confianza.

"Primero, me miro en el espejo y me pregunto, '¿Este atuendo luce demasiado gay?'".

El público rio.

"Después de vestirme —dijo, con una risa irónica— vuelvo al espejo y me digo a mí mismo: 'Mike, cuida tus manos. Mike, ten cuidado con tu voz. Mike, no te rías demasiado fuerte. Mike, no camines de esa manera. Mike, hagas lo que hagas, *no actúes tan gay*'".

Su voz se quebró de pronto.

"No quería perder mi trabajo en el ministerio —prosiguió, después de recuperarse—. Pero estoy tan cansado de esa rutina. Después de veinte años, no puedo seguir haciéndome esto. Basta. Dejé de hacer de cuenta que no pasa nada. Dejé de fingir. Es hora de decir la verdad: soy cristiano y soy gay".

El público aplaudió.

A continuación pasó al frente un afroamericano en silla de ruedas y el teatro se vino abajo cuando se acercó al micrófono. Esperó un momento y declaró: "Soy negro. Soy discapacitado. Soy homosexual. Y vivo en Mississippi. *¿En qué estaba pensando Dios?*".

Le siguió un estudiante universitario que finalmente había reunido el coraje para salir del clóset ante sus padres.

"No salió tan bien como esperaba", dijo. Y en el doloroso silencio que siguió, muchos entendieron.

Y luego hubo un joven que había asistido el año anterior en medio de una profunda depresión, pero que había regresado este año con nueva iglesia, una dinámica familiar más saludable, y novio. "Viene lo mejor", dijo.

Casi llegando al final de la sesión, un hombre delgado de mediana edad con camisa de vestir se acercó al micrófono.

"Estoy aquí para pedir su perdón", dijo suavemente.

"He sido pastor de una denominación conservadora durante más de treinta años y solía ser un apologeta antigay. Sabía cada argumento, cada versículo bíblico, cada perspectiva y cada posición. Podía ganar un debate contra cualquiera, y confieso que grité unas cuantas veces 'herejes'. Estaba absolutamente seguro de que lo que decía era verdad y asumí defender esa verdad a muerte. Pero luego conocí una joven lesbiana que, en un periodo de muchos años, poco a poco cambió mi mente. Es una persona de gran fe y gracia, y su vida es su mejor apologética".

El hombre empezó a secarse las lágrimas de la cara con las manos.

"Lamento tanto lo que les hice —continuó diciendo—. Quizás no los haya herido directamente, pero sé que mi apologética mal guiada, y luego mi silencio cómplice, probablemente hizo más daño de lo que jamás pueda saber. Lo lamento profundamente y me arrepiento con humildad de mis acciones. Por favor, perdónenme".

"¡Te perdonamos!", gritó alguien desde el frente.

Pero el pastor levantó la mano y continuó hablando.

"Y, como si las cosas no se pudieran poner más extrañas —dijo, con una risa nerviosa—, el otro día llevé a mi hijo a la escuela —está en el último año de la secundaria— y hablamos sobre este mismo asunto. Cuando le dije que recientemente había cambiado mi opinión sobre la homosexualidad, guardó silencio un minuto y luego dijo: 'Papá, soy gay'".

Casi todos en el cuarto quedamos boquiabiertos.

"A veces me pregunto si estos últimos años de estudiar, orar, y repensar las cosas no habrán sido una preparación para ese instante —dijo el pastor, con voz estremecida—. Fue uno de los momentos más importantes de mi vida. Estoy tan feliz de haber estado preparado. Estoy tan feliz de haber estado listo para amar a mi hijo por quien es".

Para el final de la sesión a micrófono abierto, entendí exactamente por qué me decían que ni me molestara en usar rímel. Fueron algunas de las horas más sanadoras, poderosas y empapadas de gracia de mi vida. Fue, en definitiva, iglesia.

El otro día, en una charla, mi interlocutor se preguntaba si quizás los cristianos LGBT tenían un rol especial para enseñarle a la iglesia cómo abordar de manera más reflexiva los problemas relacionados con el género y la sexualidad. Le dije que creía que era algo más; que a partir de la conferencia de la red de cristianos gay, fui convencida de que los cristianos LGBT tienen un rol especial para ejercer: enseñarle a la iglesia cómo ser *cristianos*.

Cristianos que nos decimos unos a otros la verdad.

Cristianos que confesamos nuestros pecados y perdonamos a nuestros enemigos.

Cristianos que abrazan a sus vecinos.

Cristianos que se sientan con nosotros en nuestro dolor y nuestra sanación, y esperan la resurrección.

......

A veces me preguntan si creo en las sanaciones por fe.

Creo que se refieren a si creo en que un pastor puede extender sus manos sobre una persona y sanarla de su alcoholismo, si un santuario religioso posee el poder de sacar a los paralíticos de sus sillas de ruedas o si reunirse alrededor de una niña y orar veinticuatro horas por ella puede revertir el avance de su cáncer.

No lo sé. He visto a muchas personas de gran fe sucumbir a una enfermedad y a la tragedia de creer que Dios muestra algún tipo de favoritismo en estos asuntos (y, aun así, inexplicablemente, siempre oro).

Así que, cuando me hacen esta pregunta, les cuento a las personas sobre *Thistle Farms*. Les cuento sobre la red de cristianos gay. Les cuento acerca de las viudas que conocí en India, que no habían sido curadas del HIV pero que están sanando de su pobreza y desesperanza amándose bien. Les cuento sobre la conferencia de pastores que fracasaron de forma épica y de los sobrevivientes abusados que conocí por el blog. Les cuento sobre mis propias idas y vueltas con la iglesia. Luego, me encojo de hombros y digo: "Supongo que cualquier cosa es posible".

TREINTA Y UNO

TEDIO EVANGÉLICO

*Y conozco todos los pasos que me llevan a tu puerta
Pero no quiero ir allí nunca más.*

—Taylor Swift

"**M**e parece que para ti, el evangelicalismo es como el novio que cortó contigo hace dos años, cuya página de Facebook sigues chequeando compulsivamente".

Bueno, esa sería una buena síntesis, ¿no? Y de todas las personas, tuvo que venir de un predicador bautista.

Había llegado al hotel en su camioneta gigante unos quince minutos antes para recogerme para un concierto en la universidad de Wingate, cerca de Charlotte, pero lo hice esperar hasta calmarme, lavarme la cara con agua fría y maquillarme. No recordaba la última vez que había llorado tanto.

Todo empezó cuando *World Vision*, una organización humanitaria que había apoyado durante mucho tiempo y con la que incluso había viajado, anunció un cambio en sus políticas de contratación en el que permitía que matrimonios del mismo sexo trabajaran en sus oficinas de los EE.UU. Los evangélicos conservadores se reunieron para protestar y, en un lapso de setenta y dos horas, más de diez mil niños habían perdido apoyo financiero debido a la cancelación de patrocinios a *World Vision*.

Diez mil niños.

En un intento por detener parte del sangrado, me uní a varios blogueros de la organización para alentar a mis lectores a patrocinar niños o a hacer donaciones únicas a la organización, que se tambaleaba cuando iglesia tras iglesia llamaba para dar de baja su apoyo. Habíamos reunido varios miles de dólares y múltiples patrocinios cuando el director ejecutivo de *World Vision* anunció que la organización benéfica revertiría su decisión y volvería a su antigua política contra los empleados gay.

Había funcionado. Usar a niños necesitados como moneda de cambio en la guerra cultural había funcionado.

Según el CEO, horas después del retroceso, las llamadas inundaron las oficinas. La gente preguntaba "¿Puedo recuperar a mi niño?".[78]

La noticia del cambio me llegó a través de las redes sociales minutos antes de que me recogieran para hablar en Wingate. Supongo que podría llamarlo un puñetazo en el estómago, pero la dificultad para respirar con la que me dejó el incidente se parece más a un dolor crónico que a una lesión aislada de la que uno puede curarse por completo. Todavía duele.

El predicador bautista también estaba como loco, y en su acento de Carolina del Norte despotricó todo el camino desde el hotel hasta el campus, lo que me hizo sentir mejor. Sin embargo, habiendo sido criado en una corriente más progresista de la tradición bautista, veía la situación un poco desde afuera; era más un observador de la lucha interna que un participante. Podía revolear los ojos tranquilamente y suspirar, tal como los políticos pueden gritarse unos a otros en la televisión sin sentir una profunda sensación de pérdida personal. Me causaba envidia.

Luego me preguntó por qué, a pesar de asistir a una iglesia episcopal y tener perspectivas más progresistas, todavía me involucraba en la conversación evangélica, a través de las redes y en mis libros. Y, por centésima vez en mi vida, me jacté, me salí de las casillas y declaré con determinación apasionada y engreída que esta era la gota que había colmado el vaso y que había terminado con el evangelicalismo de una vez por todas. "¡Eso es! —dije— ¡Terminamos!". Lloré, antes de levantar mi teléfono para escribir un tuit al respecto.

Allí fue cuando el pastor bautista dijo lo de Facebook.

La última vez que había estado así de enojada con el evangelicalismo había sido unos años antes, cuando con Dan fuimos invitados a la casa de algunos feligreses locales para lo que consideraron "una conversación sobre su experiencia de fe", que resultó ser una intervención evangélica clásica. Nos retorcimos de incomodidad en el sofá, con un plato de galletas con chispas de chocolate sobre el cojín entre nosotros, mientras cuatro personas que apenas conocíamos, una pareja mayor que era amiga de mi familia y una pareja más joven que nunca habíamos visto hasta esa noche, expresaron profunda preocupación por nuestra salud espiritual, dada nuestra aceptación de la evolución y la ordenación de mujeres. Cuando la conversación pasó al matrimonio entre personas del mismo sexo, el rostro del hombre mayor se retorció y enrojeció, y Dan y yo inventamos una excusa para irnos temprano. Al segundo de cerrar las puertas del Acclaim, prometí no volver a enredarme con "esos evangélicos". "¡Eso es! —dije— ¡Terminamos!".

Cada vez que esto pasa, la ruptura es seguida por uno o dos meses de completa laxitud religiosa en la que me vuelvo indiferente a la oración, a la Escritura y al tipo de discurso teológico que antes me vigorizaba y desafiaba. Algún pastor evangélico en algún lugar escribe un artículo sobre cómo los pantalones de yoga incitan la incontrolable lujuria de los hombres, y no puedo generar la energía para debatir Mateo 5: 29 con él aunque haya una docena de correos electrónicos en mi casilla, pidiéndome que responda. "No es mi circo, no son mis monos", digo yo.

Las personas nos invitan, pero las mañanas de los domingos pasan y yo sigo cubriéndome con las sábanas hasta la cabeza. Me hundo en una leve depresión, un tedio religioso, y le doy rienda suelta a mi cinismo. Cuando un reportero que escribe una nota sobre el feminismo cristiano me pregunta "¿Te gustaría que te identificáramos como evangélica?", doy un largo resoplido y respondo "Qué sé yo".

Todo lo que quiero es deshacerme de esta *investidura*, esta noción de que tengo algo en juego en el futuro del evangelicalismo estadounidense cuando es claro que este ya no me quiere. Si tan solo me dejara de importar, imagino, las desilusiones no dolerían tanto. Si solo me diera por vencida, finalmente sería libre.

Y luego, recibo una carta en mi casilla de correo de una mujer de sesenta años que decidió perseguir el sueño de toda la vida de ordenarse pastora gracias a una conversación que encontró en el blog. Y luego, nuestros vecinos evangélicos invitan a Dan a cenar mientras estoy fuera de la ciudad. Y luego tengo una excelente conversación con mis padres sobre la red de cristianos gay. Y luego llega el último libro de Scot McKnight a nuestra puerta. Y luego tomo la comunión.

Y de repente me vuelve a importar. Estoy *investida* de nuevo. Me doy cuenta de que no puedo romper con mi herencia religiosa más de lo que puedo romper con mis padres. Puede que ya no adore en una iglesia evangélica o ni siquiera abrace su teología, pero mientras tenga una investidura en la iglesia universal, tengo una investidura en la comunidad que me presentó a Jesús por primera vez. Me guste o no, en este juego tengo puesta la piel.

Y luego, hacen una Biblia de la herencia estadounidense y volvemos a romper. Entonces, básicamente, mi relación con el evangelicalismo es como una canción de Taylor Swift seteada en el reproductor para que se repita sola.

El incidente de *World Vision* me envió a la depresión religiosa más profunda que jamás experimente, y todavía lucho para salir. Conozco a muchas personas que se fueron del evangelicalismo de una vez y para siempre cuando vieron lo que sucedió, y sé de algunos que directamente se fueron de toda iglesia, sin poder conciliar el amor que ven en Jesús con la condenación que escuchan de sus seguidores. Pero lo que estoy aprendiendo esta vez, mientras proceso mi frustración y desilusión, y mientras alcanzo esos primeros rayos de luz del amanecer en el horizonte, es que no puedo empezar a sanar hasta haber reconocido mi dolor, y no puedo reconocer mi dolor hasta que abandone mi dependencia del cinismo.

El cinismo es un anestésico poderoso que usamos para entumecernos y que no nos duela, pero logra también, por su misma naturaleza, entumecernos de la verdad y el gozo. La aflicción es saludable. Incluso la ira puede ser saludable. Pero anestesiarnos con cinismo en un esfuerzo de evitar sentir aquellas cosas no lo es.

Cuando descarto a todos los evangélicos por ser odiosos e ignorantes, me estoy entumeciendo con cinismo. Cuando abucheo sus puntos débiles, me estoy entumeciendo con cinismo. Cuando revoleo mis ojos, me cruzo de brazos y digo "bueno, Dios no puede estar presente *ahí*", me estoy entumeciendo con cinismo.

Y me estoy perdiendo. Me estoy perdiendo a un Dios que nos sorprende al aparecer donde creemos que no pertenece. Me estoy perdiendo a un Dios cuya gracia necesito tan desesperadamente, tanto como la señora que dejó de patrocinar a un niño en protesta contra el matrimonio homosexual. El cinismo puede ayudarnos a crear narrativas más simples de buenos y malos, pero no nos hace mejores en nuestra capacidad de decir la verdad, que es que la mayoría de nosotros somos una atemorizante mezcla entre bien y mal, pecado y santidad.

Lo molesto de ser un ser humano es que, para estar involucrado del todo con el mundo, debemos ser vulnerables. Y lo molesto de ser vulnerables es que significa que a veces nos lastimamos. Y cuando tu familia incluye a la iglesia, te lastimarás. Probablemente, más de una vez.

Esto no quiere decir que vayamos a quedarnos en iglesias patológicas o vayamos a permitir que las personas abusivas se salgan con la suya. No quiere decir que participemos en congregaciones que nos debilitan la vida o nos hacen luchar para pertenecer. Solo quiere decir que si queremos sanar nuestras heridas, incluso aquellas que recibimos de la iglesia, tenemos que empezar por darle una patada al hábito de ser cínicos. Tenemos que permitirnos sentir el dolor, el gozo y la angustia de estar en relación con otros seres humanos. Al final, es la única forma de vivir, aunque signifique *mantener la investidura;* aunque signifique asumir un riesgo y perderlo todo.

TREINTA Y DOS

EL ASUNTO DEL COCHE FÚNEBRE

El reporte de mi muerte fue una exageración.
—Mark Twain

En 2013, el pastor de una megaiglesia de Seattle, famoso por sus controversiales extravagancias, llegó a un servicio de adoración cierto domingo por la noche en un largo coche fúnebre negro. Vestido como para un funeral, posó para unos fotógrafos que aguardaban antes de entrar. Luego, predicó un sermón en el que dijo que la iglesia en EE.UU. está muriendo y que depende de los cristianos revivirla. Unas semanas después, su libro *A Call to Resurgence: Will Christianity Have a Funeral or a Future?* [Un llamado a resurgir: El cristianismo, ¿tendrá un funeral o un futuro?] salió a la venta. Un coche fúnebre en tonos sepia decoraba la tapa.

En años recientes, para los cristianos se ha vuelto popular hablar de la muerte inminente de la iglesia. Las conversaciones en los encuentros denominacionales y conferencias cristianas son tan *sotto voce* como las conversaciones alrededor de la mesa sobre dejar pasar los comentarios racistas de la tía Marie, ya que esta podría ser su última Navidad. La alarma no es completamente infundada. Las encuestas muestran que el porcentaje de cristianos que se identifican tales como en los Estados Unidos ha caído del 86 al 76 por ciento desde 1990, mientras que el porcentaje de personas que afirman no tener afiliación religiosa se ha duplicado y ha alcanzado el 16 por ciento.[79] Los adultos jóvenes parecen especialmente desinteresados de la fe; casi tres de cada cinco jóvenes se desconectan de la vida de iglesia después de los quince años.[80]

Confieso haber citado estos números de forma tendenciosa, especialmente cuando quiero señalar que los milenials están perdiendo la fe en la iglesia por cuestiones relacionadas con la política, la sexualidad, la ciencia y la justicia social. Puede que haya pronunciado algo como "adaptarse o morir" en mis textos. Es posible que me haya precipitado y administrado la extrema unción.

Sin embargo, últimamente me he estado preguntando si las iglesias no estarán necesitando algo de muerte y resurrección, si quizás toda esta charla sobre números decadentes e influencia menguante significa que nuestros días de construir el imperio han terminado, y si, tal vez, no sería bueno.

La muerte es algo que preocupa al imperio, no a los sembradores. Tampoco a las personas resucitadas.

G. K. Chesterton lo pone de esta forma: "La cristiandad ha tenido una serie de revoluciones y, en cada una de ellas, el cristianismo ha muerto. El cristianismo ha muerto muchas veces y se ha levantado; porque ha tenido a un Dios que sabe el modo de salir de la tumba".[81]

No sé exactamente cómo lucirá esta nueva revolución, pero a medida que el centro del cristianismo se desplaza del occidente global al sur y al oriente, y a medida que los cristianos en los Estados Unidos se ven obligados a medir el éxito de la iglesia por algo más que dinero y poder, espero ver más altares que se transforman en Mesas, compuertas que se transforman en puertas abiertas y remedios mágicos que se transforman en aceites sanadores. Espero que se parezca a un reino que no les pertenece a los ricos, sino a los pobres; a los humildes en lugar de a los triunfadores, a los pacificadores en lugar de a los que dan la batalla cultural. Si el cristianismo debe morir, que muera a la vieja forma de dominación y control y resucite al Camino de Jesús, el Camino de la cruz.

Hace poco escuché una historia sobre una iglesia metodista unida que estaba en declive. Alguna vez fue una congregación exitosa en el este de Durham, North Carolina; ahora la membresía se había reducido a unas cuarenta personas que luchaban por mantener por su cuenta el hermoso edificio antiguo de la iglesia. Una pastora nueva, recién salida de la academia de teología, intentó abalanzarse y arreglar las cosas resucitando al comité de finanzas, consolidando las cuentas, vendiendo todas las camionetas en desuso y aumentando el alquiler de la casa pastoral, pero la iglesia solo cojeaba. No fue hasta que varias otras congregaciones del vecindario se acercaron a la iglesia para reunirse en su edificio que las cosas empezaron a cambiar.

Una iglesia afroamericana no denominacional adoraba en el santuario los domingos por la tarde y proveyó una ofrenda mensual para cubrir los servicios públicos. Una iglesia bautista pidió un espacio para enseñar inglés como segunda lengua a los residentes hispanoparlantes del barrio. Y luego, una nueva iglesia metodista de inmigrantes de Zimbabue pidió usar el edificio para adorar a las once a. m. —la misma hora en la que la congregación original solía reunirse. Todo el año siguiente, la congregación original adoró en el santuario del segundo piso, mientras que la iglesia nueva adoraba en el cuarto de abajo, y en su lengua nativa (shona). La pastora dijo que sus sermones solían ser interrumpidos por tambores africanos.

Las dos iglesias compartían comidas y algunos servicios de adoración; hasta el servicio de navidad en el que cantaron "Noche de paz" en inglés y en shona. Pero mientras la iglesia inmigrante continuaba creciendo y creciendo, la congregación original se reducía conforme sus miembros más ancianos morían o se mudaban.

"Claramente, no tenía sentido que una congregación en crecimiento se aplastara en su espacio de adoración mientras treinta personas daban vueltas arriba en un santuario para quinientas", explicó el pastor. La menguante congregación, dijo, estaba "atrapada en algún lugar entre la vida y la muerte".

Así que la iglesia entró en un periodo de oración y discernimiento, y una y otra vez volvieron a Marcos 8: 34-35: "Si alguno quiere venir en pos de mí, niéguese a sí mismo, tome su cruz y sígame. Porque quien quiera salvar su vida, la perderá; pero quien pierda su vida por mí y por el Evangelio, la salvará" (BJ).

La iglesia optó por ceder todo —edificio, muebles, personería— a la iglesia creciente de Zimbabue. La congregación original se mantuvo junta y, finalmente, se integró a otra comunidad que invitó a los pocos miembros restantes a adorar en su espacio.

Fue una especie de muerte, sin dudas. Pero, como lo expresa el pastor, "fue una buena muerte".[82]

Escuché otra historia conmovedora de una mujer que conocí en la red de cristianos gay. Como muchas otras, Stacey creció como evangélica y amó cada minuto de la vida de iglesia hasta que se dio cuenta de que era gay. De pronto, dijo, "lo que una vez fue mi santuario se volvió un lugar oscuro y atemorizante". A Stacey se le dijo que tenía que escoger entre Dios y su sexualidad. Luego de años de rogarle a Dios que la hiciera heterosexual, finalmente aceptó que el Dios que la tejió en el vientre de su madre la amaba incondicionalmente, sexualidad incluida.

Cuando Stacey y su esposa, Tams, se mudaron a Vancouver, Britsh Columbia, en 2010, buscaron una iglesia evangélica. La mayoría de los pastores a los que consultaron explicaron que, si bien la pareja podía participar en la adoración, se les prohibiría servir en cualquiera de los ministerios de la iglesia, lo cual era una prioridad para Stacey y Tams. Finalmente, encontraron Cove, una pequeña iglesia evangélica con miembros tanto conservadores como progresistas y un pastor comprometido a recibirlos a todos. Aunque eran la única pareja gay en la iglesia, Stacey y Tams encajaron de inmediato y fueron abrazadas por la comunidad. Se unieron a un pequeño grupo, se involucraron en el estudio bíblico, y pronto estaba sirviendo en el equipo de adoración y en el ministerio de niños. Stacey dijo que la iglesia le recordaba lo que Jesús había dicho en Juan 13: 35: "De este modo todos sabrán que son mis discípulos, si se aman los unos a los otros".

Eventualmente, Stacey y su esposa se volvieron miembros de esa iglesia de diez años, una movida que llamó la atención de la denominación a la cual estaba afiliada. Un representante de la denominación fue a investigar, ya que la membresía para las personas LGBT estaba prohibida por la organización.

"Allí estaba", escribió Stacey en una publicación en mi blog. "Sabíamos que iba a llegar. El foco de atención se había centrado en nosotras una vez más. Habíamos escuchado tantas historias de amigos homosexuales que fueron expulsados de sus iglesias, a los que se les pidieron que renunciaran al ministerio o a los que toda la congregación ignoró hasta que se fueron". Stacey temía que fueran las siguientes y que tuvieran que revivir todo el dolor y el rechazo de su experiencia anterior.

Pero Cove fue diferente. La iglesia no tolero tener que echar a Stacey y a su esposa. El pastor se reunió con líderes no denominacionales varias veces para tratar de suavizar las cosas, pero en 2013 la iglesia recibió una carta de la denominación anunciando que se retirarían todos los fondos de Cove, desvinculando de manera efectiva a la pequeña congregación.

"El domingo 26 de mayo de 2013, Cove tuvo su última reunión", escribió Stacey. "En cierto sentido, se sintió como un funeral, pero también una celebración. Nuestro pastor nos había desafiado a ser iglesia para nuestras comunidades por fuera de los muros, y ahora teníamos la oportunidad. Compartimos una última vez, hicimos una colecta para nuestro pastor y su familia, y luego nos reunimos en un gran círculo para pedirle a Dios que usara esto para Su gloria. Mi corazón estaba tan triste y, sin embargo, tan increíblemente lleno".

"Siempre había pensado para mis adentros 'este lugar es demasiado bueno para ser cierto'" —dijo Stacey—, y quizás lo era. O quizás era el comienzo de un movimiento para abrazar al amor por sobre el legalismo, sin importar el costo. Después de todo, ¿no es eso lo que Cristo vino a enseñarnos?".

Fue una muerte, pero fue una buena muerte.[83]

Mientras que la forma del cristianismo cambia y nuestras iglesias se adaptan a un mundo nuevo, tenemos una elección: podemos conducir nuestros coches fúnebres lamentando cada augurio de muerte, o podemos confiar que el mismo Dios que resucitó a Jesús de entre los muertos está ocupado haciendo algo nuevo. Mientras los cristianos partamos el pan y sirvan el vino, mientras sanemos a los enfermos y bauticemos a los pecadores, mientras prediquemos la Palabra y prestemos atención, la iglesia vive, y Jesús dijo que ni las puertas del infierno prevalecerían contra esto. Bien podríamos confiar en él, ya que sabe algunas cosas sobre salir de la tumba.

"La vida nueva empieza en la oscuridad", escribe Barbara Brown Taylor. "Ya sea una semilla en el suelo, un bebé en el vientre o Jesús en la tumba, empieza en la oscuridad".[84]

TREINTA Y TRES

PERFUME

> *El aroma es un mago potente que te transporta a través de miles de kilómetros y por todos los años que viviste.*
> —Helen Keller

Cuando se refieren a los primeros seguidores de Jesús, los escritores del Evangelio suelen hablar de dos grupos de discípulos: los Doce y las Mujeres. Los Doce son una docena de hombres judíos escogidos por Jesús para ser sus compañeros más cercanos y primeros apóstoles, símbolo de las doce tribus de Israel. Las Mujeres son un número inespecífico de discípulas mujeres que también seguían a Jesús, lo recibían en sus hogares, financiaban su ministerio, aprendían de él como rabí, y enseñaban a los doce a través de sus actos de fidelidad. Si bien las Mujeres aparecen a lo largo de los Evangelios, lo hacen de manera más prominente en las historias de la Pasión de Jesús —sus últimas comidas, su arresto y juicio, su muerte y su resurrección—, porque, cuando casi todos los demás abandonaron a Jesús por miedo y decepción, ellas se quedaron.

Tan solo unos días antes de su traición, Jesús y sus discípulos estaban comiendo en casa de Simón el leproso en Betania. Mientras descansaban en la mesa, una mujer, que Juan identifica como María de Betania, se acercó a Jesús con un recipiente de alabastro lleno de perfume caro, que equivalía a un año de salario. María rompió el jarro de nardo y vertió el perfume sobre el cuerpo de Jesús. La casa se llenó de su penetrante fragancia madera mientras ungía la cabeza y los pies de Jesús, atreviéndose, incluso, a limpiarle la piel con sus cabellos.

Todo el incidente fue ofensivo —una comida interrumpida, un regalo excesivo, una mujer atreviéndose a tocar a un hombre *con su cabello*. También, altamente simbólico. En la cultura de Jesús, el acto de ungir significaba selección para un rol o tarea especial. Las cabezas de los reyes eran ungidas con aceite como parte de su ceremonia de coronación, a menudo por parte de un líder religioso, y así, esta mujer se pone en la posición no tradicional de profeta y sacerdotisa y unge al Mesías. En el reino del revés de Jesús, tiene perfecto sentido.

Ungir la cabeza es una cosa, pero ungir los pies es otra. La unción de los pies es un modelo del servicio, el discipulado y el amor que Jesús enseñó. En una cultura en la que a menudo se prohibía el contacto de una mujer, María se atreve a acunar los pies de Jesús en sus manos y esparcir el aceite en sus tobillos y entre los dedos de los pies con las puntas de su cabello. En lugar de medir una pequeña cantidad de aceite, María rompe el frasco y deja que se derrame por completo. Apuesta todo en este acto, totalmente comprometida; no escatima gastos. El aceite que quizás había estado reservando para su propio funeral o para el entierro de un ser amado, había sido vertido generosamente, sin pensar en el futuro. La humildad de su acción presagia el lavamiento de pies que vendrá más tarde, cuando Jesús lave los pies a sus discípulos.

Pero en medio de todo este simbolismo y presagio, Jesús ve algo más. Interpreta el acto de adoración de la mujer como preparación para su entierro. Cuando los discípulos la reprenden por lo que ellos consideran un desperdicio de dinero, Jesús responde: "Dejadla. ¿Por qué la molestáis? Ha hecho una obra buena en mí. Porque pobres tendréis siempre con vosotros y podréis hacerles bien cuando queráis; pero a mí no me tendréis siempre. Ha hecho lo que ha podido. Se ha anticipado a embalsamar mi cuerpo para la sepultura" (Marcos 14: 6-8, BJ).

Jesús había estado hablando de su inminente muerte durante un tiempo, pero los Doce no habían asimilado nada. Cuando le dijo a Pedro "el Mesías debe ser rechazado, sufrir y morir; luego será resucitado", el discípulo respondió de manera tan vehemente que Jesús lo amonesta: "¡Aléjate de mí, Satán!". En otra instancia, Jesús habló increíblemente de su muerte y los discípulos preguntaron quien sería el más grande en el reino venidero. Y en otra, Santiago y Juan pierden el punto por completo cuando responden a la predicción de Jesús pidiéndole sentarse a su derecha y a su izquierda.

Claramente, los Doce tuvieron dificultades en concebir un reino que no empezaría con la muerte de sus enemigos, sino con la muerte de su amigo en manos de sus enemigos. Sospecho que es por eso que se quejaron de la "pérdida" de dinero desperdiciado en el ungimiento. Imaginaron que su ministerio con Jesús continuaría durante mucho tiempo más. Puedes sentir la tristeza de las palabras de Jesús cuando les recuerda, otra vez, que no siempre estaría con ellos, que se está preparando para los días más difíciles de su vida.

No podemos saber con certeza si María vio sus acciones como un preludio de la muerte y entierro de Jesús. Sospecho que ella sabía por instinto, del modo en que las mujeres saben estas cosas, que un hombre que va a comer a la casa de un enfermo, que le permite a las mujeres que lo toquen con su cabello, que amonesta a los fariseos y se hace amigo de las prostitutas, no sobreviviría mucho más en el mundo en que ella vivía. De seguro, una mujer en esta sociedad lo entendería mejor que un hombre. Los marginados siempre son los primeros en comprender la muerte y resurrección.

Quizás esta es la razón por la que las Mujeres se quedaron junto a Jesús a través de la muerte y el entierro, luego de que muchos de los

Doce lo traicionaran, negaran, y huyeran por miedo. Era el curso de las cosas, las Mujeres lo sabían. Irían hasta el final porque Jesús era su amigo, y los amigos se aman incluso a través del dolor, incluso a través de la muerte. Por su fiel amistad, las Mujeres son recompensadas con ser las primeras en presenciar la resurrección, las primeras en predicar el evangelio del Señor resucitado.

Por su acto de adoración, Jesús alaba a María en términos singulares. "Yo os aseguro: dondequiera que se proclame la Buena Nueva, en el mundo entero, se hablará también de lo que esta ha hecho para memoria suya" (Marcos 14: 9, BJ).

Qué pensamiento notable: en cada comunión, cada servicio de Pascua, cada catedral y cada carpa de avivamiento, desde Israel hasta África, desde Europa hasta China, esta historia femenina estará en nuestros labios, junto a la de Cristo.

Y, aun así, mientras partimos el pan y bebemos el vino, casi nunca derramamos suficiente aceite como para llenar un cuarto con su fragancia. Rara vez complacemos a todos nuestros sentidos en un acto de adoración pura y tan poco práctica. Jesús quería que recordáramos, pero hemos olvidado.

Quizás deberíamos traer de vuelta el aceite, el perfume costoso, y hacerlo parte de nuestra Eucaristía; quizás, con la ayuda del Espíritu, su aroma pueda desencadenar nuestra memoria colectiva.

MATRIMONIO

- VII -

TREINTA Y CUATRO

CORONAS

> *Entrarán en Sión con cantos de alegría,*
> *coronados de una alegría eterna. Los alcanzarán la alegría*
> *y el regocijo, y se alejarán la tristeza y el gemido.*
> —Isaías 35: 10

Puede vestirse de rojo, la seda cae en una suave cascada sobre su hombro y brilla con bordados dorados; su cuello adornado con oro y perlas, sus brazos con filigrana de patrones de henna tan antiguos como la memoria de la mujer más grande. Cuando ella coloca la guirnalda de rosas y jazmines sobre la cabeza de su amado, los invitados lo perciben en sus ojos: un destello del misterio, aunque solo sea por un momento.

O puede haber sillas sobre los hombros de una multitud estridente y, balanceados arriba y abajo, dos pasajeros nerviosos se aferran a sus asientos y ríen mientras suena el *hora*. Cuando los invitados se abrazan y giran alrededor, lo perciben en la alegría de los rostros de los demás: un atisbo del misterio, aunque solo sea por un momento.

O puede haber gaitas que marcan cada paso del himno con una formalidad cacofónica, mientras un desfile de escoceses marcha por un pasillo cubierto de hierba. Cuando la pareja, adornada con cardos y rosas, se detiene a mitad de camino para otro largo beso, los invitados silban y gritan; lo perciben en el repentino fuego en sus mejillas: un destello del misterio, aunque solo sea por un momento.

Es posible que usen atuendos formales en blanco y negro guardados para este día cuando el corcho de champán finalmente vuela y las cámaras parpadean a su alrededor. Cuando impriman la firma, el secretario lo percibirá en las lágrimas de alegría que corren por sus rostros: un atisbo del misterio, aunque solo sea por un momento.

Puede haber una coronación tradicional de una ceremonia ortodoxa, donde se colocan dos coronas de oro sobre sus cabezas, símbolos de que "este es el comienzo de un pequeño reino que puede ser algo así como el verdadero Reino".[85] Cuando el sacerdote declara "oh, Señor y Dios, corónalos de gloria y honor", los invitados en la catedral lo perciben como un destello de luz contra el oro: un atisbo del reino que viene, aunque solo sea por un momento.

TREINTA Y CINCO

MISTERIO

Esto es un misterio profundo; yo me refiero a Cristo y a la iglesia.
—Efesios 5: 32

Dan y yo nos casamos en otoño, en una iglesia bautista llamada New Union [Nueva Unión]. Elegimos la iglesia por razones prácticas, como que el santuario era lo suficientemente grande para recibir a todos nuestros invitados y estaba cerca del lugar de la recepción, aunque siempre me complace ver el nombre de la iglesia grabado en rojo en la invitación enmarcada en nuestro corredor. Me pregunto cuántas otras parejas habrán marcado el comienzo de su nueva unión en tan auspicioso lugar.

Ese día, cuando llegué al final del pasillo, los pies ya me dolían por los mal aconsejados tacones blanco y pardo que combinaban perfectamente con el vestido. El pastor Doug leyó Apocalipsis 19 y 21:

¡Aleluya!
ya ha comenzado a reinar el Señor, nuestro Dios Todopoderoso.
¡Alegrémonos y regocijémonos
y démosle gloria!
Ya ha llegado el día de las bodas del Cordero.
Su novia se ha preparado...
¡Dichosos los que han sido convidados a la cena de las bodas del Cordero!

Después vi un cielo nuevo y una tierra nueva, porque el primer cielo y la primera tierra habían dejado de existir, lo mismo que el mar. Vi además la ciudad santa, la nueva Jerusalén, que bajaba del cielo, procedente de Dios, preparada como una novia hermosamente vestida para su prometido. Oí una potente voz que provenía del trono y decía: "¡Aquí, entre los seres humanos, está la morada de Dios! Él acampará en medio de ellos, y ellos serán su pueblo; Dios mismo estará con ellos y será su Dios. Él les enjugará toda lágrima de los ojos. Ya no habrá muerte, ni llanto, ni lamento ni dolor, porque las primeras cosas han dejado de existir". El que estaba sentado en el trono dijo: "¡Yo hago nuevas todas las cosas!".

Y, por un momento, vislumbramos el Gran Misterio.

Nos casamos antes de Pinterest, por lo que no hubo cabinas de fotos, frascos de cristal ni bigotes falsos en la recepción. En aquellos días, el fotógrafo se limitó a alinear a todos en la parte delantera del santuario de la iglesia, como si fuera un campo de tiro, y tomó la foto. Pero a pesar de que comenzamos jóvenes, pobres y republicanos, nuestro matrimonio ha sido feliz y seguro ha hecho que el viaje sinuoso dentro y fuera de la iglesia fuera menos solitario.

Como la mayoría de las parejas cristianas, nuestro compromiso y primer año vinieron con una avalancha de libros de casamiento cristianos, algunos más útiles que otros. De los inservibles, los peores eran aquellos que empezaban con generalizaciones sobre las diferencias entre el hombre y la mujer, luego prescribían estrictamente roles basados en el género y otras generalizaciones. Generalmente, seguido de una apelación a las Escrituras en apoyo al patriarcado, pero en la versión más "blanda" en la que el esposo no *posee* a la mujer *per se*, sino que ella puede escoger los restaurantes en los que comen y la iglesia a donde asisten. Según estos libros, si se siguen las reglas y se asumen los roles —si las personas correctas guían (el hombre) y las personas correctas siguen (las mujeres), si una persona hace dinero (el hombre) y la otra persona se queda en casa (la mujer), si hay un protector (el hombre) y una criadora de niños (la mujer)—, entonces todo funcionará.

Pero lo que Dan y yo encontramos en solo algunos meses de vivir juntos es que el matrimonio no se trata de ceñirse a un guion; se trata de construir una vida juntos. No es un chachachá coreografiado, es una danza íntima y lenta. No es una fórmula, es un misterio. Muy pocos de estos libros nos prepararon para la aventura del matrimonio, que involucra improvisación, compromiso y aprender al hacer.

Incluso el apóstol Pablo, siendo soltero y militante entusiasta de la soltería, dijo esto en su carta a los Efesios: "El esposo debe amar a su esposa como a su propio cuerpo. El que ama a su esposa se ama a sí mismo, pues nadie ha odiado jamás a su propio cuerpo; al contrario, lo alimenta y lo cuida, así como Cristo hace con la iglesia, porque somos miembros de su cuerpo… Esto es un misterio profundo; yo me refiero a Cristo y a la iglesia" (Efesios 5: 28-30, 32).

Irónicamente, esta mismísima carta suele invocarse para apoyar los roles de género jerárquicos en el matrimonio, porque, previamente, al instar a todos los miembros de una familia a "someterse unos a otros por reverencia a Cristo", Pablo describe un típico hogar grecorromano del primer siglo, con un cabeza de familia masculino que tiene autoridad sobre sus esposas, esclavos e hijos. En el pasado, algunos cristianos se referían a este pasaje para argumentar que la jerarquía entre amo y esclavo estaba ordenada por Dios y, en el presente, algunos lo siguen usando para argumentar que la jerarquía entre hombres y mujeres está ordenada por Dios.

Pero el punto del pasaje, y el de los otros códigos hogareños del Nuevo Testamento, no es enfatizar la santidad de una estructura hogareña en particular, sino más bien exhortar a los cristianos a que imiten a Jesús, sin importar en qué parte del orden jerárquico sociológico se encuentren. Así que a los hombres se les pide ser amables con sus esclavos, gentiles con sus hijos, y amantes con sus esposas (Efesios 5: 25-28; 6: 4, 9). Los esclavos son exhortados a trabajar bien, con la máxima lealtad a Dios y con el sufrimiento de Cristo como consuelo en su aflicción (6: 5). Las esposas y esposos son alentados a someterse el uno al otro en respeto, amor y paciencia con el amor sacrificial de Cristo como ejemplo (5: 21-33).

Pablo no está argumentando que la estructura del hogar grecorromano del siglo I es la mejor para el florecimiento humano y, por lo tanto, que es el diseño de Dios para todas las personas en todas partes. Eso no estaba dentro de su incumbencia. Más bien, está explicando que cuando los cristianos imitan a Jesús en sus relaciones, cuando los cónyuges se sirven unos a otros en lugar de luchar por el dominio, se vislumbra un poco el misterio del amor incansable y abnegado de Cristo por la iglesia y la consumación de ese amor que está por venir.

El matrimonio no es una institución inherentemente santa. Y no se puede santificar por arte de magia; no lo puede hacer el gobierno ni un sacerdote y ni siquiera la iglesia. Más bien, el matrimonio es una relación que es hecha santa, o sacramental, cuando refleja el amor vivificante y autosacrificial de Jesús. Todas las relaciones y vocaciones —matrimonio, amistad, soltería, paternidad, asociación, ministerio, votos monásticos, adopción, vecinos, familias, iglesias— les dan a los cristianos la oportunidad de reflejar la gracia y paz del reino de Dios, sin importar cuán torpe o imperfectos sean. Que dos personas se comprometan no solo en matrimonio, sino a una vida de amor mutuo y sumisión en imitación de Cristo es tan asombroso, tan misterioso, que se acerca al amor obstinado de Jesús por la iglesia.

Alexander Schmemann escribe: "Debemos entender que el verdadero tema, 'contenido' y objeto de este sacramento no es la 'familia', sino el amor... Algunos estamos casados y otros no. Algunos estamos llamados a ser sacerdotes y ministros y otros no. Pero los sacramentos del matrimonio y del sacerdocio nos conciernen a todos, porque se refieren a nuestra vida como vocación. El sentido, la esencia y el fin de toda vocación es el misterio de Cristo y de la Iglesia".[86]

El matrimonio, como comer pan y beber vino, es solo otra circunstancia ordinaria y cotidiana que Dios transforma en un cauce a través del cual entra a nuestras vidas. Debemos tener cuidado, entonces, de idolatrar la *institución* del matrimonio por un lado y descartar su potencial como reflejo del Reino por el otro.

Lo que hace santo a un matrimonio no es el grado en que los integrantes reflejan estereotipos de género, se atienen a una lista de reglas y roles o, incluso, reflejan normas y expectativas culturales, sino el grado en el que el amor de Cristo está presente en uno de los compromisos más desafiantes y gratificantes que las dos personas hacen.

Tal como algo del pan y el vino nos recuerda la humanidad de Jesús, algo de la tensión y anhelo de amor romántico nos recuerda nuestro deseo por Dios y el deseo de Dios por nosotros. La Escritura emplea esta metáfora tanto a lo largo del Antiguo como del Nuevo Testamento, donde la relación entre Dios y el pueblo a menudo es retratada como un matrimonio, un pacto de fidelidad y amor hecho primero con Israel y luego con todo el mundo a través de la iglesia. El anhelo de Dios está plasmado en un hermoso y frecuentemente repetido refrán que se entreteje a lo largo de las páginas de la Escritura desde Éxodo a Apocalipsis: "Les daré un corazón que me conozca, porque yo soy el Señor. Ellos serán mi pueblo, y yo seré su Dios, porque volverán a mí de todo corazón" (Jeremías 24: 7).

Cuando como pueblo de Dios abandonamos el pacto de amor y fidelidad, atraídos como estamos por placeres superficiales y vacíos, Dios, por su fidelidad *hacia nosotros*, eliminó toda posible obstrucción al pacto, al volverse humano y someterse a lo peor dentro de nosotros, al amarnos con el acto de ir a la cruz y salir de la tumba. En esta metáfora, Cristo es como un novio que ha elegido a la iglesia como su novia y está ocupado preparándose para una gran boda después de la cual su amor se consumará. En la boda, todos los invitados cantarán

"¡Aquí, entre los seres humanos, está la morada de Dios! Él acampará en medio de ellos, y ellos serán su pueblo; Dios mismo estará con ellos y será su Dios".

Uno solo puede llegar hasta cierto punto al pensar en esto antes de que la metáfora se rompa y el significado se oscurezca. Eso está bien. Es solo una metáfora y, como todas las metáforas, no es la luna, sino más bien el dedo que apunta a la luna. Estamos hablando sobre el Gran Misterio, la realidad definitiva que el apóstol Pablo dice que solo "vemos oscuramente, como por espejo". Puedo estar equivocada, pero pienso que el punto es este: lo que más anhelamos es ser conocidos y amados de forma plena.[87] Por milagro, Dios siente lo mismo por nosotros. Él también quiere ser totalmente conocido y totalmente amado. Lo desea tanto que ha prometido derribar todo obstáculo en el camino, soportar hasta la muerte para estar con nosotros y consumar su amor. Y así, en esas relaciones y en esos momentos donde experimentamos el gozo, el éxtasis y el alivio de ser totalmente vulnerables y queridos en partes iguales, obtenemos una pequeña degustación, un mero destello de lo que Dios siempre ha sentido por nosotros y de lo que un día sentiremos por él.

La iglesia ortodoxa lo ilustra de una manera bastante bella en su tradición de coronar a la pareja en la ceremonia de bodas.

Como sacerdote ortodoxo, Alexander Schmemann explica que el rito de matrimonio consiste en dos servicios distintos: el compromiso y la coronación. El compromiso no ocurre en el santuario de la iglesia, sino en el vestíbulo, la parte del edificio más cercana al mundo exterior como reconocimiento de las dimensiones sociales y legales del matrimonio. La pareja intercambia anillos y su matrimonio es bendecido por el sacerdote. Luego, son invitados a la iglesia en una procesión solemne y trascendental.

"Esta es la verdadera forma del sacramento —dice Schmemann—, porque no solo simboliza, sino que, de hecho, es la entrada del matrimonio en la Iglesia, que es la entrada del mundo en el 'mundo venidero', la procesión del pueblo de Dios, en Cristo, al Reino".[88]

Una vez que la pareja está en la iglesia, es coronada. Típicamente, las coronas son idénticas —una no es más grande que la otra; el "gobierno" de este nuevo hogar debe ser compartido— y son sostenidas un momento sobre las cabezas de la pareja por sus asistentes, mientras el sacerdote declara: "¡Oh, Señor y Dios, corona con gloria y honor!".

Las coronas representan la realidad de que toda familia es como un pequeño reino, y que ese pequeño reino puede representar el reino de Jesús —donde el primero es el último y el último es primero, donde el pobre y el enfermo son bienvenidos, donde los pacificadores y los misericordiosos hallan un hogar, donde la humildad y el sacrificio propio reinan.

"Esto es lo que expresan las coronas matrimoniales —escribe Schmemann—: que aquí está el comienzo de un pequeño reino que puede ser similar al verdadero Reino. Quizás, perderán la oportunidad incluso en una noche; pero, en este momento, todavía está en pie. Sin embargo, incluso cuando se haya perdido, y se haya vuelto a perder mil veces, si dos personas permanecen juntas, en un sentido real son rey y reina el uno para el otro".[89]

Luego, después de que se rezan algunas oraciones y se pronuncian las palabras, el sacerdote quita las coronas de las cabezas de los recién casados y las presenta en el altar.

"Recibe sus coronas en Tu Reino", reza.

Ahora, las coronas invitan a la pareja, a sus asistentes, a sus familias, al sacerdote, a los invitados y, de hecho, también a Dios, que está presente en esta boda, a recordar "que la Realidad última, que abarca todo 'este mundo' —cuya moda viene y va—, se ha convertido ahora en un signo y una anticipación sacramental".[90] Juntos vislumbran el Misterio.

Dan y yo llevamos once años casados. A veces, nuestro matrimonio luce como el Reino. A veces, no. A veces, usamos nuestras coronas con decoro y gracia. Otras, luchamos para arrebatarlas de la cabeza del otro. Pero lo que hace santo a nuestro matrimonio, lo que lo hace "apartado" y sacramental, no es el certificado matrimonial archivado en el sótano o el grado en que seguimos una lista de reglas y roles; es el modo en que Dios aparece en aquellos momentos diarios —al lavar los platos, compartir una broma, preparar una cena con amigos, soportar la enfermedad, lidiar con los desacuerdos— y nos da una oportunidad para notar, para *prestar atención* a lo divino. Es el modo en el que el Dios de la resurrección hace todas las cosas nuevas.

TREINTA Y SEIS

CUERPO

Ahora bien, ustedes son el cuerpo de Cristo, y cada uno es miembro de ese cuerpo.
—1 Corintios 12: 27

"La iglesia es una prostituta, pero es mi madre".

La cita se le atribuye a San Agustín, pero la realidad es que nadie puede comprobarlo. Me aventuro a adivinar que la originó un hombre con poca imaginación.

No es que no aprecie el sentimiento —que a pesar de sus andanzas y traiciones, la iglesia nos da a luz, nos alimenta y nos nombra hijos de Dios—, es que, cuando dejamos que los hombres saquen conclusiones teológicas sobre una iglesia metafóricamente femenina, el resultado son categorías más bien predecibles, ¿no es así?

Virgen. Prostituta. Madre.

Pero ¿qué podría decir una *mujer* sobre una iglesia *femenina*? ¿Qué podría decir una mujer sobre la iglesia como cuerpo y novia?

Quizás podría hablar del modo en que un cuerpo normal —en

constante cambio, nunca perfecto— se mueve por el mundo; uno capaz de dar vida no solo a través del vientre, sino a través de sus manos, pies, ojos, voz y cerebro. Cada parte es sagrada. Cada parte tiene una función.

Quizás podría hablar de las expectativas imposibles y de todo el tiempo que pierde tratando de contorsionarse para adquirir la forma de esas siluetas que revolotean desde las revistas y las gigantografías publicitarias hasta su mente. O de esta noción putrefacta de la puridad como estatus, como algo otorgado por hombres con pruebas, listas de verificación y el poder de darla y quitarla.

Quizás podría hablar de la sorpresa de verse a sí misma —con imperfecciones y todo— al espejo el día de su boda. O de la realidad de que con la nueva vida vienen los senos hinchados, arcadas secas, pañales sucios, narices mocosas, discusiones nocturnas y todo un ejército de nuevos peligros y temores que nunca antes había considerado porque dar vida no es tan glamuroso como suena, pero es mil veces más hermoso.

Quizás podría hablar sobre ser subestimada, sobre sorprender a las personas y a sí misma. O sobre que hay momentos donde su propia fuerza la sorprende y momentos donde su debilidad —su olvido, su miedo y su cansancio la ponen nerviosa.

Quizás podría contar de la vez que, sobre las montañas, con los pies descalzos en el suelo, se mantuvo erguida y sabia y sintió que cada célula de su cuerpo sonreía en aprobación mientras inhalaba y exhalaba, hasta que en un segundo se dio cuenta: ¡Estoy viva! ¡Estoy encarnada! Solo para olvidarlo al siguiente.

O quizás podría explicar cómo ninguna de las categorías creadas para ella la resume ni captura su esencia.

Si la iglesia es como un cuerpo, como una novia, quizás deberíamos llevarla a través de lo que Barbara Brown Taylor llama la "práctica espiritual de ponerse la piel":

> Ya sea que se sienta enfermo o bien, amable o irregular, llega un momento en que es de vital importancia para su salud espiritual quitarse

la ropa, mirarse en el espejo y decir: "Aquí estoy. Este es el cuerpo sin igual que mi vida ha moldeado. Vivo aquí. Esta es la dirección de mi alma". Después de haber echado un buen vistazo a su alrededor, puede decidir que hay mucho por lo que estar agradecido, considerando todo. Los cuerpos reciben verdaderas palizas. Que se curen de la mayoría es un milagro subestimado. Que puedan dar a luz está más allá de todo cálculo.[91]

"Cuando hago esto —dice— generalmente decido que es tiempo de hacer el mejor trabajo y usar mi piel con gratitud en lugar de hastío".
Así que demos vuelta el espejo:

Esta es la iglesia. Aquí está. Encantadora, irregular, a veces enferma y a veces sana. Este es el cuerpo sin igual que Dios ha formado y colocado en el mundo. Jesús vive aquí; esta es la dirección de Su alma. Hay mucho por lo que estar agradecido, considerando todo. La iglesia ha recibido una paliza. Todos los días se encuentra con las puertas del infierno y prevalece. Todos los días sirve, tropieza, se lesiona y repara. Que haya sanado es un milagro subestimado. Que dé a luz es inconcebible. Tal vez sea hora de hacer las paces con ella. Tal vez sea el momento de abrazarla, por imperfecta que sea.

Tal vez sea tiempo de volver a sonreír.

A veces pienso si el desafío más grande es hablar sobre la iglesia es decirnos a nosotros mismos la verdad sobre ella —reconocer las cicatrices, ver las partes feas, maravillarnos de su resiliencia y creer que este cuerpo imperfecto y magnífico es suficiente, por ahora para llevarnos por el mundo y hacia los brazos de Cristo.

Quizás haya algo más para la iglesia que madre y prostituta. Y, quizás, podamos aprenderlo de una mujer.

TREINTA Y SIETE

REINO

La fe proviene de escuchar las historias correctas.
—Michael Gungor

Jesús no habló mucho sobre la iglesia, pero habló mucho sobre el reino.

El reino es como un pequeño grano de mostaza, dijo, que crece para ser un enorme árbol cuyas ramas grandes y fuertes son suficientes para ser el hogar de todos los pájaros. Es como un tesoro escondido, un festín delicioso o una red que atrapa abundante pescado. El reino está aquí, dijo Jesús. Está presente y, aun así, oculto, inmanente y trascendente. El reino no es algún lugar lejano al que vas luego de morir; el reino está a la mano —entre nosotros y más allá de nosotros, ahora pero aún no. Es el trigo que crece en medio de las hierbas, la levadura que hace su magia con la masa, la perla que germina en la concha sepulcral. Puede venir e irse en un parpadear, dijo Jesús. *Así que presta atención; no te lo pierdas.*

En contraste con cualquier otro reino que ha existido y existirá, este Reino le pertenece a los pobres, dijo Jesús, y a los pacificadores, los misericordiosos, y aquellos hambrientos y sedientos por Dios. En este Reino, las personas de las márgenes y de los peldaños inferiores se elevarán a lugares de honor, se sentarán en los mejores lugares de la mesa. Este Reino no sabe de límites geográficos, partidos políticos, lenguas ni culturas únicas. No avanza a través del poder, aunque podría, sino a través de actos de amor y gozo y paz, misiones de misericordia y amabilidad y humildad. Este Reino no ha llegado con sonido de trompeta sino con el llanto de un bebé; no llegó dándose un banquete con sus enemigos, sino perdonándolos; no vino cabalgando un caballo de guerra, sino a lomos de un burro; no con triunfo y conquista, sino con muerte y resurrección.

Y, sin embargo, hay más de este Reino que aún está por venir, dijo Jesús, y por eso esperamos el día en que cada lágrima sea enjugada de todos los ojos, cuando la justicia corra como río y la rectitud como arroyo sin fin, cuando la gente de toda tribu, lengua y nación viva junta y en paz, cuando no haya más muerte.

No hay nada que Jesús haya mencionado más que las buenas noticias de este Reino. Habla de ellas más de cien veces en los evangelios, y solo menciona a la iglesia en dos oportunidades. Sin embargo, como casi cualquier lector astuto de las Escrituras notará, lo contrario es cierto en el libro de los Hechos y especialmente en las Epístolas, donde *ekklesia* —la palabra griega para *asamblea,* que traducimos como *iglesia*— aparece cientos de veces con referencias directas a un Reino casi ausente. Wilhelm Dilthey lo expresa con bastante crudeza: "Jesús vino a anunciar el Reino de Dios, pero lo que apareció fue la iglesia".

Claro, hay buenas razones para las discrepancias literarias. Las epístolas son, después de todo, cartas, y tienen un énfasis más pastoral que evangelístico. Los autores de las epístolas están menos preocupados por anunciar el Reino de Jesús al mundo y más por trabajar en los detalles de vivir juntos en comunidad con aquellos que ya han abrazado ese Reino.[92] Puede que las cartas de Pedro, Pablo, Santiago y Juan no hablen tan seguido del Reino, pero sí lo hacen de Jesucristo —la encarnación de ese Reino— y nos dan un vistazo de cómo era para los primeros seguidores de Jesús intentar aplicar sus enseñanzas a las circunstancias específicas (era, según todos los relatos, un proceso caótico, salvaje y hermoso, plagado de altibajos y errores).

Aun así, cuando consideramos todos los desastres que la iglesia cometió a lo largo de la historia, todos los estragos que ha causado y las cosas que ha destruido, cuando nos enfrentamos a lo diferente que se ve la iglesia con respecto al Reino la mayor parte del tiempo, es fácil pensar que, tal vez, Jesús nos dejó un trato injusto. Tal vez puso el cebo y lo cambió, vendiéndonos el Reino y luego deslizándonos la iglesia.

Cuando debatía posibles títulos para este libro, pedí ayuda en las redes sociales y un lector sugirió: *Jesús fue al cielo y todo lo que me dejó fue esta pésima iglesia*. Obtuvo muchos "me gusta", y tengo que admitir que me interpela.

Sin embargo, Jesús hizo hincapié en decirle a Pedro —ya sabes, el tipo que se convenció a sí mismo de que podía caminar sobre el agua y luego se hundió, que trató de disuadir a Jesús de su Pasión y fue reprendido por canalizar a Satanás; el que cortó la oreja del soldado romano incluso después de que Jesús había predicado la paz durante tres años; el que fingió que ni siquiera conocía a Jesús cuando las cosas se pusieron feas y el que lo negó no solo una sino tres veces; ya sabes, *ese* Pedro— que él era el tipo persona que quería usar para comenzar su iglesia (Mateo 16: 18).

Esta palabra para iglesia, *ekklesia*, era usada en el tiempo de Jesús para referirse al "llamado" de ciudadanos para una reunión cívica o para la batalla, y es empleada en una forma u otra tanto en el Antiguo como en el Nuevo Testamento para referirse al pueblo de Dios, reunido en asamblea. Así que la iglesia es, esencialmente, la reunión de los ciudadanos del Reino, llamados —desde su individualidad, desde sus pecados, desde sus antiguas maneras de hacer las cosas, desde las formas del mundo de hacer las cosas— a la participación en este nuevo Reino y comunidad con otros.

No estoy segura de cómo funciona exactamente todo esto, pero creo que, en definitiva, quiere decir que no puedo ser una cristiana aislada. Me guste o no, seguir a Jesús es una actividad comunitaria, algo que se supone debemos hacer juntos. Quizás no siempre podremos hacerlo dentro de las paredes de una iglesia o incluso en una religión organizada, pero si vamos a hacer discípulos, confesar nuestros pecados, partir el pan, prestar atención y predicar la Palabra, nos necesitaremos unos a otros. Vamos a necesitar la ayuda de los demás.

La iglesia no es lo mismo que el Reino. Como George Eldon Ladd lo explica: "El reino es el gobierno de Dios y el campo donde las bendiciones de su gobierno son experimentadas; la iglesia es la comunidad de aquellos que han experimentado el reino de Dios y entraron al gozo de sus bendiciones".[93] El propósito de la iglesia y de los sacramentos es darle al mundo un vistazo del Reino, apuntar en su dirección. Cuando les damos un giro real a las cosas ordinarias (agua, vino, liderazgo, matrimonio, amistad, banquete, enfermedad, perdón), vemos que pueden ser santas, pueden señalarnos algo más grande que nosotros mismos, un misterio fantástico que le da significado a todo. Hacemos algo sacro cuando lo hacemos como en el Reino. El matrimonio es sacro cuando lo caracterizan el amor y la sumisión mutua. Una comida es sacramental cuando el rico y el pobre, el poderoso y el marginado, los santos y los pecadores comparten un estatus de igualdad alrededor de la mesa. Una iglesia local es sacra cuando es un lugar donde los últimos son los primeros y los primeros son los últimos, y donde aquellos que tienen hambre y sed son alimentados. Y la iglesia universal es sacramental cuando no conoce fronteras geográficas, partidos políticos o un solo idioma o cultura, y cuando no avanza a través del poder y de la fuerza, sino mediante actos de amor, gozo y paz y misiones de misericordia, bondad y humildad.

En este sentido, la iglesia nos da la oportunidad de criticar la descripción del Reino de Jesús, para agregar nuevas metáforas propias. Podríamos decir que el Reino es como San Lidia en Brooklyn, donde los extraños se reúnen y recuerdan a Jesús cuando comen. El Reino es como el Refugio en Denver, donde adictos y académicos, madres solteras y amas de casa suburbanas se unen para decirse la verdad. El Reino es como *Thistle Farms*, donde las mujeres sanan del abuso ayudando a sanarse a otros. El Reino es como la iglesia que preferiría morir antes que echar a dos de los suyos por la puerta porque son homosexuales. El Reino es como *St. Luke's Episcopal Church* en Cleveland, Tennessee, donde eres amado solo por estar.

Y, aun así, el Reino sigue siendo un misterio más allá de nuestro alcance. Está aquí, y todavía no, está presente y todavía está por venir. La perfección, sea lo que signifique, nos espera. Hasta entonces, todo lo que tenemos son metáforas. Todo lo que tenemos son *casis* y *no del todos* y santuarios al costado del camino. Todo lo que tenemos son personas imperfectas en un mundo imperfecto, que hacen todo lo posible para producir señales externas de gracia interior y que tropiezan a lo largo del camino.

Todo lo que tenemos es esta iglesia —esta iglesia pésima, arruinada y gloriosa— que, por la gracia de Dios, es suficiente.

EPÍLOGO

OSCURIDAD

Sin saber cuándo vendrá el amanecer, abro cada puerta.
—Emily Dickinson

Hemos llegado al capítulo final, y lo escribí, apropiadamente, justo antes del amanecer de una mañana de domingo. La casa está calmada y las ventanas están oscuras. Dan ronca en el cuarto del otro lado del pasillo mientras yo tecleo en mi computadora, la última noche antes de enviar este libro a la editorial.

Un ruiseñor estuvo cantando desde la medianoche hasta las tres de la mañana; sentí que tenía a la filarmónica de Nueva York del otro lado de la ventana. Aún no comprendo si que cante en voz alta por la noche mientras el resto del mundo descansa significa que tiene algún tipo de mal funcionamiento del cerebro o si significa que sabe algo importante sobre la oscuridad que el resto no. *Me pregunto qué verá.*

Pero incluso el ruiseñor permanece en silencio en esta hora oscura y pesada cuando la noche se extiende como un océano entintado y es difícil recordar los colores del día. Me pregunto si quizás todas las generaciones de cristianos se han sentido al borde de este precipicio, a la espera de la resurrección y preocupados por su demora. Quizás, todo peregrino en busca de una iglesia se ha preguntado si pasará toda su vida en la oscuridad, abriéndose camino a tientas, anhelando la luz.

No obstante, si he aprendido algo en este viaje, tanto al escribir este libro como al vivir con torpeza su contenido, es que la mañana del domingo se cuela entre nosotros —como el amanecer, como la resurrección, como el sol que nace un rayo a la vez. Esperamos una trompeta y una entrada triunfal, pero, como siempre, Dios nos sorprende apareciendo en las cosas ordinarias: en el pan, en el vino, en el agua, en las palabras, en la enfermedad, en la sanación, en la muerte, en un pesebre de heno, en el vientre de una madre, en una tumba vacía. La iglesia no es una comunidad a la que unirse o un lugar al que llegas. La iglesia es lo que sucede cuando alguien te toca el hombro y te susurra al odio *presta atención, estás en suelo sagrado; Dios está aquí.*

Aun aquí, en la oscuridad, Dios está ocupado en hacer nuevas todas las cosas.

Entonces, aparece. Abre cada puerta. Con el riesgo de lucir como un tonto enterrado con los pies al este o como un ruiseñor que canta, obstinado, de noche, anticipando resurrección. Está a la vuelta de la esquina o a un millón de kilómetros de distancia. O, tal vez, en algún punto intermedio.

Vayamos a averiguarlo juntos.

AGRADECIMIENTOS

La investigación que hice para este libro, más que para cualquier otro, reveló mi enorme deuda con las sabias y fieles mujeres cuyos puntos de vista sobre el significado del bautismo, comunión, confesión y sanación formaron de manera única el contenido de este libro. Recurrí a Nora Gallagher, Sara Miles, Barbara Brown Taylor, y Nadia Bolz-Weber una y otra vez, y siempre me sorprendí con la misma intensidad por su profunda comprensión de la gracia.

Agradezco también a mis amigos Shauna Niequist y Rachel Marie Stone, cuyas observaciones sobre la comida y la mesa moldearon el contenido de la sección de la comunión, y a Heather Kopp, Kathy Escobar, Becca Stevens, Christena Cleveland, y Glennon Melton, que nos enseñan a tantos de nosotros a decir la verdad.

Devoré cada palabra de *For the Life of the World* [Para la vida del mundo], de Alexander Schmemann e *Historia del cristianismo*, de Justo González; ambos proporcionaron dirección e ideas para este proyecto.

Y estoy tan en deuda, como siempre, con Brian McLaren, quien inspira tanto con sus palabras como con su vida.

Gracias a Ann Voskamp por las orquídeas, y a Glennon Melton, Sarah Bessey, Kristen Howerton, Jen Hatmaker, Jamie Wright, y Tara Livesay por las comidas y el vino. Gracias al brillante Preston Yancey, que leyó una versión temprana de este libro y me aseguró que no estaba loca.

Estoy más que agradecida con Chris y Tiffany Hoose, que han mantenido nuestra amistad durante una temporada tan ocupada, y con mamá, papá, Amanda y Tim, por amarme tanto a través de otro proyecto creativo. No hay suficientes agradecimientos en el mundo para Dan, cuyo incansable apoyo, compasión y buen humor doy por sentado con demasiada frecuencia.

Escribir este libro cambió para siempre la forma en que veo la historia de mi propia iglesia y las personas que la influyeron. Espero haber logrado capturar mi amor y aprecio perdurables por Brian y Carrie Ward, quienes han moldeado mi fe más que cualquier otra pareja, además de mis padres, y cuya amistad y ejemplo han cambiado mi vida. También estoy agradecida con las comunidades de *Faith Chapel, Grace Bible Church,* y *St. Luke's Episcopal Church* y con todo lo que me han enseñado acerca de Jesús.

Gracias, por supuesto, a mi brillante agente literaria Rachelle Gardner, la perfecta compañera de equipo y una buena amiga. Y gracias a mi agente de reservas, Jim Chaffee, por apoyarme, desafiarme y, lo más importante, cocinar para mí.

No hay mejor equipo editorial que el mío en Thomas Nelson-Brian Hampton: Kristen Parrish, Chad Cannon, Stephanie Tresner, Belinda Bass, Emily Lineberger, Heather Skelton y mi corrector, Jamie Chávez. Su trabajo tanto en este proyecto como en el último ha hecho de la colaboración un placer total. Gracias, especialmente, por su paciencia.

Gracias a todas las personas que respondieron a mis preguntas aleatorias en Facebook sobre teología e iglesia, especialmente a Stephen Mckinney-Whitaker, a quien se le ocurrió el título de este libro, y a Stanley Helton, Steve Schaefer, Jen Rogers y Ray Hollenbach, quienes me ayudaron a encontrar el Reino de Dios en momentos difíciles.

Finalmente, les debo mucho la oportunidad de escribir y publicar a mis fieles lectores de rachelheldevans.com. Sus historias, percepciones, preguntas y objeciones le dieron forma al contenido de este libro más que otra cosa. De algún modo, siento que lo escribimos juntos. No puedo esperar para ver qué haremos en el futuro.

NOTAS

1. Francisco, *El gozo del evangelio: Evangelii Gaudium* (Usccb, 2013), 28.

2. Dietrich Bonhoeffer, *La vida en comunidad*, John W. Doberstein (trad.). (New York: Harper & Row Publishers, 1954), 42.

3. Estos números provienen del excelente libro de David Kinnaman, *You Lost Me: Why Young Christians Are Leaving the Church... And Rethinking Faith* (Grand Rapids, MI: Baker Books, 2011), de "Religion Among the Millennials", *Pew Research Center's Religion y Public Life Project*, www.pewforum.org/2010/02/17/religion-among-the-millennials/ (consultado el 13 de octubre de 2014).

4. Ver especialmente a Kinnaman, *You Lost Me*.

5. Barbara Brown Taylor, *An Altar in the World*. (New York: HarperOne, 2009), 45.

6. Justo González, *Historia del cristianismo, Volumen II: Desde la era de la reforma hasta la era inconclusa.* (New York: HarperOne, 2010), 71.

7. William Willimon, *Remember Who You Are: Baptism, A Model for Christian Life* (Nashville, TN: Upper Room Books, 1980), 37.

8. El nombre de la iglesia era en realidad *Faith Chapel of Huffman*, una iglesia bíblica sin denominación. Sin embargo, años después de mudarnos de Birmingham, la congregación cambió de ubicación para convertirse en *Deerfoot Community Bible Church*. Cambié el nombre de la iglesia en este libro para que no se confundiera con *Faith Chapel Christian Center*, otra iglesia actual en Birmingham.

9. Nadia Bolz-Weber, *Pastrix: The Cranky, Beautiful Faith of a Sinner & Saint.* (New York: Jericho, 2013), 138.

10. Las fuentes para la reconstrucción de estas antiguas prácticas bautismales incluyen: Justo L. González, *Historia del cristianismo, Volumen I: Desde la era de los mártires hasta la era de*

los sueños frustrados (New York: HarperOne, 2010); Alexander Schmemann, *For the Life of the World* (New York: St. Vladimir's Seminary Press, 1973); y Willimon, *Remember Who You Are*.

11. Schmemann, *For the Life of the World*, 69.

12. *Ibid.*, 71.

13. Willimon, *Remember Who You Are*, 100–101, 103.

14. Para conocer estas y otras historias, consulta Rachel Held Evans, "Es una maravilla que alguno de nosotros haya sobrevivido al grupo de jóvenes". 3 de diciembre de 2013, rachelheldevans.com/blog/youth-group-games (consultado el 13 de octubre de 2014).

15. Gracias a Brian McLaren por llamar mi atención sobre este aspecto de la vida de Juan en *We Make the Road by Walking: A Year-Long Quest for Spiritual Formation, Reorientation, and Activation*. (New York: Jericho, 2014).

16. Associated Press. "Tennessee lawmakers confuse mop sink state capitol" [Los legisladores de Tennessee confunden el fregadero para el trapeador en el Capitolio con el fregadero musulmán para lavar los pies], *Chattanooga Times Free Press*, 26 de marzo de 2013. Disponible en www.timesfreepress.com/news/2013/mar/26/tennessee-lawmakers-confuse-mop-sink-state-capitol/. (Consultado el 13 de octubre de 2014).

17. Anne Sexton, *Selected Poems of Anne Sexton*, editado por Diane Wood Middlebrook y Dianna Hume George. (Boston: First Mariner Books, 2000).

18. Heather Kopp, *Sober Mercies: How Love Caught Up With a Christian Drunk*. (New York: Jericho, 2013).

19. *El Libro de Oración Común*. (New York: Seabury Press, 1979), 82.

20. *Lutheran Book of Worship: Pew Edition*. (Minneapolis: Augsburg Fortress, 1978).

21. Nadia Bolz-Weber, "Being good doesn't make you free. Truth makes you free" [Ser bueno no te hace libre. La verdad te hace libre], *Sojourners*, 28 de marzo de 2012. Disponible en sojo.net/blogs/2012/03/28/

being-good-doesn%E2%80%99t-make-you-free-truth-makes-you-free (consultado el 13 de octubre de 2014).

22. Bonhoeffer, *Vida en comunidad*, 110.

23. Kathy Escobar, *Down We Go: Living Into the Wild Ways of Jesus*. (Folson, CA: Civitas Press, 2011), 35.

24. Usado con permiso de Kathy Escobar y la comunidad El Refugio: www.therefugeonline.org/ (consultado el 13 de octubre de 2014).

25. John Mason, *A Brief History of the Pequot War*. (Bedford, MA: Applewood Books, 2009), 81.

26. Mark Noll, *The Civil War as a Theological Crisis*. (Chapel Hill: The University of North Carolina Press, 2006), 39.

27. Christopher Connell, "Bob Jones University: Doing battle in the name of religion and freedom" [Universidad Bob Jones: Batalla en nombre de la religión y la libertad], *Change* 15, no. 4 (1983): 41.

28. Erin Conway Smith, "Uganda passes anti-gay bill" [Uganda aprueba el proyecto de ley anti-gay]. *Telegraph*, 20 de diciembre de 2013. Disponible en

http://www.telegraph.co.uk/news/worldnews/africaandindianocean/uganda/10531563/Uganda-passes-anti-gay-bill.html. (consultado el 1 de noviembre de 2014).

29. Thomas Clarkson, *The History of the Rise, Progress, and Accomplishment of the Abolition of the African Slave Trade by the British Parliament*. (London: John W. Parker, 1808), 448.

30. *El Libro de Oración Común*.

31. Brennan Manning, *The Ragamuffin Gospel: Good News for the Bedraggled, Beat-Up, and Burnt Out*. (Sisters, OR: Multnomah Publishers, 2005), 23.

32. En aras de una completa divulgación, este párrafo combina de manera creativa nuestras experiencias de búsqueda de iglesias antes y después de nuestra experiencia con La Misión, que se describe en la sección de las Órdenes Sagradas del libro.

33. Juan 8:1-11.

34. *El Libro de Oración Común.*

35. J. R. Briggs, *Fail: Finding Hope and Grace in the Midst of Ministry Failure.* (Downers Grove, IL: Intervarsity Press, 2014), 46.

36. *Ibid.*, 21-22.

37. Schmemann, *For the Life of the World*, 93.

38. Barbara Brown Taylor, *Leaving Church: A Memoir of Faith.* (New York: Harper One, 2007), 44.

39. González, *Historia del cristianismo, Volumen* II, 107-108.

40. Taylor, *An Altar in the World,* 45.

41. González, *Historia del cristianismo, Volumen* II, 60, 105.

42. Paul Bradshaw, ed., *The New Westminster Dictionary of Liturgy and Worship.* (Louisville: John Knox Press, 2003), 136.

43. Nora Gallagher, *The Sacred Meal.* (Nashville: Thomas Nelson, 2009), 11.

44. Emily Scott, "Dinner Church: Sit down at the table" [Cena de la iglesia: siéntate a la mesa]. *Episcopal Café*, 3 de febrero del 2010, www.episcopalcafe.com/daily/evangelism/dinner_church.php (consultado el 13 de octubre de 2014).

45. Shauna Niequist, *Bread & Wine: A Love Letter to Life Around the Table* (Grand Rapids: Zondervan, 2013), 14.

46. N. T. Wright, *Simply Jesus: A New Vision of Who He Was, What He Did, and Why He Matters* (New York: HarperOne, 2011), 180.

47. Gallagher, *The Sacred Meal*, 45, 46.

48. Robert Farrar Capon, *Between Noon and Three: Romance, Law, and the Outrage of Grace* (Grand Rapids: Eerdmans, 1997), 7.

49. Schmemann, *For the Life of the World*, 45.

50. Sara Miles, *Take This Bread* (New York: Ballantine Books, 2008), 58.

51. *Ibid*, 60.

52. *Ibid*.

53. Le agradezco a Rachel Marie Stone por llamar mi atención sobre esto en su excelente libro *Eat With Joy: Redeeming God's Gift of Food* [Come con gozo: redimiendo el regalo de Dios de la comida] (Downers Grove, IL: Intervarsity Press, 2013), del que saqué mucha inspiración para este capítulo.

54. "Eucharist: The Rt. Rev. Michael Curry", video, 7:50, publicado por New Tracts for Our Times, 6 de junio de 2014, https://www.youtube.com/watch?v=USOMZpGheBc (consultado el 2 de noviembre de 2014).

55. Richard Beck, *Unclean: Meditations on Purity, Hospitality, and Mortality* (Eugene, OR: Cascade Books, 2011), 114.

56. Robert E. Webber, *Evangelicals on the Canterbury Trail: Why Evangelicals Are Attracted to the Liturgical Church* (Harrisburg, PA: Morehouse Publishing, 1985), 45.

57. Milton Brasher-Cunningham, *Keeping the Feast: Metaphors for the Meal* (Harrisburg: Morehouse Publishing, 2012), 38.

58. Susan Heller Anderson y David W. Dunlap, "New York Day by Day; Author to Readers", *The New York Times*, 25 de abril de 1985, disponible en http://www.nytimes.com/1985/04/25/nyregion/new-york-day-by-day-author-to-readers.html (consultado el 3 de noviembre de 2014.).

59. Si prestaste atención al capítulo, debes haber identificado las imágenes relacionadas con otras seis similares del Espíritu Santo que se encuentran en el capítulo anterior —aliento, fuego, sello, pájaro, viento y útero.

60. Walker Percy, *The Moviegoer* (New York: Vintage, 1998), 13.

61. Rachel Sussman, *The Oldest Living Things in the World* (Chicago: The University of Chicago Press, 2014), 55.

62. John R. Franke, *Manifold Witness: The Plurality of Truth* (Nashville: Abington Press, 2009), 136.

63. William James, "The Confidences of a Psychial Researcher", *The American Magazine* (Volumen 68: Mayo–Octtubre, 1909), 589.

64. *Catechism of the Catholic Church*, (Vatican: Liberia Editrice Vaticana, 2000), 1302–1303.

65. Lauren Winner, *Still: Notes on a Mid-Faith Crisis* (New York: Harper One, 2013).

66. Sara Miles, *Jesus Freak: Feeding, Healing, Raising the Dead* (San Francisco, CA: Jossey Bass, 2010), 11.

67. Echa un vistazo a los increíbles Love Flash Mobs de la comunidad Momastery aquí: momastery.com/blog/category/love-flash-mobs/ (consultado el 13 de octubre de 2014).

68: Éxodo 30: 34-38, Levítico 6: 15, Salmo 45: 8, Salmo 51: 7, Canción de Salomón 4: 13-14, Juan 12: 35, Juan 19: 39-42, Apocalipsis 5: 8.

69. 1 Juan 2: 20, 2 Corintios 2: 15.

70. Iglesia Católica, *Catecismo de la Iglesia Católica*. 2da ed. (Vatican: Libreria Editrice Vaticana, 2000), 1527.

71. Los nombres y algunos detalles de identificación cambiaron para proteger la privacidad.

72. Miles, *Jesus Freak*, 105.

73. "Brene Brown: Jesus Wept", video, 6:00, *The Work of the People*, www.theworkofthepeople.com/jesus-wept (consultado el 13 de octubre del 2014).

74. Asegúrate de ver los increíbles productos de Thistle Farm, una excelente manera de apoyar a una organización que cambia vidas a través de la educación, el espíritu empresarial y el amor: www.thistlefarms.org/ (consultado el 13 de octubre del 2014).

75. Becca Stevens, *Snake Oil: The Art of Healing and Truth-Telling* (Nashville: Jericho Books, 2013), 49.

76. *Ibid.*, 140.

77. Los nombres y algunos detalles de identificación cambiaron para proteger la privacidad.

78. Laurie Goodstein, "Christian Charity Backtracks on Gays," *New York Times*, 27 de marzo de 2014, www.nytimes.com/2014/03/28/us/christian-charity-backtracks-on-gays.html?_r=0 (consultado el 13 de octubre del 2014).

79. Diana Butler Bass, *Christianity After Religion: The End of Church and the Birth of a New Spiritual Awakening* (New York: HarperOne, 2012), 13.

80. "Six Reasons Young Christians Leave Church", *The Barna Group*, 28 de septiembre de 2011, www.barna.org/teens-next-gen-articles/528-six-reasons-young-christians-leave-church (consultado el 13 de octubre del 2014).

81. G. K. Chesterton, *The Everlasting Man* (New York: EMP Books, 2012), 213.

82. Cheryl M. Lawrence, "A good death", *Faith & Leadership*, 22 de abril de 2014, www.faithandleadership.com/content/cheryl-m-lawrence-good-death (consultado el 13 de octubre de 2014).

83. Stacey Chomiak, "The Church That Loved", 4 de febrero de 2014, rachelheldevans.com/blog/church-loved (consultado el 13 de octubre del 2014).

84. Barbara Brown Taylor, *Learning to Walk in the Dark* (New York: HarperOne, 2014), 129.

85. Del relato de un canto ortodoxo tradicional en Schmemann, *For the Life of the World*, 89.

86. *Ibid.*, 82.

87. Tim Keller usa un lenguaje similar en su libro, *The Meaning of Marriage* (New York: Riverhead, 2011).

88. Schmemann, *For the Life of the World*, 89.

89. *Ibid.*

90. *Ibid.*, 91

91. Taylor, *An Altar in the World*, 38.

92. Gracias a la maravillosa Diana Butler Bass, quien me explicó esto a

través de una conversación en Facebook, porque es increíble.

93. George Eldon Ladd, *The Presence of the Future* (Grand Rapids: Wm. B. Eerdmans, 1974), 262.

SOBRE LA AUTORA

Rachel Held Evans (1981-2019). Rachel partió en 2019 a los 37 años de edad, dejando un legado desafiante para quienes buscan encontrar un refugio donde conciliar la fe y la pregunta.

Autora Bestseller del *New York Times* que escribe sobre la fe, la duda y la vida en el Cinturón Bíblico. Rachel ha aparecido en el *Washington Post*, *The Guardian*, *Christianity Today*, *Slate*, el *Huffington Post* y el *CNN Belief Blog*, así como en *NPR*, *BBC*, *Today* y *The View*. Sirvió en el Consejo Asesor del Presidente Obama sobre *Asociaciones Basadas en la Fe*. Conferencista en iglesias y universidades de los EE.UU. Ha escrito cuatro libros, de los cuales dos se encuentran traducidos al español por JuanUno1 Ediciones: *Fe en desenredo* y *Buscar el Domingo*.

Casada con Dan, con quien tuvo dos hijos. Fanática de Alabama Crimson Tide de toda la vida, el combustible preferido de Rachel para escribir han sido las galletas de animales y el vino tinto.

www.ingramcontent.com/pod-product-compliance
Lightning Source LLC
Chambersburg PA
CBHW030320100526
44592CB00010B/501